U0908754

CSSCI 来源集刊
中国核心期刊(遴选)数据库

浙江大学公法与比较法研究所　主办

公法研究

第18卷(2017·秋)

主编　章剑生

图书在版编目(CIP)数据

公法研究. 第 18 卷，2017. 秋 / 章剑生主编. —杭州：浙江大学出版社，2018. 11
ISBN 978-7-308-18514-1

Ⅰ. ①公… Ⅱ. ①章… Ⅲ. ①公法—研究—文集
Ⅳ. ①D90-53

中国版本图书馆 CIP 数据核字(2018)第 187901 号

公法研究 · 第 18 卷(2017 · 秋)
章剑生 主编

责任编辑 傅百荣
责任校对 杨利军 汪 潇
封面设计 杭州隆盛图文制作有限公司
出版发行 浙江大学出版社
(杭州市天目山路 148 号 邮政编码 310007)
(网址：http://www.zjupress.com)
排 版 杭州隆盛图文制作有限公司
印 刷 浙江省良渚印刷厂
开 本 710mm×1000mm 1/16
印 张 17
字 数 270 千
版 印 次 2018 年 11 月第 1 版 2018 年 11 月第 1 次印刷
书 号 ISBN 978-7-308-18514-1
定 价 60.00 元

目　录

专题论文

判例评析

域外公法

名作书评

专题论文

过罚相当原则具体适用的发展

——基于对苏州鼎盛食品公司案的分析

舒　畅*

内容提要　《行政处罚法》第4条第2款被称为行政处罚中的过罚相当原则。公报案例"苏州鼎盛食品公司案"对一起显失公正的行政处罚判决变更，阐释了过罚相当原则的过错情节、量罚要素以及相当性判断过程，代表了最高院对这一原则的适用态度。过罚相当原则的内涵已经在行政法体系内不断充实，并且规范和实践在具体化的过程中存在一定的互动关系，也具有各自的特点，保持了相对的独立性：规范通过裁量基准的构造技术，对"过"予以情节细化，强调了主观过错和后果这两个因素，对"罚"进行效果格化，细化了量罚种类和幅度的格次；实践在尊重裁量基准的基础上，着重对上述过错因素予以回应，并对量罚幅度进行个案判断，是司法能动的呈现。在这一发展进程中，过罚相当原则的关键要素得以逐步清晰，即根据比例原则衡量过罚相当性，其适用于行政机关设定裁量基准的过程，同时是司法机关进行司法审查的标准。"苏州鼎盛食品公司案"所明确的适用方法反映了该原则的上述发展成果，具有典型性。从体系定位上讲，过罚相当原则是比例原则在行政处罚领域的具体体现，后者是相当性判断的工具和尺度；同时，过罚相当原则是判定行政处罚行为明显不当的实质标准之一。从发展路径上讲，规范和司法实践的具体化努力呈现出各自的方式，共同完善了过罚相当原则的具体适用。然而，裁量基准的拘束力和司法审查的合理限度等问题也为个案正义的实现提出了一些难题。在"苏州鼎盛食品公司案"之

* 舒畅，浙江大学光华法学院，宪法学与行政法学专业2017届硕士。

后,过罚相当原则的发展仍将系于法规范和案例的共同努力。

关键词　过罚相当原则;苏州鼎盛食品公司案;比例原则;行政裁量

一、引　言

《行政处罚法》(1996年)第4条第2款规定了过罚相当原则〔1〕〔2〕,即"设定和实施行政处罚必须以事实为依据,与违法行为的事实、性质、情节以及社会危害程度相当。"一般认为,该原则由刑事法中的罪责刑相适应原则移植而来。后者的具体含义是指,刑罚的轻重应当与犯罪分子所犯罪行和承担的刑事责任相适应〔3〕。从概念上看,行政处罚和刑事处罚确实存在相通之处。日本行政法将行政处罚制度分为行政刑罚与秩序罚两类〔4〕。长期以来,我国的部分立法者、执法者乃至学者也都将《行政处罚法》和《治安管理处罚法》作为"小刑法"加以适用、讨论。然而,这种观点已经开始受到质疑。有学者就提出,刑法所面对的通常是已经造成严重实际损害且其损害已无法改正的犯罪行为,故其重在对犯罪行为进行事后惩罚。但在行政处罚中,尤其是涉及行政罚款的案件中,针对实际损害尚未形成或者可被改正的违法行为和违法行为人,重点更偏重于对有关损害的事前遏止。此时,直接套用罪责刑相适应原则含义的做法存在阻滞。〔5〕

从起源上讲,过罚相当原则与罪责刑相适应原则之间存在紧密联系,两者具有同构化意义〔6〕。但是,行政法因其公益机能,其应受行政处罚行为的可罚性由国家明确规定〔7〕,系因相对人违反行政法上的义务而成立,并非基于某一行为的伦理可非难性。这也是行政处罚与刑罚背后实施机理的

〔1〕 姜明安主编:《行政法与行政诉讼法》,北京大学出版社2011年版,第277页。

〔2〕 胡建淼:《行政法学》,法律出版社2010年版,第291页。

〔3〕 《中华人民共和国刑法》第5条。

〔4〕 [日]南博方:《日本行政法》,中国人民大学出版社1988年版,第68页。

〔5〕 许传玺:《行政罚款的确定标准:寻求一种新的思路》,《中国法学》2003年第4期。

〔6〕 余凌云:《行政法讲义》,清华大学出版社2014年版,第296页。

〔7〕 尹培培:《不予行政处罚论——基于我国〈行政处罚法〉第27条第2款规定之展开》,《政治与法律》2015年第11期。

主要差别之一。而可罚性构成行为人承担行政处罚责任的基础，在行政处罚的设定以及实施中均占据核心地位。〔8〕因此，以简单借鉴刑法文本而非归纳行政法实践的方式对过罚相当原则加以规定，将其视为罪责刑相适应原则在行政处罚领域的“投射”，可能会忽视行政法体系的自身特点，不利于在规范内涵、具体适用等问题上“有的放矢”。

那么，什么是过罚相当原则？其在行政处罚中的适用机理是什么？国内行政法学者鲜少对其展开探讨。〔9〕在司法案例中，多数法院亦采用简短的表述一笔带过。这使得过罚相当原则一面处于行政处罚法基本原则之地位，一面又落入适用模糊的尴尬境地。“苏州鼎盛食品公司不服苏州市工商局商标侵权行政处罚案”（以下简称“苏州鼎盛食品公司案”）对该原则进行了详尽的解读，可称是对目前情况的有力突破。该案法院认为，遵循过罚相当原则应当“在保证行政管理目标实现的同时，兼顾保护行政相对人的合法权益，行政处罚以达到行政执法目的和目标为限，并尽可能使相对人的权益遭受最小的损害”〔10〕。并以此支持“工商行政机关如果未考虑应当考虑的因素，违背过罚相当原则，导致行政处罚结果显失公正的，人民法院有权依法判决变更”的基本结论。“苏州鼎盛食品公司案”是公报案例中为数不多的直接阐释过罚相当原则的案例，最高人民法院通过对这一典型代表的认可，对这种解读给予了肯定。“制度的发生、形成和确立都在时间流逝中完成，在无数人的历史活动中形成”〔11〕。实际上，自《行政处罚法》于 1996 年颁布以来，在立法、行政与司法实践中，该原则的规范内涵和适用路径也不断在发展、完善。通过对这些规范性文件和司法案例的梳理，一方面可以为“苏州鼎盛食品公司案”提供佐证；另一方面也展现了该公报案例出台的土壤，或可以为我们描绘过罚相当原则在行政法体系内的具体面目和发展图景。

---

〔8〕 江必新：《论应受行政处罚行为的构成要件》，《法律适用》1996 年第 6 期。

〔9〕 以“过罚相当”作为篇名关键词，在中国知网中进行搜索，结果仅为 8 篇期刊论文，且该 8 篇文献的内容多为实务部门人员直接对《行政处罚法》第 4 条第 2 款进行援用。

〔10〕〔2011〕苏知行终字第 0004 号，刊载于《最高人民法院公报》2013 年第 10 期（总第 192 期）。

〔11〕 朱苏力：《制度是如何形成的？——关于马歇尔诉麦迪逊案的故事》，《比较法研究》1998 年第 1 期。

本文以“苏州鼎盛食品公司案”为分析对象,围绕《行政处罚法》第4条过罚相当原则,尝试回答以下几个问题:(1)规范性文件和司法案例如何对过罚相当原则的规范内涵和具体适用加以具体化?(2)在这一进程中,规范性文件和案例发展该原则呈现出的方式及问题是什么?(3)“苏州鼎盛食品公司案”的裁判思维是否体现了该原则的发展成果?

二、案例的切分

(一)基本案情

原告苏州鼎盛食品有限公司(以下简称“鼎盛公司”)系一家专业从事生产、加工(焙)烘烤制品并销售公司自产产品等的外商独资企业。其分别于2003年1月、2006年9月、2008年10月及2010年2月注册取得第3003766号、第4155628号“艾维尔i will”文字及图商标、第5063450号“爱维尔”文字商标以及第6289718号“爱维尔i will”文字及图商标,核定使用商品均为第30类“蛋糕、面包、月饼等”。

2009年6月23日,原告鼎盛公司与浙江健利包装有限公司签订订购合同,约定由浙江健利包装有限公司为鼎盛公司制作涉案标有标识(以下称为“i will爱维尔”与“乐活lohas”连用标识)的礼盒、手拎袋、单粒包等包装产品。2009年8月,鼎盛公司开始生产月饼,并将其当年度所生产的月饼划分为“秋爽”、“美满”、“星月”、“和谐”以及涉案的“乐活”等总计23个类别,同时制作相应的广告宣传目录册。2009年9月初,鼎盛公司将上述月饼投放市场,主要通过鼎盛公司在苏州大市范围内的63家爱维尔直营店销售、加盟店销售、直接向公司订货及临时聘请外来人员以销售礼品券的方式进行销售。鼎盛公司在涉案“乐活”款月饼的手拎袋、内衬及月饼单粒包装盒外侧左下角显著位置均标注“i will爱维尔”与“乐活lohas”连用标识,手拎袋两侧同时标注有生产商鼎盛公司名称、电话、厂址等信息。

第三人东华纺织集团有限公司(以下简称“东华公司”)经国家商标局核

准，于2009年7月14日取得第5345911号(以下简称“乐活 lohas”)注册商标，核定使用商品为第30类“糕点；方便米饭；麦片；冰淇淋”，目前尚未在产品上使用该商标。2009年9月8日，被告苏州工商局接到举报称原告鼎盛公司生产销售的“乐活 lohas”等月饼有商标侵权嫌疑，故展开相应调查。查明鼎盛公司在当年生产销售的23款月饼中有一款月饼使用“乐活 lohas”商标，根据当事人的销售记录，截至2009年9月20日，“乐活 lohas”月饼已销售10200盒，标价119元/盒，计货值为1213800元。苏州工商局于2010年3月4日及2010年4月12日两次就该行政处罚一案举行听证。2010年6月11日，苏州工商局作出苏工商案字〔2010〕第00053号行政处罚决定，认定鼎盛公司的行为属于《商标法》第52条第(一)项所规定的侵犯注册商标专用权的行为，依据《商标法》第53条以及《商标法实施条例》第52条的规定，对鼎盛公司作出了责令停止侵权行为并罚款人民币50万元的行政处罚决定。该具体行政行为作出后，鼎盛公司不服并于2010年6月29日向苏州市人民政府申请行政复议。苏州市人民政府经审理后认为苏州工商局的处罚决定认定事实清楚，证据确凿，程序合法，内容适当，于2010年8月27日作出〔2010〕苏行复第148号行政复议决定书，决定维持苏州工商局作出的苏工商案字〔2010〕第00053号工商处罚决定。鼎盛公司对此仍不服，遂向法院提起行政诉讼，经两审终审，法院判决变更行政处罚决定“1.责令停止侵权行为；2.罚款人民币50万元”为“责令停止侵权行为”。

(二)问题提炼

根据上述案情，可以按照时间顺序，大致将该案划分为以下几个阶段：(1)2009年6月23日，鼎盛公司与浙江健利包装有限公司签订订购合同，约定由后者为其制作涉案标识的礼盒等包装产品。(2)2009年7月14日，案外人东华公司经国家工商行政管理总局商标局核准，取得“乐活 lohas”注册商标，核定使用于“糕点；方便米饭；麦片；冰淇淋”等商品类别，后直至案件进入审理阶段，尚未实际使用。(3)2009年9月，鼎盛公司将其当年度所生产的月饼划分为“秋爽”、“美满”以及涉案的“乐活”等总计23个类别投放市场，主要通过鼎盛公司的直营店、加盟店等方式进行销售。(4)2009年9

月 8 日，苏州工商局接到举报，对鼎盛公司展开调查，查明其在当年生产销售的一款月饼中使用“乐活 lohas”商标，遂认定鼎盛公司的行为属于侵犯注册商标专用权的行为，对其作出责令停止侵权行为并罚款人民币 50 万元的行政处罚决定。

该具体行政行为作出后，鼎盛公司不服向苏州市人民政府申请行政复议，复议维持苏州工商局作出的工商处罚决定。鼎盛公司对此仍不服，向法院提起诉讼，一审维持了苏州工商局的处罚决定。鼎盛公司不服提起上诉，二审法院引用《行政处罚法》第 4 条第 2 款之规定，认为苏州工商局作出的行政处罚违背过罚相当原则，处罚结果显失公正，判决变更行政处罚决定。

该案涉及商标性使用的认定、侵犯商标专用权行为的认定以及行政处罚是否显失公正等争议焦点。本文围绕过罚相当原则展开探讨，主要关注上述第三个争议焦点。关于该争点，二审法院认为，行政机关实施行政处罚时应当遵循过罚相当原则，综合考虑处罚相对人的主观过错程度，违法行为的情节、性质、后果及危害程度等因素行使自由裁量权，在保证行政管理目标实现的同时，兼顾保护行政相对人的合法权益，行政处罚以达到行政执法目的和目标为限。工商行政机关如果未考虑上述应当考虑的因素，则认定为违背过罚相当原则。简单梳理可知，在本案中，法院适用过罚相当原则的要点主要是：(1)考虑应当考虑的因素(主要指“过”所对应的主观过错程度、违法行为的情节、性质、后果等因素)；(2)在相当性的判断上，行政处罚以达到行政执法目的和目标为限，并尽可能使相对人的权益遭受最小的损害，体现了比例原则的要求。

从“苏州鼎盛食品公司案”发散出去，广泛梳理相关规范性文件及司法案例可以发现[12]，不少规范性文件与案例都以《行政处罚法》第 4 条为基点，以具体的行政处罚活动为对象，对该原则进行了细化和具体化。

---

〔12〕 需要说明的是，本文的案例及规范性文件检索均以北大法宝和中国裁判文书网为基础，得出的结论或无法覆盖司法实践中的全部情况，但可以呈现大体的趋势样貌。

三、“过”的解释与适用：以情节细化为主要方式

过罚相当原则的适用与行政裁量〔13〕是不可分割的。事实上，在我国的社会公众对行政执法的要求不断提升，以及行政改革逐步深化的趋势下，行政机关也加快了内部的执法规范化建设。裁量基准就是这一趋势下的产物，是为了规范行政裁量的行使，对规则予以细化而设定的一种具体判断标准。这一制度并非我国首创，美国就以“较早且频繁地运用行政机关的规则制定权”〔14〕限定过度裁量权。学理上认为，裁量基准为了体现行政公正原则，通过在行政裁量空间中设置阶格的方式，收缩行政机关在个案处理上的裁量空间，是一种良好的策略选择。〔15〕过罚相当原则被视为对裁量基准技术运用的总体指导与校正。

基于对规范性文件和案例的整理发现，对“过”的解释与使用主要体现为情节细化，其中，规范性文件以构造裁量基准的方式进行，尤以突出主观过错和后果这两个因素为特点；司法案例在具体适用过程中，也运用解释技术在这两个因素上有所着力，但较之前者，频次稍低。

（一）规范性文件对“过”的情节细化

1. 突出主观过错因素

主观过错是否为应受行政处罚行为的构成要件，这在我国一直是个有争议的问题。《行政处罚法》和《治安管理处罚法》等法律法规都没有规定行政行为违法的认定需要相对人具备主观上的过错。但在规范性文件对过罚相当原则的细化过程中，将相对人的主观过错作为裁量情节的规定十分常见，详见表1。

〔13〕 在行政裁量的理论研究中，一直存在“一元论”和“二元论”两种观念。鉴于实务中，我国行政执法机关多采行政法上的实用主义立场，而本文主要围绕规范性文件和司法案例进行讨论，故采“一元论”立场展开相关探讨，具体内容在此不作展开。

〔14〕 王名扬：《美国行政法（上）》，中国法制出版社2005年版，第544页。

〔15〕 章剑生：《现代行政法总论》，法律出版社2014年版，第109页。

表1　相对人主观过错作为裁量情节的规定

具体表现形式	相关条文	规范效力级别
将主观过错纳入“根据”类别,与“情节”并列	《交通运输部关于规范交通运输行政处罚自由裁量权的若干意见》第三条第4项	部门规范性文件
	陕西省国土资源厅《关于规范国土资源行政处罚自由裁量权办法(暂行)》第4条	地方规范性文件
	《广州市质量技术监督局规范行政处罚自由裁量权暂行规定》第3条	地方规范性文件
	《湖南省审计厅规范行政处罚自由裁量权实施办法》第6条	地方规范性文件
	《鹰潭市人民政府办公室关于全面开展规范行政处罚自由裁量权工作的通知》第2条第3项	地方规范性文件
	《南京市财政局行政处罚自由裁量权指导意见》第6条	地方规范性文件
	《杭州市民政局行政处罚自由裁量权暂行办法》第7条	地方规范性文件
	《福建省物价局价格行政处罚自由裁量权实施办法》第5条	地方规范性文件
将主观过错纳入“综合考虑”、“全面考虑”类别	《旅游行政处罚办法》第16条第1款第4项	部门规章
	环境保护部《规范环境行政处罚自由裁量权若干意见》第10、13条	部门规范性文件
	《江苏省工商行政管理机关行政处罚自由裁量权适用规则(试行)》第8条	地方规范性文件
	《杭州市林业水利行政处罚自由裁量权实施办法》第4条	地方规范性文件
	《江苏省水行政处罚自由裁量权实施办法》第5条	地方规范性文件
	《重庆市地方税务局规范税务行政处罚裁量权基准制度(试行)》第5条第3项	地方规范性文件
	《抚顺市国家税务局税务行政处罚裁量权适用规则(试行)》第5条第3项	地方规范性文件
	《陕西省国税系统税务行政处罚裁量权适用规则(试行)》第4条第2项	地方规范性文件
	《浙江省地税系统规范行政处罚裁量权实施办法》第4条第3项	地方规范性文件
	《黑龙江省商务系统行政处罚自由裁量权基准制度》第5条	地方规范性文件
	《浙江省民政行政处罚裁量基准实施办法》第7条	地方规范性文件
	《济南市教育局关于规范教育行政权力运行工作的通知》第2条第4项.	地方规范性文件

部分规范性文件将主观过错作为一项裁量情节单独与“情节”因素相并列，加入到过罚相当原则所给出的要素体系中，并以“根据”一词统领。这一方面突出了主观过错作为一项独立的裁量情节的存在，另一方面则认为过罚相当原则中的“情节”因素不包含行为人的主观因素在内，在具体行政裁量过程中应当予以补充。比如，《杭州市民政局行政处罚自由裁量权暂行办法》第 7 条规定：“根据违法行为的事实、性质、情节及社会危害程度和主观过错等因素，违法行为可分为轻微违法行为、一般违法行为、严重违法行为。”该法条将违法行为的主观过错因素纳入了处罚阶次的裁量判断标准。

部分规范性文件则将主观过错归入“综合考虑”、“全面考虑”的裁量体系中，与手段、次数、时间、地点等因素并列。这种做法将“情节”的具体含义予以细化，同时并没有突破《行政处罚法》第 4 条的规范框架。比如，“苏州鼎盛食品公司案”所在的江苏地区，《江苏省工商行政管理机关行政处罚自由裁量权适用规则（试行）》第 4 条规定：“实施行政处罚必须以事实为依据，以法律为准绳，在行使自由裁量权时应当考虑违法行为的事实、性质、情节以及社会危害程度等，作出的行政处罚要与违法行为相当。”又在第 8 条以“综合裁量原则”的形式进行补充：“适用行政处罚自由裁量权，应当遵循综合裁量原则。全面分析违法行为的主体、客体、主观方面、客观方面及社会危害后果等因素，应用逻辑、公理、常理和经验，对违法行为处罚与否以及处罚的种类和幅度进行判断，并作出相应的处理决定。”

经梳理发现，在将主观过错归入裁量情节的努力中，规范性文件一般都通过设定裁量基准的方式来实现其标准化过程。正如哈特在阐述犯罪行为的主观恶性问题时所质疑的那样：“将严重程度加以联系的方式要受到许多难题的困扰……如果提到犯罪行为的主观恶性，依靠人的判断能揭示并且比较不同人的动机、诱惑、机会和恶性吗？”[16]这些规范性文件多采用客观化技术来设定主观过错的判断规则，以代替执法行为人的个体判断。比如，环境保护部《规范环境行政处罚自由裁量权若干意见》第 13 条规定：“主观恶意的，从重处罚。”并对“恶意环境违法行为”予以举例，如“‘私设暗管’偷

〔16〕［美］H. 哈特：《惩罚与责任》，王勇等译，华夏出版社 1989 年版，第 155－156 页。

排的，用稀释手段‘达标’排放的，非法排放有毒物质的，建设项目‘未批先建’、‘批小建大’、‘未批即建成投产’以及‘以大化小’骗取审批的……”。

2. 突出后果因素

一般认为，后果的存在与否，与一项行为是否被认定为违法并应受行政处罚之间并不具有必然联系。后果这一因素一般不被视为违法行为的认定要件。比如，对闯红灯、超速等行为，即使没有引起危害后果，但由于违反交通管理秩序，仍然被行政机关认定为行政违法行为，须受行政处罚。但在很多规范性文件中，由于细分领域的不同，也开始强调后果因素作为裁量情节存在，详见表2。

与前述类似，规范性文件对后果因素的强化也呈现出两种面貌。第一种是直接套用《行政处罚法》第4条的表述模板，将后果置于各要素之后，并列为过罚相当原则应予考量的“过”，以“根据”一词统领。比如，《天津市质量技术监督行政处罚裁量权适用办法》第4条规定：“行政处罚的实施应当遵循公开、公正、过罚相当、宽严相济、教育与处罚相结合等原则。实施行政处罚裁量权要根据违法行为的事实、性质、情节和后果，选择适用处罚的种类和幅度，不得作出明显不当或者显失公正的行政处罚决定。”另一种表现形式，是将后果和主观过错等其他具体的因素归入“综合考虑”、“全面考虑”的裁量体系之中。比如，《杭州市林业水利行政处罚自由裁量权实施办法》在第3条规定形式自由裁量权应遵循过罚相当原则，又在第4条规定：“综合考虑违法行为人的主观恶性、动机、目的、实施违法行为的手段、违法行为的事实、性质、情节、后果等因素。”

3. 其他因素

情节就是事情变化和经过的各种情形与环节。行政裁量中的情节则是指那些对裁量最终处理决定具有直接影响和作用的、法定构成事实之外的其他各种主客观事实情况。[17] 规范性文件在对“过”的情节进行细化的过程中，主观过错和后果只是其中最为显著的两个，所涉的其他因素颇为广泛，表述上也不尽相同。本文对其中较为常见的几种作一简单介绍。

---

〔17〕 周佑勇：《论行政裁量的情节与适用》，《法商研究》2008年第3期，第38—45页。

表 2 后果因素作为裁量情节相关规定

具体表现形式	相关条文	规范效力级别
将“后果”纳入“根据”类别	《天津市质量技术监督行政处罚裁量权适用办法》第 4 条	地方规范性文件
	《广州市经贸委规范行政处罚自由裁量权规定》第 4 条第 1 款第 2 项	地方规范性文件
	《汕头市人力资源和社会保障局规范行政处罚自由裁量权规定》第 5 条第 1 款第 2 项	地方规范性文件
	《重庆市卫生行政处罚裁量权暂行规定》第 5 条	地方规范性文件
	《广州市国家税务局规范行政处罚自由裁量权实施办法》第 6 条	地方规范性文件
	《贵州省粮食局规范行政处罚自由裁量权指导标准(试行)》第 5 条第 1 款第 2 项	地方规范性文件
	《北京市文物行政部门规范行政处罚裁量权办法(试行)》第 3 条	地方规范性文件
将“后果”纳入“综合考虑”类别	《旅游行政处罚办法》第 16 条第 1 款第 4 项	部门规章
	环境保护部《规范环境行政处罚自由裁量权若干意见》第 13 条	部门规范性文件
	《重庆市人力资源和社会保障局规范行政处罚裁量权办法(试行)》第 6 条	地方规范性文件
	《杭州市林业水利行政处罚自由裁量权实施办法》第 4 条	地方规范性文件
	《上海市石油天然气管道保护行政处罚裁量基准制度》第 3 条	地方规范性文件
	《浙江省民政行政处罚裁量基准实施办法》第 7 条	地方规范性文件
	《黑龙江省商务系统行政处罚自由裁量权基准制度》第 5 条	地方规范性文件
	《广州市财政局规范行政处罚自由裁量权规定》第 3 条	地方规范性文件
	《浙江省地税系统规范行政处罚裁量权实施办法》第 4 条第 1 款第 3 项	地方规范性文件
	《陕西省国税系统税务行政处罚裁量权适用规则(试行)》第 4 条第 1 款第 2 项	地方规范性文件

第一,与违法行为相关的情节因素。如,违法动机和目的。“人的任何故意实施的行为,都是在一定动机的支配下,去追求一定的目的的。”[18]因此,在对一项行为作出量罚决定时,行政机关认为需要评估行为人的违法动机与目的,将其作为裁量基准,尤其是作为从重处罚或从轻处罚的依据。《宜昌市公安部门行政处罚自由裁量权实施标准》规定将“购买伪造、变造的居民身份证”这一违法行为区分为“一般”和“严重”两种情形,区分点在于前者除“居民身份证的姓名、住址、年龄、身份证号码等身份信息与使用者真实身份明显不符”外,无其他违法犯罪动机的,而后者还应当具备“其他违法犯罪动机”。又如,实施手段或方法,《旅游行政处罚办法》第16条规定:“各级旅游主管部门行使旅游行政处罚裁量权应当综合考虑下列情节:(一)违法行为的具体方式、手段、程度或者次数”。

第二,与违法行为人相关的情节因素。如,认知态度,是指行为人在应受行政处罚行为发生以后,对其行为违法性的主观认识和应对态度。规范性文件把认知态度列为“过”的规范内涵之一,一般通过后果和是否纠正这两项因素作为判断的标准。《鹰潭市人民政府办公室关于全面开展规范行政处罚自由裁量权工作的通知》二、(二)即规定,要根据当事人消除违法行为后果或影响等因素,确定不同的处罚裁量阶次。该规定将认知态度的客观表现定位于对违法行为后果及影响的纠正程度。又如,当事人的具体状况,《重庆市地方税务局规范税务行政处罚裁量权基准制度(试行)》第5条第3项规定:“行使税务行政处罚裁量权应当全面考虑相关因素,包括违法行为人的经济能力。”

第三,特殊情节因素。规范性文件中还存在一些特殊的情节因素,其与违法行为以及违法行为人均无甚关联,具体包括“社会影响”、“经济发展水平”、“政策因素”等。比如,北京市国家税务局、北京市地方税务局《税务行政处罚裁量权实施办法》第6条规定:“税务机关行使税务行政处罚裁量权应当符合立法目的和法律原则,全面考虑相关事实因素和法律因素,作出的处罚决定……与违法行为发生地的经济发展水平相适应。”

---

〔18〕 韩光军:《量刑基准研究》,法律出版社2010年版,第140页。

(二)司法案例对“过”的情节细化

1. 突出后果因素

“苏州鼎盛食品公司案”中,法院认为东华公司的注册商标“乐活 lohas”于 2009 年 7 月才核准注册,直至鼎盛公司的商标使用行为于 2009 年 9 月被查处之时尚未实际使用,后者的商标使用时间也非常短暂,故鼎盛公司的侵权行为对商标权人东华公司并未造成实际损害后果。但是,“如果一味以涉案注册商标未实际使用,不会造成实际混淆作为侵权判断标准,则有可能对商标注册制度造成不应有的冲击,不利于注册商标专用权的保护”,所以法院认为,虽然不存在实际损害后果,但仍存在“混淆的可能性”,涉案商标构成近似商标。至此一步,法院的观点仍与行政机关一致。但在对处罚结果是否过当这一问题上,二审法院认为,行政机关没有考虑后果这一应当考虑的因素。

什么是应当考虑的因素?一般而言,其必须和具体的授权规定或者法律整体相吻合。不考虑应当考虑的因素是司法机关控制行政裁量的一个重要审查标准。在本案中,后果是否为行政机关应当考虑的因素?“后果的范围必须以违反行政法义务的行为所指向的利益是否受到法律保护为标准,利益未受到法律保护,就没有所谓的后果。”[19]《商标法》的立法目的之一是“以保障消费者和生产、经营者的利益”。因此,是否存在损害消费者利益的后果,是在立法目的范围之内的,也是行政机关进行裁量时应当考虑的因素。本案中,鼎盛公司未对该系列月饼进行专门、广泛、大量的宣传,其侵权行为尚未达到造成市场中相关公众实际混淆或者误认的程度,也没有对消费者的利益构成实质上的损害。因此,虽然不影响对鼎盛公司行为的违法性认定,但在适用过罚相当原则时仍然应当考虑该因素。

事实上,后果的存在与否以及严重程度,因为其具有便于计算、测量和直观反映社会危害程度等特点,在司法实践中是最为常见的裁量因素,有关案例名称详见表 3。如,案例 1-4 中,行政机关在检查原告的酒店时,发现在

---

〔19〕 章剑生:《违反行政法义务的责任:在行政处罚与刑罚之间——基于〈行政处罚法〉第 7 条第 2 款之规定而展开的分析》,《行政法学研究》2011 年第 2 期。

该酒店经营场所内的调料架、冰箱(柜)及冷菜间中放有5种超过保质期的食品,但同时认定原告尚未使用或销售上述过期食品,亦未造成其他严重后果。故,应当考量行政执法机关对违法行为人所作处罚决定可能存在量罚失当的可能。又如,案例1-6中,上诉人钦南区秦皇酒店原告在位于其酒店大堂背后标为"消毒间"(不在其取得的《餐饮服务许可证》许可的地点和场所内)的场所内生产经营早餐,造成了多人食物中毒的严重后果。法院认为,"鉴于上诉人的违法事实以及所造成的后果及其影响,行政执法机关作出对上诉人的行政处罚并没有超出法律所规定的法定幅度范围。"

表3　涉及后果因素的相关司法案例

案例编号	案例名称
案例1-1	张玮玮不服如东县公安局治安行政处罚案(〔2015〕门行初字第00025号)
案例1-2	崔秀兰不服蓝田县公安局治安行政处罚案(〔2014〕西中行终字第00064号)
案例1-3	魏锡铭不服启东市公安局治安行政处罚案(〔2014〕通中行终字第00303号)
案例1-4	邬学勋不服舟山市市场监督管理局金塘分局工商行政处罚案(〔2015〕舟定行初字第7号)
案例1-5	广汉三星堆水泥有限公司不服四川省工商行政管理局工商行政处罚案(〔2014〕川知行终字第1号)
案例1-6	钦南区秦皇酒店不服钦州市食品药品监督管理局卫生行政处罚案(〔2014〕钦行终字第24号)
案例1-7	谢昭成不服珠海市公安局南屏派出所治安行政处罚案(〔2015〕珠中法行终字第34号)
案例1-8	珠海某某酒业有限公司不服广东省珠海市某某行政管理局工商行政管理案(〔2015〕珠中法知行终字第1号)
案例1-9	江苏祥和秦纤维科技有限公司不服江苏省工商行政管理局商标侵权行政处罚案(〔2013〕苏知行终字第0004号)

2. 突出主观过错因素

"苏州鼎盛食品公司案"中,二审法院认为,遵循过罚相当原则必须考虑主观过错这一因素,"在'乐活lohas'注册商标核准之前,鼎盛公司就进行了相应的包装设计并委托生产,鼎盛公司不存在攀附东华公司注册商标声誉的主观恶意"。分析该案中,主观过错是否为过罚相当原则之必要考量因素，需要结合《商标法》的具体背景。商标是产品的标志，它具有重要的传递信息、标明产品来源的作用，也是企业形象和信誉的集中表现。对于消费者而言，商标代表着它所依附的特定产品的内在质量和标准，是对产品进行选择和识别的重要媒介。因此，在市场中，具有良好知名度的企业商标有时会成为其他企业使用的对象，以达成攀附前者声誉，提高销售量的目的。这种行为一旦构成混淆或者存在混淆的可能性，即被认为侵犯商标注册专用权。主观恶意的存在一般是该类侵权行为发生的动因。虽然也存在例外[20]，但《商标法》以加强商标管理，维护商标信誉为立法目的[21]，强调的是客观市场经济的有效运转和正常秩序，因此，行为人的主观状态固然不是行为违法性的构成要件，但常作为量罚环节的裁量因素予以考量。本案中，注册商标核准之前，鼎盛公司已经进行了商标的设计、制作等生产行为，其侵权行为的发生存在一定“偶然性”，而非出自主观恶意。法院认为，在适用过罚相当原则时应当考虑该因素，这可能与其“参考”该地区的裁量基准有关，但在具体表述上，法院将主观要素纳入了过罚相当原则而不是综合裁量原则的体系中。

实务中，也有类似案件的司法实践提供支持，案例名称详见表 4。如，案例 2-1 中，法院认为：“虽然商标侵权行为的认定不以侵权人存在主观过错为必要条件，但侵权人的主观过错程度是判断商标侵权行为性质和情节的重要因素。”商标侵权行为的处罚目的，主要在于制止恶意和重复性的侵权。因此，对于没有主观故意且未造成实际损害后果的侵权行为，采用责令停止侵权行为就足以保护商标专用权，且达成维护商标管理秩序的立法目的。本案法院给出了将主观过错纳入裁量情节的理由，即，在维护商标管理秩序的总目标下，行政执法的重点打击对象是恶意和重复行为，不具有主观过错的行为在裁量时可以选择在责令立即停止侵权行为的同时，明确告知

---

〔20〕 如，著名的蓝野酒业与百事可乐公司商标侵权案，系百事可乐公司未经许可，使用“蓝色风暴”标识作为某一饮料产品系列的宣传语。该行为被法院认定为侵犯了蓝野酒业公司“蓝色风暴”的注册商标专用权。在该案中，“蓝色风暴”商标知名度较低，百事可乐公司显然不具有攀附其商标声誉的主观故意。

〔21〕 我国《商标法》第 1 条规定：“为了加强商标管理，保护商标专用权，促使生产、经营者保证商品和服务质量，维护商标信誉，以保障消费者和生产、经营者的利益，促进社会主义市场经济的发展，特制定本法。”

行政相对人自行去除侵权标识,不再加处罚款、没收等行政处罚,以体现商标法的立法目的以及商标行政执法的谦抑与平衡。

表4　涉及主观过错因素相关司法案例

案例编号	案例名称
案例2-1	江苏祥和泰纤维科技有限公司不服江苏省工商行政管理局商标侵权行政处罚案(〔2013〕苏知行终字第0004号)
案例2-2	魏锡铭不服启东市公安局治安行政处罚案(〔2014〕通中行终字第00303号)
案例2-3	广汉三星堆水泥有限公司不服四川省工商行政管理局工商行政处罚案(〔2014〕川知行终字第1号)
案例2-4	张迎辉不服南京市工商行政管理局雨花台分局工商行政处罚案(〔2014〕宁知行终字第1号)
案例2-5	谢昭成不服珠海市公安局南屏派出所治安行政处罚案(〔2015〕珠中法行终字第34号)
案例2-6	徐双增不服广州市公安局交通警察支队高速公路一大队行政处罚案(〔2014〕穗云法行初字第208号)
案例2-7	珠海某某酒业有限公司不服广东省珠海市某某行政管理局工商行政管理案(〔2015〕珠中法知行终字第1号)

对主观过错因素的考量,也不仅仅出现在商标侵权案件中。如,案例2-5中,法院认为当事人谢昭成和刘仁保存在互殴的事实,但由于起因系刘仁保对谢昭成的无端猜疑所引起,且在斗殴过程中,其持工具对谢昭成进行殴打,主观恶意较大,故行政机关对双方都处以罚款人民币500元的行政处罚的结果显失公正。

(三)规范性文件和案例发展"过"的特点

从规范性文件和案例对过罚相当原则的"过"予以发展的以上过程来看,其着力点都在于将"情节"因素予以细化,并突出了裁量基准中的主观过错和后果。在适用该原则的过程中,执法者和司法机关都应当避免"不相关考虑",考虑应当考虑的情节,通过构建、适用科学合理的裁量基准,审慎地将主观过错、后果及其他要素纳入到"过"的规范内涵中,"可以有效地避免执法者由于‘不相关考虑’而产生的裁量恣意或不当等问题。[22] 在两者的具体化努力中，呈现出以下两个特点：

第一，规范性文件和司法案例对“情节”的细化努力，总体上趋势相近，但是侧重点不同。两者都突出了主观和后果这两个因素，但规范性文件更偏重于运用客观化技术呈现行为人的主观恶意，而法官在裁判过程中，一般更注重发掘“后果”因素。这种趋近与分离并存的现象，究其背后原因，一方面在于，司法审查一般会有限地介入行政裁量，且对裁量基准给出的情节予以“参考”，因此，专业化的行政执法机关偏重的主观和后果要素往往也被司法机关所仰赖；另一方面，围绕主观过错的争议一直存在，有观点认为“刑法上的‘罪过’原理可以并且应当适用于行政违法行为的认定”[23]。也有学者持反对意见，认为“行政处罚的目的在于迅速恢复已被破坏的行政管理秩序”，行政处罚不应考虑主观要件，不以违法行为人的主观状态为必要条件。实务中，虽然将主观过错作为裁量要素的做法十分常见，但法院的适用更为审慎。笔者以为，要缓和学理和实务的上述矛盾，规范性文件首先要基于授权规范，避免将主观过错作为违法要件；其次，在个案中，法官应当根据具体法律法规的立法目的加以甄别，把主观过错作为“量罚是否适当”的因素，而非“是否当罚”的因素加以考虑。

第二，一项因素是否为过罚相当原则“应当考虑的因素”，核心标准是其与“社会危害程度”的紧密关系。违法行为会对相对人以外的社会公众产生示范效应和影响，行政处罚的功能之一就是预防潜在违法行为的发生，从而达到“维护公共利益和社会秩序”的立法目的。因此，社会危害程度是过罚相当原则的重要指标之一，其通常根据行为的性质和行为的量确定。[24] 主观过错标志着违法行为人个人的恶意程度，后果则直观地反映违法行为对当事人、行政管理秩序以及社会公众的影响程度，两者均对衡量社会危害程度有直接影响，实际上勾连了授权规范的内在要求，最终服务于《行政处罚法》立法目的的完整表达。因此，在实践中是出现频次最高的两项裁量情节。

---

〔22〕 周佑勇：《裁量基准的技术构造》，《中外法学》2014 年第 5 期。

〔23〕 章剑生：《现代行政法基本理论》，法律出版社 2013 年版，第 363 页。

〔24〕 应松年、刘莘：《行政处罚立法探讨》，《中国法学》1994 年第 5 期。

四、"罚"的解释与适用:以效果格化为主要方式

根据前文可知,无论是规范性文件通过裁量基准技术来补充"过"的各类因素,还是法院借由司法审查对情节等因素予以解释,由于该工作是细化和解释,而非解释性地创造,故而都应当基于授权规范才能进行,往往触及合法性和正当性方面的障碍。但是,过罚相当原则的"罚"是根据违法行为的过错程度加诸相应的法律效果,规范性文件和司法案例对此进行的作业一般更为技术化,主要涉及裁量基准构造中的另一面——效果格化,其往往表现为行政机关进行具体方法上的选择,以合理划分不同的法律效果。经过对规范性文件和案例的梳理发现,前者搭建了"罚"的规范内涵,而后者在司法审查过程中,在"罚"的部分向度上有所偏重和创新,是司法能动的呈现。

(一)规范性文件的展开:规范含义

1. 是否给予处罚

关于"罚",需要讨论的首要问题是罚抑或不罚。如果某一个行政行为存在"过",但最终"不予处罚",这个"罚"的法律效果客观上是不存在的。那么,在该种情况下是否还存在过罚是否相当的问题呢?亦即,"不予处罚"是否内含于"过罚相当原则"的要求之中?笔者的回答是肯定的。理由如下:首先,从体系解释角度来看,过罚相当原则规定于《行政处罚法》第4条,属于总则内容,是行政处罚的基本原则之一。因此,被认定为违法应受行政处罚的行为都受该原则的约束,而与最终是否给予处罚的结果无关。其次,过罚相当原则是在"设定和实施"行政处罚时都要遵循的,即涵盖了立法、执法和司法适用三个方面。此处的"实施"并非指施用处罚这一行为。因为施用行政处罚时,处罚决定已然作出,"是否相当"的客观形态也已经形成,不再具备遵循过罚相当原则的讨论空间。此处的"实施"应指作出行政处罚这一行政行为的过程,因此"是否处罚"、"如何量罚"都涵括在其语义范围之内。再次,过罚相当原则的要求是对有违法性的行为给予处罚,对不具有违法性

的行为不给予处罚，不能轻过重罚，也不能重过轻罚。因此，“罚”的法律效果不一定客观存在。比如“免予处罚”〔25〕，其指的是某一行为具有违法性，应当给予行政处罚，但由于存在法定事由而免予行政处罚。这也是符合过罚相当原则的。

综上，规范性文件在对行政处罚予以效果格化的前提步骤，是规定“是否处罚”的具体适用情形。比如，《行政处罚法》第 27 条第 2 款规定：“违法行为轻微并及时纠正，没有造成危害后果的，不予行政处罚。”《湖南省人力资源和社会保障厅行政处罚自由裁量权基准制度(试行)》第 9 条在其基础上予以细化：“行政相对人在下列情形下，一般不给予行政处罚：……(二)劳动者提出诉求或工会提出交涉建议后，主动履行法定义务，未造成或已主动消除危害后果的；(三)违法行为情节轻微，经教育后自觉履行法定义务，且已消除危害后果的；……”

2. 处罚种类及单处、并处处罚

据统计，我国的法律和行政法规中规定有 120 种之多的行政处罚种类，但其中也存在与行政处罚相混淆的行政强制措施、行政执行罚、行政收费乃至民事责任等。〔26〕依照通说而言，我国的各种行政处罚大多可以归入申诫罚、财产罚、行为罚和人身罚四类〔27〕中。对于各类行政处罚，是否给予行为人单处或者并处处罚，涉及两方面的问题。第一，部分类别的行政处罚一般只规定于单处，而不能与其他种类的处罚并处。比如，申诫罚，其主要包括警告、通报批评、训诫和责令具结悔过等，适用于情节比较轻微、没有造成较大的社会危害的违法行为；既可以适用于个人，也可以适用于法人或者其他组织。由于财产罚、行为罚和人身罚等其他种类处罚实际上都蕴含着某种

---

〔25〕 与此相关的概念还有“不予处罚”和“不再给予处罚”。具体内容见《行政处罚法》第 27 条第 2 款、第 29 条规定。

〔26〕 胡建淼：《“其他行政处罚”若干问题研究》，《法学研究》2005 年第 1 期。

〔27〕 考虑到我国环境保护领域一直存在“违法成本低、守法成本高”现象，2015 年《环境保护法》第 59 条规定增设按日连续处罚(即“按日计罚”)，关于该制度的性质系属行政处罚抑或行政强制执行，在学理上饱受争议。笔者认为，“按日连续处罚”体现了“罚款”类型和“责令改正违法行为”行政决定的并用，法律性质上无法归于《行政处罚法》第 8 条规定的罚款，亦非“法律、法规规定的其他行政处罚”，与体现在一次独立的行政处罚决定书中的过罚相当原则是存在冲突的。故，“按日计罚”不宜被纳入行政处罚的种类加以讨论。

精神性制裁,所以,申诫罚只能单处,不可能与其他种类的处罚并处。[28] 第二,对于可以并处的行政处罚,同一违法行为可能涉及同一法律规范设定的两种以上处罚种类。此时,法律、法规或者规章规定可以单处或可以并处。一般而言,对依法既可以实施单处主罚又可以实施并处附加罚的违法行为,属于轻微违法行为和一般违法行为的,可以单处主罚;属于严重违法行为的,应当适用主罚和附加罚并处的处罚方式。比如,陕西省国土资源厅《关于规范国土资源行政处罚自由裁量权办法(暂行)》的通知第10条规定:"国土资源行政主管部门在实施行政处罚时,应当适用主罚,并视违法情节的危害程度确定是否给予附加罚。"该规定将危害性作为并罚的适用要件。另如,《治安管理处罚法》第23条第1款第2项规定:"有下列行为之一的,处警告或者二百元以下罚款;情节较重的,处五日以上十日以下拘留,可以并处五百元以下罚款:……(二)扰乱车站、港口、码头、机场、商场、公园、展览馆或者其他公共场所秩序的;……"《浙江省公安机关行政处罚裁量基准》将该"情节较重"的情形予以细化,如"多次扰乱公共场所秩序"、"扰乱政府机关和治安保卫重点单位周边公共秩序,不听劝阻的"等,列明并罚的具体适用情形。

3. 量罚幅度

量罚幅度也是"罚"的内涵之一。在实务操作中,裁量基准制度的核心手段是将法定的裁量幅度分割为若干裁量格次[29],解决幅度划分、情节轻重的格次等问题。量罚幅度的格化技术在裁量基准的发展过程中呈现出从单一、粗放走向精细、多元的特征。关于裁量基准的实践,浙江省金华市是"最先觉悟,并付之行动"的地区之一,金华市公安局从2003年4月就开始尝试,最先在全市公安机关系统内开展行政处罚自由裁量基准的试点工作。[30] 金华市对于量罚幅度的技术把握主要基于经验和自发性的创造,采用等分、中间线、格内外浮动和累计制等样式。其中,等分法和中间线技术都是将法律规定的较大处理幅度再予以划分,前者以平均数的方式划分若

---

〔28〕 杨小君:《行政处罚研究》,法律出版社2002年版,第180—181页。

〔29〕 周佑勇:《裁量基准的正当性问题研究》,《中国法学》2007年第6期。

〔30〕 余凌云:《游走在规范与僵化之间——对金华行政裁量基准实践的思考》,《清华法学》2008年第3期。

干格次，后者直接以量罚的平均值作为从重和从轻的“界分线”。格内外浮动是在前述基础上，允许量罚升（降）一个格次或者在同一格次内按特定比例升（降）某一幅度，作为加重（减轻）或者从重（从轻）的量罚[31]。金华市还采用了按照违反同一规范的次数累计递增的累计制处罚幅度。随着各地实践的发展，量罚幅度的格化技术也日益成熟，主要形成经验评估、寻找基础值和数学方法三种模式。经验评估依靠行政执法人员的执法经验，根据事实、行为性质、情节和行政相对人行为对公共利益的影响程度等因素综合分析、判断，一次性形成效果格化的基本方案；寻找基础值即以前述等分和中间线等方式为主要表现形式；数学方法出现的较为晚近，并以其精确化和科学性的特征，受到实务工作者的广泛欢迎[32]，但在行政理论学界受到一定质疑。如，《〈杭州西湖风景名胜区管理条例〉行政罚款自由裁量权适用规则》规定，罚款额＝最低额＋自由裁量度×（新建面积/10 平方米）×100%（面积以平方米为单位，10 平方米以上按最高额 99%处罚）。该规定将罚款金额的计算转化为严格的数学公式，形式僵化，因而受到了学界的批评。有学者认为，“裁量基准越细化，越会削弱自由裁量本身所具有的功能，甚至使其功能丧失。”[33]

（二）司法案例的解释：司法能动的呈现

1. 量罚幅度：从“是否罚”到“罚多少”的考量标准

“苏州鼎盛食品公司案”中，苏州工商局依据《商标法》第 53 条[34]、《商标法实施条例》第 52 条[35]规定对鼎盛公司作出“责令停止侵权行为并罚款

---

〔31〕 举例如，《苏州工商行政管理系统行政处罚自由裁量权办法》第 17 条第 2 款：“从轻行政处罚……在实施罚款这一行政处罚时，选择最低限处罚，或者在从最低限到最高限这一幅度当中，选择较低的 30%部分处罚。”

〔32〕 举例如，《广州市质量技术监督局规范行政处罚自由裁量权暂行规定》第 6 条：“本规定所称的从轻处罚、一般处罚、从重处罚的金额分别按下列公式计算：从轻处罚：[$(X-Y)\times 30\%+Y$]以下至法定最低罚款金额；……”

〔33〕 黄学贤：《行政裁量基准：理论、实践与出路》，《甘肃行政学院学报》2009 年第 6 期。

〔34〕 《商标法》（2001 年）第 53 条规定：“工商行政管理部门处理时，认定侵权行为成立的，责令立即停止侵权行为，没收、销毁侵权商品和专门用于制造侵权商品、伪造注册商标标识的工具，并可处以罚款”。

〔35〕 2002 年《商标法实施条例》第 52 条规定：“对侵犯注册商标专用权的行为，罚款数额为非法经营额 3 倍以下；非法经营额无法计算的，罚款数额为 10 万元以下。”

人民币50万元”的行政处罚决定。一审法院认定原告鼎盛公司对涉案标识的使用构成商标意义上的使用,且因爱维尔品牌在特定区域范围内具有相对较强的知名度,客观上导致东华公司与其注册的“乐活 lohas”商标的联系被割裂,故构成对东华公司注册商标专用权的侵害,判决驳回原告诉讼请求。并罚一般适用于情节较重的行为,在本案中,一审法院仅对商标侵权行为的成立进行了说理,但并未明确鼎盛公司行为应当受到并罚的理由。对此,二审法院认为,原告鼎盛公司的行为虽然构成商标侵权,但是苏州工商局作出该行政处罚并未考虑主观、行为后果以及情节等应当考虑的因素,“并罚”的处罚决定违背了过罚相当原则,判决变更处罚决定为“责令停止侵权行为”。细言之,二审法院的裁判逻辑是“商标侵权→应当给予处罚→考虑‘过’的各项因素→情节轻微→不适用并罚”,最终将并罚罚款50万元变更为不予罚款。法院以情节轻微为由,认定不给予当事人并罚罚款,因此完成了“是否处罚”的判断,故未涉及“罚多少”的问题。这是实务中根据过罚相当原则来调整量罚幅度的典型情形。

当然,司法实践中也存在一些非典型的情形。如前述案例1-4中,被告在执法过程中发现,原告邬学勋经营的酒店经营场所内放有5种超过保质期的食品,经认定,邬学勋未使用或销售上述过期食品,亦未造成其他严重后果,超过保质期食品货值为104元。被告对其作出罚款2万元并没收5种涉案超过保质期的食品的行政处罚决定。《食品安全法》规定,对违法经营的食品货值金额不足1万元的,处以2000元以上5万元以下罚款。法院认为,虽然本案的处罚决定并未超出处罚幅度,但较之104元的食品货值,2万元的罚款已经达到约200倍的处罚幅度比例,明显不相对应,因此判决变更处罚决定为“罚款1万元”。在该案中,法院的说理重点集中在两方面,一是,该5种食品并未经食用或者进行销售,客观上未造成损害后果,情节较为轻微;二是,食品的总货值较低,在确定罚款幅度时应当考虑“量罚幅度比例”的适当。无独有偶,在“梁永标不服肇庆市工商行政管理局端州分局工商行政处罚案”〔36〕中,上诉人梁永标对量罚幅度的比例提出质疑,认为被上诉人在《行政处罚告知书》中认定其销售啤酒数量为22箱,处罚金额为

〔36〕 广东省肇庆市中级人民法院〔2014〕肇中法行终字第58号。

16500元，但在听证后，处罚决定认定的销售啤酒数量降为2箱，处罚金额变为8000元，每箱啤酒对应的罚款额从750元上升至4000元，属于加重处罚。上诉人的观点也存在“量罚幅度比例”的考虑。然而，该观点并未得到法院支持。笔者认为，“加重处罚”是对处罚种类或者量罚幅度在处罚格次上调高，单件啤酒对应的处罚金额上升显然不符合“加重处罚”的概念。同时，本案违法行为人销售外包装无中文标签标识的啤酒，存在一定损害后果，且对其处罚的数额仍在法定幅度内，不属于量罚失当。结合此案和前述案例1-4，就量罚幅度的具体数值而言，不论是将违法行为视为整体看待，抑或是参照单个被处罚客体所对应的处罚金额，都应当基于情节要素展开，综合考虑行为违法性和社会危害性程度来判断过罚相当性。如果脱离违法行为的各主客观因素，而仅考虑量罚幅度比例，以此取得的判断结果相当于将行政裁量等同于机械化的数学运算，肯定是不适当、不合理的。〔37〕

2. 处罚种类：以法定处罚方式为限

“苏州鼎盛食品公司案”所涉及的《商标法》第53条处罚依据是“并可处以罚款”，即在“责令立即停止侵权行为”之外，行政机关可以对是否给予罚款进行裁量。针对此类可以单处或并处的规定，一般而言，情节及社会危害性较大的严重违法行为可以给予并处附加罚。二审法院依据过罚相当原则的几项因素，认定其行为情节较为轻微，不应当进行并罚。故，行政机关在单罚与并罚可以进行选择时，其行政裁量受到合理限度的司法审查的约束，这在实务中不存争议。

然而，当法律、法规规定“并处”时，行政机关能否依据减轻处罚的理由，变更“并罚”的处罚方式呢？在“张云达不服上海海事局海事行政处罚决定案”〔38〕中，上海海事局依据《水上安全监督行政处罚规定》(以下简称“《处罚规定》”)第30条应对张云达作出“并处罚款和吊销证书”的决定，但张云达

〔37〕 2016年，“炒货店被罚20万”事件在网上引起热议。杭州一家炒货店因将“杭州最优秀的炒货店”作为店铺内外及包装袋上的宣传标语，被西湖区市场监督管理局以违反《广告法》第57条第1项为由，给予罚款20万元的处罚决定。虽然20万元已属裁量格次中的下限，但这在社会公众眼中仍然不能与一家炒货店的“最”字宣传语所引发的法律后果相称。行政执法机关的处罚决定和一般公众的认知之所以出现该种差距，很大程度上也是出于这种“量罚幅度比例”的考量。2018年9月14日二审最终宣判，维持一审判决，罚款10万元。

〔38〕 上海市高级人民法院〔2002〕沪高行终字第8号。

配合查处违法行为有立功表现,符合该规定第12条第3项规定的从轻或者减轻处罚规定。该局据此对张云达给予单处吊销适任证书,并在上诉理由中提出,该行为属依法在法定的处罚方式以下予以减轻处罚。法院认为,虽然行政机关在适用减轻处罚时,可以在法定处罚幅度最低限度或处罚方式以下进行处罚,但是其无权任意变更法定的并罚处罚方式。上海海事局擅自在法定并罚的两种处罚方式中选择一种进行处罚的行为,于法无据。对此,笔者以为,“并处”意味着法律、法规规定对违法行为应当并处两种处罚方式,是裁量收尽的一种表现形式。减轻处罚则是指,在法定的处罚幅度最低限度以下实施处罚,或者在法定的处罚方式以下选择较轻的处罚方式处罚。后一种是选择相对较轻的处罚方式来取代原处罚方式,但这并不等同于可以免除原定的处罚方式,否则将与“免除处罚”、“不予处罚”等概念混同。但在本案中还涉及规范性文件本身规定的周延性问题,虽然《处罚规定》第12条规定了“应当从轻、减轻或从重给予行政处罚”的几种情形,但是一则,并未明确“从轻”、“减轻”的规范内涵;二则,该规定并未提供在法定吊销证书处罚幅度最低限度以下的幅度选择,也未提供该处罚方式以下的其他处罚种类,因而没有为行政机关的裁量保留相应余地。这使得第12条在与第30条共同适用时,前者往往容易被架空。要解决这个问题,需要法规范及时予以更新,对该规定内的“从轻”、“减轻”含义予以阐释〔39〕,或者制定相应的裁量基准予以细化〔40〕。否则,应当允许行政机关适用《处罚规定》的上位法,即《行政处罚法》和《海上交通安全法》作出相对于罚款和扣留证书在程度上减轻的处罚决定。

(三)规范性文件和案例发展“罚”的特点

相比于对“过”的具体化努力围绕情节细化展开,规范性文件和案例更侧重于从技术层面对过罚相当原则的另一端进行解释、适用。裁量基准构建的另一个基本问题——效果格化即该问题的核心。对“罚”进行具体化的

---

〔39〕 该《处罚规定》后被《海上海事行政处罚规定》(2015年)取代而废止,后者在第8条中对《行政处罚法》第27条规定予以细化,从而修正了这个缺陷。

〔40〕 谭冰霖:《论行政法上的减轻处罚裁量基准》,《法学评论》2016年第5期。

过程呈现出以下两个特点：

第一，以处罚种类和量罚幅度为重点。规范性文件和司法案例都围绕处罚种类和量罚幅度这两个向度，对“罚”的内涵展开解释，但作业方式和重点相异其趣。规范性文件主要通过裁量基准建构中的效果格化技术，在法律规定的较大的裁量幅度之间，详细地划分若干小格，以划分不同处罚种类和不同程度的量罚幅度所对应的格次。最终，这些格次形成了过罚相当原则的另一端——与不同违法行为和情节之下的“过”相对应的“罚”。这种效果格化从技术类别上可以分为前述的经验评估、寻找基础值和数学方法三种模式，但从性质上则归为执行性和创造性两种。执行性的效果格化，是将法律上已明确规定的裁量结构，进一步细化和分档。创造性的效果格化，主要是针对法律规定不够明确的裁量结构，借助实践部门的经验，以情节挖掘出的考量因素作为指引格次划分的依据。如果说规范性文件所构建的裁量基准是对“罚”规范内涵的细化建构，则司法案例在其间的努力更像是“带着镣铐跳舞”。由于行政裁量是立法留给行政的自主空间，因此一般不允许司法审查超越合理限度。另一方面，虽然裁量基准属于行政机关内部规则，但法院裁判一般会对其予以“参考”，并对行政机关在裁量基准范围内的努力给予一定尊重。因此，对于构建“罚”的技术性工作，司法机关发挥能动性的余地较为狭窄，其对处罚种类和量罚幅度两个向度的把握，更倾向于在给定的裁量格次框架内，创设一定的考量标准。比如，以量罚幅度比例作为处罚是否失当的参照标准，以法定处罚方式为限进行格次内外的浮动等。

第二，传递机制既有单向性、封闭性。规范性文件和司法案例之间的这种关系形成了规则从构建到适用的单向传递机制，但同时也存在一些弊病。首先，裁量基准本身的完备性直接关系到实践部门的适用，正如前述“张云达案”所呈现的问题，在划分具有幅度空间的格次基础上，若格次之间（内）没有设置相匹配的升降机制和对应的种类、幅度选择，则裁量者在进行“从轻”、“从重”、“减轻”、“加重”等行政处罚时将会举步维艰，司法审查亦无法对其进行修正，个案正义也就无从谈起。其次，效果格化技术致力于将法律规定的裁量幅度进行分解、细化，但是面对复杂多变的社会情况，过于细化的格次给予实践部门回旋的余地可能过小，裁量权因此被不合理地限缩，导致处罚僵化、机械化。上述问题与其传递方向的单一性有关，要弱化甚至解决这些弊病,就必须打通规范性文件和司法案例之间的互动关系。一方面,在进行效果格化构建时,为实践部门保留一定的脱逸和例外条款,防止机械适用;另一方面,通过行政指导性案例、内部说理制度、行政责任追究制度、行政执法业绩考评机制等制度对裁量基准的落实情况加强监督、收集反馈意见[41],了解裁量基准在司法审查中反映出的问题,并以此为依据不断完善裁量基准,为后端的司法审查提供可靠的规范参照体系。

五、相当性的判断标准:以比例原则为核心

从语义结构上看,过罚相当原则需要回答什么是"过",什么是"罚"以及"如何相当"三个问题,前两者构成这项原则的基本要素,而相当性判断方法位居其间,作为衡量"相符性"的纽带连接双方。然而,从《行政处罚法》第4条第2款的文本中,我们仅能获得行政处罚的考量因素,但未明确相当性的判断标准。司法实践中对过罚相当原则的适用,有时也呈现出重要素、轻说理的倾向(如前文所述1-4、1-6、2-5等案例),侧重于个案中的"过"与"罚",强调上述要素未被考虑,而甚少涉及两者是否相当的判断过程。因此,相当性判断标准无法由过罚相当原则其自身来提供。那么,如何借助其他规范来为该原则提供恰当的操作方法呢?结合"苏州鼎盛食品公司案"的实践,笔者以为,可以将比例原则作为这一问题的核心。

(一)相当性的本质:是否符合比例原则

1.学理渊源

比例原则是指,在符合宪法的前提下,以考察有效性作为着眼点,在同样可以达到法定目的的手段中选择对公民侵害最小的,并在利益上加以均衡。经过法规范和司法案例的实证化后,一般认为其由三个子原则构成,包

---

〔41〕 如,2008年,苏州市工商局法制处出台《关于苏州工商行政管理系统部分案件自由裁量权行使情况的调研报告》,对全系统2007年一般程序行政处罚案件基本处罚情况及自由裁量权行使情况进行了汇总调研。

括适当性原则、必要性原则和均衡性原则。德国学者毛雷尔在《行政法学总论》一书中指出，比例原则是行政法上的一般原则，此观点长久以来得到了承认。〔42〕在引入中国后，比例原则引起了学者的广泛关注，但关于其与过罚相当原则的关系问题，学者们讨论较少，主要形成两种观点。一种观点认为，过罚相当原则是比例原则在行政处罚领域的体现。〔43〕另有观点则认为，比例原则包含了过罚相当原则。〔44〕笔者赞同第一种观点，过罚相当原则是比例原则在行政处罚领域的具体化，将后者作为过罚相当性的判断标准，有其学理渊源。

比例原则是过罚相当原则的内在要求。法学理论上对规则和原则进行区分的一个重要观点是"原则理论"。该理论的第一个主要问题即最佳化命题。最佳化命题认为原则和规则区分的关键在于，前者是一种要求某事在事实上和法律上可能的范围内尽最大可能被实现的规范；而规则是一种仅能以被遵守或不被遵守的方式来实现的规范。原则的特性被认为蕴含着比例原则的要求。〔45〕过罚相当原则的相当性判断强调既不轻过重罚，也不重过轻罚，避免畸轻畸重的不合理、不公正的情况。亦即，通过行政机关的裁量，让过与罚达到最大程度的"相符性"，且裁量结果受到司法机关的有限审查。这种最佳化命题的属性标明了其作为一项原则而存在的性质。故而，对过罚是否相当的判断蕴含着比例原则的要求。

比例原则和过罚相当原则具有价值取向上的同一性。比例原则具有"目的导向"的要求〔46〕，其强调目的与手段之间要合乎比例，手段所损害的相对人利益与此手段所要达到的目的（即所要保护的公益）之间应当达成均衡。有观点认为："表面上，比例原则所审查的是目的与手段的关系，但这种审查实际上需要以法律后果或可预期的明确法律结果为基础；通过结果印

〔42〕［德］哈特穆特·毛雷尔：《行政法学总论》，高家伟译，法律出版社2000年版，第66页。

〔43〕李洪雷：《行政法释义学：行政法学理的更新》，中国人民大学出版社2014年版，第85页。

〔44〕湛中乐：《行政法上的比例原则及其司法运用——汇丰实业发展有限公司诉哈尔滨市规划局案的法律分析》，《行政法学研究》2003年第1期。

〔45〕［德］罗伯特·阿列克西：《法：作为理性的制度化》，雷磊译，中国法制出版社2012年版，第132页。

〔46〕城仲模：《行政法之一般法律原则》，台湾三民书局1994年版，第119—122页。

证目的、手段是否有助于达到该效果,或手段是否超出达到该结果所需的程度。"[47]这种"合比例性"思想的本质就是价值衡量。过罚相当原则中的相当性判断,其表面是审查违法行为的各主客观要素与处罚之间的相符性,但这种判断的背后仍然是实现公益和公民权利遭受限制之间的关系问题。过罚是否相当,同样需要在违法行为人的合法权益和行政处罚行为所保障的公共利益之间进行价值衡量。

比例原则能为过罚相当原则提供分析技术上的补充。过罚相当原则提供了与违法行为有关的主观过错、后果,以及处罚种类、幅度等因素。在此基础上,比例原则以其逻辑完备的分析框架,为符合相当性的手段的选择提供技术性方法。具体而言,适用适当性原则时,考虑行政处罚行为是否足以达成一定的法律效果,符合立法目的的要求,从而具备正当性;适用必要性原则时,基于"违法行为的事实、性质、情节以及社会危害程度"这几项要素,选取能在同等程度上实现法定目的的几项行政处罚种类及幅度,并从中选择对当事人损害最小的措施;最后,以均衡性原则修正并检验该行政处罚行为是否综合考虑多项因素,衡量处罚行为所欲维护的公共利益和其对相对人权利造成的限制之间是否保持一种适度关系。若该手段对相对人造成的损害高于此手段给公共利益形成的保护,则存在权力"过度"的问题,不具有正当性,需要对失衡的处罚行为进行调整。

2.规范表达

我国的法律、法规中,直接以"比例原则"字样进行表述的条文比较鲜见。在涉及裁量基准的规范文本中,也多以阐述其三个子原则具体内容的方式传达这种思想,详见表5。比如,《人民警察使用警械和武器条例》第4条规定:"人民警察使用普械和武器,应当以制止违法犯罪行为,尽量减少人员伤亡、财产损失为原则。"该条是对必要性原则的体现。又如,第7条第2款规定:"人民警察依照前款使用警械,应当以制止违法犯罪行为为限度;当违法犯罪行为得到制止时,应当立即停止使用。"该条体现了适当性原则。2004年3月22日国务院发布了《全面推进依法行政实施纲要》,强调了行

---

〔47〕 翟翌:《比例原则的正当性拷问及其"比例技术"的重新定位——基于"无人有义务做不可能之事"的正义原则》,《法学论坛》2012年第6期。

政机关“所采取的措施和手段应当必要、适当;行政机关实施行政管理时可以采用多种方式实现行政目的,应当避免采用损害当事人权益的方式”,这是首次对比例原则进行表述。

表 5 体现比例原则子原则的相关规范

具体表现形式	相关条文	规范效力级别
必要性原则	《北京市地方税务局税务行政处罚裁量基准(2016 年版)》第 4 条	地方规范性文件
	《陕西省国税系统税务行政处罚裁量权适用规则(试行)》第 4 条第 1 款第 2 项	地方规范性文件
	《抚顺市国家税务局税务行政处罚裁量权适用规则(试行)》第 5 条第 1 款第 3 项	地方规范性文件
适当性原则、必要性原则	《人民警察使用警械和武器条例》第 4 条、第 7 条第 2 款	行政法规
	《深圳市国家税务局规范税务行政处罚裁量权实施办法》第 9 条	地方规范性文件
	《大连市卫生局实施行政处罚自由裁量权指导标准(试行)规定》第 4 条	地方规范性文件
适当性原则、必要性原则、均衡性原则	《湖北省食品药品行政处罚自由裁量权适用规则》第 5 条第 3 款	地方规范性文件

之后,随着行政裁量控制的理论研究开始关注行政的自我控制,各地也如火如荼地开始了制定裁量基准的实践。在行政处罚的具体领域,比例原则的思想即通过裁量基准文本逐渐注入其中。比如,《湖北省食品药品行政处罚自由裁量权适用规则》第 5 条第 3 款规定:“实施行政处罚可以采取多种方式实现执法目的,应当选择对当事人权益损害尽可能小的方式,对当事人造成的损害不得与所保护的法定利益显失均衡。”对比例原则的三个子原则均予以强调。

3. 案例适用

比例原则引进我国以后发展至今,在行政处罚的司法实务中已经积累了为数不少的案例。〔48〕 其中,不可不提的是“汇丰公司诉哈尔滨市规划局

〔48〕 笔者在北大法宝中以“比例原则”为关键词进行检索,检索结果中行政处罚案例有 89 个。

行政处罚上诉案”(以下简称“汇丰公司案”)〔49〕。它是比例原则在我国运用的里程碑式案例。最高人民法院在该案的裁判理由中,对比例原则作了简短、明晰的阐述:“规划局所作的处罚决定应针对影响的程度,责令汇丰公司采取相应的改正措施,既要保证行政管理目标的实现,又要兼顾保护相对人的权益,应以达到行政执法目的和目标为限,尽可能使相对人的权益遭受最小的侵害。”这一表述较为精准地确定了比例原则的内涵。作为在行政裁量司法审查中运用比例原则的典范,“汇丰公司案”充分肯定了比例原则对行政处罚予以裁量审查的科学性,也为其在司法审查中的应用提供了范本。

“苏州鼎盛食品公司案”中,法院认为,苏州工商局所作行政处罚的结果与违法行为的社会危害程度之间明显不适当,其行政处罚缺乏妥当性和必要性……工商行政机关依法对行政相对人的商标侵权行为实施行政处罚时,应遵循过罚相当原则行使自由裁量权;也就是说,在保证行政管理目标实现的同时,兼顾保护行政相对人的合法权益,行政处罚以达到行政执法目的和目标为限,并尽可能使相对人的权益遭受最小的损害。行文间依稀可见对前述“汇丰公司案”所形成的范本的沿袭,但不同的是,本案法院以“也就是说”这一连词,将过罚相当原则和后文的比例原则相连接,直接表明了二者之间的关系。亦即,审查过罚是否大致相当,应当以是否符合比例原则作为判断标准。这是“苏州鼎盛食品公司案”所确立的重要观点。在此,笔者试用比例原则的思路对本案的“相当性”判断过程展开分析。依照三个子原则,主要回答以下三个问题:(1)本案二审判决变更的“责令停止侵权行为”能否有助于达到行政决定所追求的法律效果?(2)本案作出的“责令停止侵权行为”是不是所可以选择的行政决定中对相对人侵害最小的手段?(3)行政处罚所要保护的公共利益与其所侵害的行政相对人的私益之间,是否达到最大程度的均衡?

笔者以为,本案行政处罚行为所追求的法律效果主要有两方面。第一,对“乐活 lohas”注册商标的商标权给予保护,避免商标性使用行为侵害其商标专用权;第二,保障消费者和有关生产、经营者的利益,恢复商标管理秩序,维护国家商标法律制度的权威。本案中,一审法院维持了苏州工商局所

〔49〕 最高人民法院〔1999〕行终字第20号。

作的“责令停止侵权行为，罚款 50 万元”的处罚决定，显然是能够实现上述法律效果的。但考虑到在苏州地区，“乐活 lohas”注册商标知名度较“i will 爱维尔”商标为低，且鼎盛公司开始生产带有“乐活 lohas”标志的月饼产品时，案外人东华公司的商标尚未注册，因此鼎盛公司并不具有攀附前者商标声誉的主观恶意。另外，“i will 爱维尔”系列月饼上市时间较为短暂，与尚未使用的“乐活 lohas”商标不存在“实际混淆”的后果，仅有“混淆可能性”，故而情节较为轻微，社会危害性较小。因此，停止侵权行为已经足以切断鼎盛公司所持有的“i will 爱维尔”商标与“乐活 lohas”之间的联系，使商标管理秩序得以迅速恢复，同样符合适当性原则的要求。结合《商标法》第 53 条规定的处罚手段，针对该侵权行为可以采取的处罚种类有：责令立即停止侵权行为，没收、销毁侵权商品及工具，以上处罚可以同时并处罚款。从对相对人权益的损害程度来看，责令停止侵权行为因未对相对人的财产权益直接进行剥夺，故其在所有可选择的手段中具有最低的侵害性，符合必要性原则的要求。最后，根据均衡性原则，责令停止侵权行为已经足以在维护公益（恢复商标管理秩序，对当事人以外的社会公众不构成不良影响和权利侵害）和相对人的私益（财产权益等）上达成最大程度的均衡，不需要再行调整。二审法院将并罚变更为责令停止侵权行为，保护了东华公司的商标专用权，同时也对鼎盛公司的违法行为进行了制裁，维护了鼎盛公司的财产权益，符合过罚相当原则。

在司法实务中，也出现了一批运用比例原则对过罚相当进行判断的案例，详见表 6。比如，案例 3-5 中，原告项春杰为从事台球经营，在镇上老街西侧沿门面房墙壁焊接一临时棚，棚内放有台球桌共 5 张，后被铜山县建设局要求限期拆除完毕，否则将依照有关法律、法规强行拆除，并处罚款。项春杰在规定的期限内未自行拆除。铜山县建设局因此对项春杰作出“罚款人民币 2 万元”的行政处罚。根据《城市道路管理条例》第 42 条规定：“违反本条例第 27 条规定，或者有下列行为之一的，由市政工程行政主管部门或者其他有关部门责令限期改正，可以处以 2 万元以下的罚款；造成损失的，应当依法承担赔偿责任。”法院认为，该法条对于罚款的规定是附加在限期改正之后的，其针对的是只予以限期改正无法达到行政执法效果的违法行政行为，其中，罚款 2 万元在裁量格次中程度最重。项春杰的临时棚搭在沿街房屋墙边,未占用主干道,其违法行为没有严重到需要顶格处罚的程度,以至于需要同时采取拆除和实施顶格处罚。本案中,铜山县建设局基于项春杰违章搭建的事实作出最高幅度的处罚,不符合必要性原则的要求,违背过罚相当原则,处罚结果显失公正。

表6　运用比例原则对过罚相当进行判断的相关案例

具体表现形式	案例编号	案例名称
必要性原则	案例 3-1	姜捷不服福州市公安局交通巡逻警察支队道路行政处罚案(〔2014〕鼓行初字第1号)
	案例 3-2	金华市金大罐业有限公司不服金华市国土资源局土地行政处罚案(〔2015〕金东行初字第16号)
	案例 3-3	张迎辉不服南京市工商行政管理局雨花台分局工商行政处罚案(〔2014〕宁知行终字第1号)
	案例 3-4	上海丛学娣体育运动设施工程有限公司不服浙江省金华市工商行政管理局工商行政处罚案(〔2014〕浙金知行终字第2号)
	案例 3-5	项春杰不服江苏省铜山县建设局行政处罚纠纷案(〔2006〕徐行终字第132号)
适当性原则、必要性原则	案例 3-6	郭建军不服诸暨市国土资源局土地行政处罚案(〔2008〕绍中行终字第37号)
适当性原则、必要性原则、均衡性原则	案例 3-7	邬学勋不服舟山市市场监督管理局金塘分局行政处罚案(〔2015〕舟定行初字第7号)

(二)相当性的构建:如何适用比例原则

“对于行政权力的不当行使,比例原则可以对其进行有效的规制。”〔50〕日本行政法学家盐野宏认为,行政的判断过程可以分为以下5个阶段:(1)事实的认定;(2)要件的认定;(3)程序的选择;(4)行为的选择(选择何种处分,是否作出该处分);(5)时间的选择。〔51〕从行政机关的角度来看,除了事实认定部分,以上各阶段中都存在裁量,相当性的构建是其中从事实、要件到作出行为选择的必经过程。立法为行政机关保留裁量余地以实现行政处罚的机动性,让其能动地适用法律,但也可能造成滥用裁量、侵害权利等问

〔50〕　陈新民:《行政法学总论》,台湾三民书局1997年版,第105页。

〔51〕　[日]盐野宏:《行政法总论》,杨建顺译,北京大学出版社2008年版,第81页。

题。从司法审查的角度来看,相当性是判断处罚结果是否与事实、情节、性质和社会危害程度相符合的尺度,是对行政裁量的司法控制。比较法上,如日本等国家,比例原则也在裁量滥用的法理中占据着中心地位,并在判例中得到了广泛适用。[52] 因此,在相当性的构建过程中,比例原则是同时作为设定裁量基准的必要工具和司法审查的标准而存在的。

1. 设定裁量基准的工具

裁量基准是行政机关自我控制行政裁量的方法,它将行政法规范中的裁量规则予以具体化,以判断选择的标准化为个案中的裁量决定提供更为明确具体的指引。[53] 在制定裁量基准时根据比例原则架构相当性的判断标准,有助于行政执法过程符合形式上的正义和实质上的正义。

情节细化技术为裁量基准设定行政处罚所需考量的各类因素,在为这些具体情节匹配相应的处罚种类和量罚幅度时,必须要遵循比例原则。一方面,避免轻情节重处罚或者重情节情处罚的情况出现;另一方面,让每个格次保留一定的裁量余地和格内外浮动的空间,避免过于僵化,以保证在情节无法完全覆盖的情形下,执法机关能直接依托比例原则,作出符合个案正义的处罚决定。比如,在《青海省人民政府办公厅关于开展规范行政处罚裁量权工作的意见》第 2 条第 2 款规定:"1. 对法律、法规、规章已规定有裁量阶次和处罚幅度的,列出具体对应的处罚阶次、标准;对没有具体裁量阶次和处罚幅度的,按照比例原则匡算出相对科学合理的裁量阶次和处罚幅度,细化量化处罚标准,但不得超过法定处罚限度。"在这里,比例原则是细化量罚标准的手段。又比如,《河北省建设系统规范行政处罚自由裁量行为办法(试行)》第 4 条规定:"建设行政执法机关实施行政处罚自由裁量行为,应当遵循和坚持以下原则:……(四)符合比例原则。所选择的具体措施和手段为法律必须,结果与措施、手段之间存在着必要性;行政处罚对当事人利益的影响不应大于建设行政目的所追求的公共利益。"这是要求执法人员在根据裁量基准进行行政裁量时,必须符合比例原则的要求。

---

〔52〕 [日]田村悦一:《自由裁量及其界限》,李哲范译,中国政法大学出版社 2016 年版,第 204 页。

〔53〕 王贵松:《行政裁量基准的设定与适用》,《华东政法大学学报》2016 年第 3 期。

2.司法审查的标准

在对行政裁量进行司法审查时,裁量基准即成为有效的媒介,让法院得以适用比例原则来判断处罚决定的合法性。

法院审理行政处罚案件,首先要进行适当性的审查,适当性原则要求行政执法机关在作出处罚行为时目的必须正当,且有助于实现立法目的。对此,法院需要结合个案中的情节要素进行判断。从司法实践来看,手段对于目的来说,违背适当性原则的表现大致有以下几种情况:(1)手段不足以实现立法目的;(2)手段所欲达成的行政目的不是法定目的或者非出于维护社会公益的需要;(3)对相对人所采取的手段,在法律上不可能或事实上不可能;等等。

其次,是对行政处罚行为的必要性审查。法官首先对“罚”所对应的是否处罚、处罚种类和量罚幅度等三个向度予以考虑,根据“过”所统领的各个主客观要素,选出能在同样程度上符合适当性原则的处罚决定。这一步操作也可能被省略,因为存在裁量收尽的情形。如果处罚方式有多个选项,就需要法院判断行政机关所作的处罚行为是否是其中对相对人权利侵害最小的一种。从处罚性质上讲,申诫罚、财产罚、行为罚和人身罚四类处罚中,对违法行为人的侵害程度是依次递增的,同时,并罚重于单罚。单一种类的处罚中,具体的罚款数、拘留天数等也存在程度上的不同。

最后,运用均衡性原则进行修正。国家对人民的制裁,即国家采用实力性的措施对人民违反法规范义务的行为所进行的处罚,其事由必须与公共事务有关,且必须经由具有正当性的规范事先规定。〔54〕但同时,处罚行为本身也是通过给行政相对人甚至第三人造成不利益来达成效果。这会不可避免地引起两方甚至多方的利益冲突。因此,必须在价值层面对其进行考量和权衡。即,处罚行为给相对人造成的侵害应小于达成行政目的所获得的利益,二者之间不得显失均衡。当然,利益的衡量常常难以采用量化的标准进行,法官通常可以通过充分的说理和对先例的参考来进行公共利益与相对人权利损害程度的比较、考量,以一个理性人的标准来审查个案情况,达成主观理解与批评可能性的利益衡量。

〔54〕 李惠宗:《行政罚法之理论与案例》,元照出版公司2007年版,第12页。

六、不断发展中的过罚相当原则

自1996年《行政处罚法》颁布以来，过罚相当原则一直沿用至今，但无论是法律、法规的规定抑或是司法实践中的适用，一直未对其概念、规范含义、具体适用等给出准确的定位。学理上对此原则的研究也较为零散，且理解各一，未形成通说观点。经过20多年的行政法本法的实践，过罚相当原则已经完全脱胎于刑事法上的罪责刑相适应原则，深植行政处罚领域中，并在规范和实务中逐渐发展，形成了自身的适用体系。过罚相当原则作为比例原则在行政处罚领域的具体表现，同时是勾连实体法和诉讼法上明显不当的核心概念，具有其独立地位。

(一)过罚相当原则的体系定位

1.与比例原则的关系

过罚相当原则是《行政处罚法》的法定原则，也是控制行政裁量的重要尺度，但其规范本身仅提供了“过”和“罚”的要素概念，未明确相当性的判断标准。比例原则作为“审查所有裁量性行政行为的统一基准”〔55〕，在价值衡量上与过罚相当原则具有一致性，同时又是最佳化命题所指出的原则的内在要求。比例原则逻辑完备的分析体系可以填补过罚相当原则对相当性予以判断的技术不足。在行政执法中，行政机关通过比例原则构建裁量基准，作出合理、适当的处罚决定；在司法审查中，法院根据比例原则审查行政处罚行为是否遵循过罚相当原则。因此，过罚相当原则是比例原则在行政处罚领域的具体体现；比例原则则是过罚相当原则进行相当性判断的工具和尺度。

2.与明显不当的关系

“苏州鼎盛食品公司案”中，法院依据《行政诉讼法》(1989年)第54条第(4)项规定“行政处罚显失公正的，可以判决变更”，认为本案行政机关违

〔55〕 杨登峰：《从合理原则走向统一的比例原则》，《中国法学》2016年第3期。

背过罚相当原则,导致处罚结果显失公正,依法变更为“责令停止侵权行为”。该条款表现的是一种对行政裁量的司法控制,并提供相应的审查标准。显失公正是指,国家行政机关及其工作人员在法律规定范围内不适当地行使裁量权,造成明显不合理、不公正,从而损害公民、法人或其他社会组织的合法权益。〔56〕这一规定在《行政诉讼法》第70条第(6)项中被修改为“行政行为明显不当的,人民法院判决撤销或者部分撤销,并可以判决被告重新作出行政行为。”规范意义上,“显失公正”仅限于行政处罚领域。〔57〕但在概念上,“明显不当”与“显失公正”很难区分,都是指“明显不合理、不适当”。〔58〕那么,明显不当和过罚相当原则之间是何种关系?一般认为,明显不当的判断标准一般分为三个层次,第一,考虑不相关因素或未考虑相关因素;第二,显失公正;第三,对裁量的不适当约束,比如,裁量怠惰。其中,第二层含义“显失公正”主要分为三个方面,形式公正、实质公正和程序公正。形式公正的含义主要涉及有无尊重行政惯例、能否做到同案同判〔59〕等。而实质公正的含义就是是否符合比例原则,体现在行政处罚领域即过罚相当原则。程序公正则关注有无违反法定裁量程序中的合理的判断标准等问题。因此,过罚相当原则与明显不当之间的关系,是通过比例原则相连接的,前者是行政处罚领域内判断明显不当的实质标准之一。

(二)过罚相当原则的发展路径

1.规范性文件的具体化努力

在效力不同的各级规范性文件中,层级最低的地方规范性文件是运用、

---

〔56〕 张千帆、赵娟、黄建军:《比较行政法——体系、制度与过程》,法律出版社2008年版,第538页。

〔57〕 黄锴:《论行政行为“明显不当”之定位——源于“唐慧案”的思考》,《云南大学学报(法学版)》2013年第5期。

〔58〕 事实上,“显失公正”与“明显不当”之间的关系和概念界分尚未清晰。但这不是本文要探讨的核心问题,故在此不作展开,仅讨论明显不当与过罚相当原则之间的关系。

〔59〕 不能做到本质相同的案件,同其处理;本质相异的案件,异其处理。如果在空间和时间上看,对于本质相同的案件,行政行为却前后不一,或者从横向上看,行政行为彼此不一,表现出任意和专横,那么,就有可能构成形式上的显失公正。参见余凌云:《行政诉讼上的显失公正与变更判决——对〈中华人民共和国行政诉讼法〉第54条第(4)项的批判性思考》,《法商研究》2005年第5期。

发展过罚相当原则的“主力军”。他们以裁量基准文本为主要形式，通过情节细化和效果格化等技术，规范本区域内过罚相当原则的具体适用。其中，不乏有大胆突破《行政处罚法》第 4 条第 2 款既定表述框架的尝试。这些行政规定通常不被视为具有法律上的拘束力或者仅被视为法规范的延伸部分，但它们实际所发挥的作用却不容小觑。事实上，行政机关总是倾向于遵从内部组织秩序。“行政的过程就是对利益的理性追求，这些利益具体体现在秩序中。”〔60〕法律、法规以及行政规定就是这些秩序的承载形式。另外，在具体的行政处罚领域中，面对复杂多样的裁量对象，位阶较低的规范性文件往往受益于“就近适用”〔61〕的规则，更容易获得行政机关在执法过程中的优先适用。因为这些裁量基准往往最接近个案事实，更为具体和细致。因此，在不抵触上位法的情况下，各类裁量基准就组成了上位规范和实际执法需求的秩序，对本机关及下属机关的行政处罚行为发挥重要影响。

实际上，地方裁量基准类的规范性文件对立法活动也有一定启示。在《治安管理处罚条例》(1994 年)中，对警察的行政自由裁量权规定的幅度较大。比如，第 6 条规定:“对违反治安管理行为的处罚分为下列三种:(一)警告。(二)罚款:一元以上，二百元以下。本条例第三十条、第三十一条、第三十二条另有规定的，依照规定。(三)拘留:一日以上，十五日以下。”对行政拘留规定的时间跨度为 1 日至 15 日，没有根据不同的情节、行为性质等作出区分。考虑到治安拘留处罚涉及对公民人身自由的限制，因此在适用上应当尤其慎重，《治安管理处罚法》将拘留的具体规定分散到不同的条文中，按照不同违法行为及其性质，区分为 5 日以下、5 至 10 日、10 日至 15 日不等的格次。这种通过格次划分对行政裁量予以限制的方式，据说正是从以浙江金华公安局为代表的裁量基准实践中汲取的经验。

然而，通过规范性文件发展过罚相当原则也存在以下几个问题。第一，裁量基准的构造技术存在固有弊端。规范性文件在构造行政裁量基准的过程中，通过情节细化和效果格化等技术，能够将法律法规中的情形予以具体

〔60〕 [德]马克斯·韦伯:《经济与社会(第 1 卷)》，阎克文译，上海人民出版社 2009 年版，第 324 页。

〔61〕 胡建森主编:《法律适用学》，浙江大学出版社 2010 年版，第 527 页。

化。但是,基于社会情况的复杂多变和制定者认知的局限性,规范往往难以穷尽所有解决方法,加之存在不确定法律概念等,导致裁量基准的不尽周延。第二,裁量基准是为细化规范适用情形而产生的,但这也同时导致适用的空间被进一步压缩,可能造成处罚结果的机械化。其表现形式有二,一方面,规范性文件以设定裁量基准的形式彻底剥夺了自由裁量的空间。有的规定以“一刀切”的形式,将一类行为所指向的法律后果固定化,如规定“凡逆向行驶者,一律罚款200元,扣3分”。这种规定具有相当的不合理性,比如,违法行为者的行为系由行政机关的行为误导引起,存在“多果一因”时,就可能导致不合理、不公正的处罚结果出现。另一方面,规范性文件通过遴选出核心考量因素的方式,以此为标准对情节予以细化并划分量罚格次,这种做法可能“矮化”其他因素在量罚中应发挥的作用,引导执法人员在适用时过分关注该核心因素,而忽视其他。比如,对盗窃行为的处罚,以盗窃数额作为衡量的唯一指标,对斗殴行为则只注重伤残鉴定获得的结果等。要缓解上述问题,一方面,地方规范性文件自身需不断适应法律的修改情况,根据行政效率、行政任务、民众反馈等多方面的因素及时作出修改;另一方面,规范应当为行政执法预留充足空间,逐一考量和排除那些综合性、基础性的考量因素,避免对行政裁量造成不适当拘束。从而,实践部门可以在裁量基准应付不及的个案中依托比例原则进行考量,保持行政裁量的一定张力,真正达成实质正义。

2.司法案例的具体化努力

与规范性文件的“大步流星”相比,法院对过罚相当原则的适用则显得谨慎得多,尤其在涉及主观过错、后果等因素时,法院明显更青睐于对后果因素的说理。但实际上,法院作为一种外部的监督机构,在对行政裁量活动进行审查时,受制于有限合理的审查限度以及低密度的审查强度等因素的制约。这导致法院在适用过罚相当原则时,常常不具有行政机关那样的能动余地。尤其在认定何为“应当考虑的因素”以及相当性判断等问题上,对于法律法规中没有明确的情形,法院均需要提供充分有力的裁判理由。因此,对法院而言,较为便宜的方式是围绕主观过错、后果等已经在规范性文件中获得广泛认可的裁量因素展开讨论,并依托比例原则较为明确的规则体系,对过罚相当原则进行适用。

法院对过罚相当原则的发展也离不开其与行政机关所指定的裁量基准之间的关系，亦即，裁量基准的拘束力问题。它直接关系到下级行政机关是否必须遵守上级行政机关制定的裁量基准，以及法院裁判是否必须尊重行政机关制定的裁量基准。“周文明诉文山交警不按‘红头文件’处罚案”〔62〕正揭示了这一问题。某日，周文明驾驶轿车途经文山辖区省道5210线某测速点时，被公安交警雷达监控测速测出其车速为90km/h，超过了该路段最高限速70km/h。文山县公安交警大队（以下简称“文山交警”）通知查处点民警对该车进行拦截。民警告知周文明其已违章超速驾驶，且当场作出罚款200元扣3分的行政处罚。周文明对此不服，向法院提起行政诉讼。法院认为，文山交警根据《道路交通安全法》第90条〔63〕作出处罚，“程序合法，适用法规正确”，“但根据原告的超速情况，以及《云南省道路交通安全违法行为处罚标准暂行规定》（以下简称“《处罚标准》”）第9条第（31）项〔64〕之规定，被告以最高限额来处罚原告周文明显失公正，应予变更”。判决变更处罚为罚款80元，不扣分。对此，二审法院认为，《处罚标准》这一暂行规定是云南省公安厅内部下发的规范性文件，其效力明显低于法律、法规规定。因此，一审法院以该规范性文件为依据，认定文山交警所作的处罚显失公正于法无据，违背了《行政诉讼法》第52条第1款〔65〕的规定。二审法院则认为，具备正当理由的，行政机关可以在执法过程中逸脱上级行政机关以规范性文件形式设定的裁量基准。结合本案背景可知，由于事发路段的路况较为特殊，超速行驶是该路段交通事故多发的主要原因，对此类行为进行从严处罚具有合理性。另外，从本案行政机关文山交警的通行做法来看，其一直对超速行驶实施上限处罚，如果对本案不进行“上限处罚”，可能违反“同案同判”的形式公正。上述理由构成文山交警逸脱《处罚标准》的裁量格次进行

---

〔62〕 文山县人民法院〔2007〕文行初字第22号，文山壮族苗族自治州中级人民法院〔2008〕文行终字第3号。

〔63〕《道路交通安全法》第90条规定：“机动车驾驶人违反道路交通安全法律、法规关于道路通行规定的，处警告或者20元以上200元以下罚款。”

〔64〕《处罚标准》第9条第（31）项规定：“机动车驾驶人驾驶机动车超过规定时速未到50%的，处50元以上100元以下罚款。”

〔65〕《行政诉讼法》（1989）第52条第1款规定：“人民法院审理行政案件，以法律和行政法规、地方性法规为依据。地方性法规适用于本行政区域内发生的行政案件。”

处罚的正当理由。笔者以为,"周文明案"可以为我们解答前述的问题:第一,裁量基准作为行政机关的内部规定,对外不具有拘束力,法院仅仅对其进行"参考",且在必要时应当先对裁量基准本身的合法性予以审查;第二,行政机关在具有正当理由的情况下,可以逸脱裁量基准的限制进行行政处罚,而比例原则往往构成这一正当化依据〔66〕。

七、结　语

"苏州鼎盛食品公司案"入选公报案例,展示了我国司法实践发展过罚相当原则的努力。长久以来,关于这一原则的规范含义和具体适用到底为何,并未得到理论界的广泛关注,每每言及,常无法脱离罪、责、刑相适应原则和处罚法定原则而单独成说。然而,经过行政法本法中的多年实践积累,无论是规范性文件还是司法案例,都对这一原则有了更为深入的理解。"苏州鼎盛食品公司案"较为全面地体现了这种发展成果,故而有其典型意义,也因此为其之后的类似案件〔67〕之审理提供了良好的范本。回观过罚相当原则的发展历程,裁量基准的兴起和比例原则的注入是其中最为重要的两个环节。前者是随着"行政主导型"社会的发展,行政机关积极采取自我控制方式来制约行政裁量的手段,也是我国法治化建设的一个重要发力点。后者则体现了比例原则自比较法上传入,然后逐渐在我国本土环境中落地、生根、结果的过程。在这一进程中,离不开法院在促进个案正义中所发挥的能动性。"法官的作用并不仅仅是在法条中寻找法律并将其运用于具体的案件,而且他们通过选择相关的法律原则和判例来裁定案件,促进对法律的阐释。"〔68〕任何制度的完善都离不开规范和实践两方面的共同探索。而在过罚相当原则具体适用的发展过程中,法规范(以行政规定为主要代表)和

〔66〕 王天华:《裁量基准与个别情况考虑义务——周文明诉文山交警不按"红头文件"处罚案评析》,《交大法学》2011年第1期。

〔67〕 如,前述案例1-9。

〔68〕 [美]马修·戴弗雷姆:《法社会学讲义》,郭星华等译,北京大学出版社2010年版,第94页。

法院所作努力的差异，与司法权和行政权的不同性质及相互关系不可分离。如何处理好立法、行政和司法各部门的关系，加深互动、减少隔阂，是历久弥新的话题，也希望本文所探讨的问题能给这一话题提供些许新的注脚。

【推荐人及推荐理由】

《过罚相当原则具体适用的发展——基于对苏州鼎盛食品公司案的分析》一文，关注到行政处罚中过罚相当原则的实践面向，针对这一原则在实践过程中存在的适用模糊问题展开研究，选题意义重大。作者基于“个案-规范”之方法论，论证了《行政处罚法》第4条第2款的规定在司法个案中的发展，以及它与个案之间的互动关系。并且，文章基于“过”与“罚”两个基点，层层展开，步步深入，显示出其扎实的法学专业功底与文字表达能力。全文逻辑清晰，论证充分，结论可信，不失为一篇优秀的案例研究文章。

——章剑生（浙江大学光华法学院教授、博士生导师）

（特约编辑：徐建）

法国合宪性先决程序中的最高行政法院和最高司法法院

宗珊珊*

内容提要 2008年宪法修改后合宪性先决程序这种事后审查的方式在法国得以确立。本文第一部分介绍了合宪性先决程序实施的背景，先决问题的要件及程序，以及对最高行政法院和最高司法法院的定位。第二部分对最高行政法院和最高司法法院关于合宪性先决问题的审查标准，即适用性、严重性和新颖性作了详细的介绍。第三部分对最高行政法院和最高司法法院在合宪性先决程序发展中的作用进行说明。

关键词 合宪性先决程序；最高行政法院；最高司法法院

一、问题的提出

2008年对1958年宪法进行修改后，合宪性先决程序[1]这种事后审查的方式在法国得以确立，虽然在宪法及组织性法律中对宪法委员会、最高行政法院和最高司法法院的职能进行了规定，但对合宪性先决问题的审查标准只能在最高行政法院和最高司法法院的判例中得到解释和适用。

（一）合宪性先决程序实施的背景

2008年宪法修改前，法国实行的是单一的事前审查的违宪审查模式，

---

* 宗珊珊，中国人民大学法学院宪法学与行政法学法学硕士，法国巴黎第一大学欧盟法与国际商法法学硕士。

〔1〕 法语为“la question prioritaire de constitutionnalité”，简称QPC。

这种审查方式有其优点，但不足以保障公民基本权利受到侵害时获得救济的权利。在经历了多次失败的尝试后，合宪性先决程序最终在宪法中得到确立，法国建立起独特的事前审查与事后审查并存的混合审查模式。

1. 事前审查模式

法国 1958 年宪法第 61 条规定：

各组织法在公布之前，宪法第 11 条规定的法律提案在提交全民公决前，以及国会两院议事规程在实施之前，必须提请宪法委员会进行审查并就其合宪性作出宣告。

基于同样的目的，法律在其公布之前，可以由共和国总统、总理、国民议会议长、参议院议长、60 名国民议会议员或 60 名参议院议员向宪法委员会提请审查。

前两款所规定的情况，宪法委员会应当在 1 个月内作出裁决。如果情况紧急，在政府的要求下，此期限缩短为 8 日。

在上述情况下，一旦向宪法委员会提请审查，法律的公布期限中止。

由上述规定第 1 款和第 2 款可以看出，宪法委员会对组织法及法律等的审查都是在其公布之前，此种审查是一种事前审查，抽象审查。事前审查有其优点，它可以从源头上制止一项违反宪法的法律生效，从而避免产生消极影响。但事前审查也有很多不足之处：首先，很多法律实施后的不良效果是不能预测的，也就无法事前控制；其次，随着法律条文长度和复杂性的增加，一个月或者八天的审查期限使宪法委员会无法就每个条文进行深入的审查〔2〕。这种单一的事前审查模式在宪法实践中发挥的作用并不明显，从 1958 年到 2009 年的 3 月 31 日，宪法委员会共审查了 576 件法规，其中普通法律占了 383 件，占 66.5%，平均每年约 7.5 部。〔3〕

2008 年宪法修改前，法国是欧洲唯一一个不允许公民向宪法司法机关提出申诉的国家，法国学者通常用“法兰西例外”来形容法国宪法体制的特

〔2〕 参见 M. Verpeaux，《 Les QPC: la troisième fois est la bonne 》，la documentation française，n°368，p 10.

〔3〕 参见吴天昊：《从事先审查到事后审查：法国违宪审查的改革与实践》，《比较法研究》2013 年第 2 期，第 30—31 页。

殊性。[4] 宪法委员会在1978年7月27日的裁决中确认了已经公布的法律的合宪性"不能通过抗辩等方式向宪法委员会质疑,宪法委员会的管辖权仅限于宪法第61条所规定的对未公布的法律的审查"[5]。但在1985年1月25日的裁决[6]中,宪法委员会对待这个问题的态度有所转变。宪法委员会在此区分了"单纯的为了实施先前的法律制定的法律"[7]和"对先前法律加以修改、补充或影响其适用范围的法律"[8]。对于前一种情况,控制已经颁布的法律是不可能的;而后一种情况,宪法委员会承认在对一项公布前的法律进行审查时(依据宪法第61条第2款),对先前已经公布的法律的合宪性可以提出异议。

2.2008年宪法修改前的尝试

尽管宪法委员会对保障宪法的实施发挥着重要的作用,但自1958年以来,并未对其进行很多重大的改革[9]。1974年10月29日通过的第74-904号宪法性法律对于法国的违宪审查制度产生了重大的影响。在该宪法性法律实施之前,可以向宪法委员会提出合宪性审查的主体为共和国总统、总理、国民议会议长和参议院议长。此宪法性法律将60名国民议会议员和60名参议院议员也纳入可以向宪法委员会对公布前的法律提出合宪性审查的主体范围。此项改革对法国提请审查的违宪审查体制的数量等产生了重大影响。1974年之前,宪法委员会一共审查了9部普通法律,1974年修宪后,由60名国民议员或60名参议院可以提出审查请求,审查普通法律的

---

〔4〕 参见王建学:《从"宪法委员会"到"宪法法院"——法国合宪性先决程序改革述评》,《浙江社会科学》2010年第8期,第111—116页,注释〔8〕。

〔5〕 Considérant 4 de la décision n°78－96 DC du 27 juillet 1978. "ne peut être mise en cause, même par voie d'exception, devant le conseil constitutionnel dont la compétence est limitée par l'article 61... à l'examen des lois avant leur promulgation".

〔6〕 Décision n°85－187 DC.

〔7〕 Les lois qui ne sont que la simple mise en application d'une loi antérieure.

〔8〕 Celles qui modifient, complètent ou affectent le domaine d'une loi antérieurement promulguée.

〔9〕 参见 M. Verpeaux,《Les QPC: la troisième fois est la bonne》, la documentation française, n°368, p. 8.

数量开始迅速增加,平均每年审查约 10.4 部。〔10〕

最初对于建立事后违宪审查机制的想法来自时任宪法委员会主席罗伯特·巴丹泰(Robert Badinter),他希望通过确立公民在诉讼过程中对宪法委员会未曾被提请审查的法律提起违宪性抗辩的权利来庆祝法国大革命胜利两百周年。在罗伯特·巴丹泰的设想中,为了避免向宪法委员会提出请求的数量过多,他提出不由当事人直接提出申请,而是根据案件隶属的不同司法系统,由最高行政法院或最高司法法院向宪法委员会提出。〔11〕

此后在 1990 年和 1993 年先后进行了两次意图建立事后违宪审查的尝试,但均以失败告终。1990 年 3 月 30 日,密特朗(Mitterrand)总统在宪法委员会前主席罗伯特·巴丹泰的建议下,向议会提交了关于建立事后违宪审查程序提案〔12〕,即《关于修改宪法第 61、62 及 63 条和建立通过抗辩提请对法律进行合宪性审查的机制》(portant révision des articles 61, 62 et 63 de la constitution et instituant un contrôle de constitutionnalité des lois par voie d'exception)的提案。直接对宪法第 61 条进行增修,内容为:"法律条文涉及宪法承认所有人皆拥有的基本权利,得于法院进行诉讼中,提出先决问题由宪法委员会加以审理。"并进一步指出"依据第 61 条宣告违宪的条文不得继续适用,进行中的诉讼程序也不得适用,包括于最高法院审理中"。此提案未能得到议会两院的一致同意而没有通过。

1993 年 3 月 10 日,国会改选前由乔治·韦德尔(Georges Vedel)教授主持的委员会提出修改草案,较 1990 年提案更为详尽。主张增加宪法第 61-1 条:"在法院诉讼进行中,主张一法律规定对宪法承认的所有人皆拥有的基本权利构成损害,此问题得透过最高行政法院、最高司法法院或其他法院向宪法委员会提交。"此次提案最终也没有通过。〔13〕

---

〔10〕 参见吴天昊:《从事先审查到事后审查:法国违宪审查的改革与实践》,《比较法研究》2013 年第 2 期,第 31 页。

〔11〕 参见 M. Verpeaux,《Les QPC: la troisième fois est la bonne》, la documentation française, n°368, p. 12.

〔12〕 参见王建学:《从"宪法委员会"到"宪法法院"——法国合宪性先决程序改革述评》,《浙江社会科学》2010 年第 8 期,第 112 页。

〔13〕 参见吴秦雯:《事后违宪审查之潮流?——浅析法国违宪审查制度之新变革》,《宪政时代》2011 年第 4 期,第 380—381 页。

3. 事后审查机制-合宪性先决程序的确立

经过上述两次修宪提议失败,15 年后修宪程序重新启动。2008 年 7 月 23 日由法国议会通过并于 2010 年 3 月 1 日生效的《关于第五共和国机构现代化的第 2008-724 号宪法性法律》(La loi constitutionnelle n° 2008-724 du 23 juillet 2008 de modernisation des institutions de la Vᵉ République)第 29 条规定在宪法中增加第 61-1 条:

在诉讼进行中,一项立法性规定被主张对宪法所保障的权利与自由构成侵害,宪法委员会可以受理由最高行政法院或最高司法法院移送的案件,并于规定的期限内作出决定。

前款适用条件由组织法规定。

2009 年 12 月 10 日,法国议会通过了《关于适用宪法第 61-1 条的第 2009-1523 号组织法》(La loi organique n°2009-1523 du 10 décembre 2009 relative à l'application de l'article 61-1 de la Constitution)(以下简称"组织法"),于 2010 年 3 月 1 日生效,该组织法对合宪性先决程序的实施作了具体规定。

按照上述宪法第 61 条第 1 款的规定,组织性法律在公布前要接受强制性审查,宪法委员会在 2009 年 12 月 3 日作出了第 2009-595 号决定,认为该组织法除了部分受到保留,应依据宪法委员会的意见实施外,不违背宪法。在该决定中,宪法委员会同时提出两个基本的考量点:其一,宪法第 61-1条的规定既承认了提出违宪抗辩的权利,同时也赋予了最高行政法院和最高司法法院决定是否应向宪法委员会申请审查的职能;其二,根据 1789 年《人权宣言》第 12 条、第 15 条和第 16 条,良好的司法秩序构成了具有宪法效力的目标,而这使组织法的制定者在决定宪法第 61-1 条的实施程序时,有权在不损害合宪性先决问题的申请权的前提下保证良好司法秩序的实现。基于这两个方面的考虑,宪法委员会逐一分析了组织法各条款的合宪性。〔14〕

合宪性先决程序赋予所有诉讼当事人,在诉讼过程中,依据一定的程

〔14〕 王建学:《从"宪法委员会"到"宪法法院"——法国合宪性先决程序改革述评》,《浙江社会科学》2010 年第 8 期,第 114—115 页。

序，针对适用于本诉讼的，侵害由宪法所保障的权利与自由的立法性规定，向宪法委员会提出合宪性审查请求的权利。

(二)合宪性先决问题的要件及程序

对一个合宪性先决问题作出合宪与违宪的判断需要经过三层审查，第一层是审理案件的普通法院或行政法院对申请的审查，第二层是最高行政法院或最高司法法院对移交给他们的合宪性先决问题的审查，最后一层是宪法委员会对合宪性先决问题作出决定。法国宪法第 61-1 条第 1 款及第 2009-1523 号组织法对各层审查的要件、标准及程序作出了规定。

1. 案件审理法院受理及移送的要件及程序

(1)案件审理法院受理并将合宪性先决问题移送最高司法法院或最高行政法院的要件

第一，争议的客体是对宪法所保障的权利与自由构成侵害的立法性规定。首先，争议的客体必须为立法性规定。“所谓立法性的规定，顾名思义为具有‘立法性价值之行为’，亦即，所有经由国会通过、总统公布的法律。凡是行政命令、欧盟法相关规则、国际协约等，均非合宪性之优先问题所涵括之范围。”“倘若法规范性质仅为‘行政性’，则非宪法委员会审查之对象。又由于此一新制度设计目的之一，在强化人民自由与权利之保护，同时并确认宪法于内国法之最高性；因此，人民必须主张该受争执之法规范，造成人民宪法上保障之自由与权利之侵害，而非仅是单纯法律上利益或公共利益受损害。”其次，“宪法第 61-1 条内明定受审查之对象，不直接规定为‘法律’，却规定为‘立法性规定’。主要因为就法律专有名词的选择上，若以法律作为违宪宣告的对象，指涉者通常为整部法律，使用‘立法性的规定’较能精确地指定究竟是法律中的其中一条，还是法律条文中的一部分。必须注意者，所有行政立法权范围所制定之法令，都非由宪法委员会透过此一新制度加以审查，而是由最高行政法院进行违宪审查，此一分工，并不因新违宪审查制度而改变”[15]。

---

〔15〕 吴秦雯:《事后违宪审查之潮流？——浅析法国违宪审查制度之新变革》,《宪政时代》2011 年第 4 期,第 387—389 页。

在合宪性先决程序的运行过程中产生的问题是,立法性规定是否包含最高行政法院与最高司法法院确立的判例法〔16〕。对这一关键概念的解释也成为最高行政法院与最高司法法院进行抵抗的工具。这场争夺管辖权的战斗以宪法委员会的胜利告终。〔17〕

该规定对宪法所保障的权利和自由构成侵害。这里的宪法不仅仅包括法国现行有效的1958年宪法,还包括1789年人权宣言、1946年宪法序言、2004年环境宪章中的规定及宪法委员会在其决定中所承认的共和国法律所确认的原则。〔18〕

第二,必须在诉讼过程中由当事人书面提出。诉讼当事人提出合宪性先决问题必须符合一定的条件,由第2009-1523号组织法修订的1958年11月7日宪法委员会组织法第58-1067号适用法令(以下简称"法令")第23-1条对此作出了规定:

在隶属于最高行政法院或最高司法法院的法院诉讼中,主张某一立法性规定对宪法所保障的权利和自由构成侵害,必须以清楚并附记理由的书面提出,否则将不予受理。可以在提起上诉时首次提出。不得依职权进行。

向隶属于最高司法法院的法院提出申请的,如果主管部门并非一方诉讼当事人,申请提出时,应立即将案件予以通知,以便了解其意见。

若于刑事诉讼程序中提出,由刑事二审法院受理。

不得向重罪法院提出,若对重罪法院第一审判决提起上诉时提出违宪审查,应与上诉申请一同以书面形式提出。书面申请应立即移交给最高司法法院。

该合宪性先决问题必须附属于诉讼。合宪性先决问题必须在诉讼过程中由当事人提出而不得被单独提出。所谓"诉讼过程"中,不仅包括第一审程序,也包括上诉程序。不过在行政诉讼程序和民事诉讼程序中得提出的

---

〔16〕 此问题在文章第三部分中作详细介绍。

〔17〕 参见Rousseau D. ,《le conseil constitutionnel, cour suprême?》, la documentation française, n°370,p. 38.

〔18〕 法国1958年宪法中没有专门的基本权利篇章,因此在实践中宪法委员会将文中提到的规定都作为合宪性审查的依据,宪法学界将它们称为"宪法团"(bloc de constitutionnalité)。有关"宪法团"概念的提出及其发展参见李晓兵:《法国第五共和国宪法与宪法委员会》,知识产权出版社2008年版,第88—119页。

期限不同:行政诉讼程序中,审理终结前皆可提出,但若于最高司法法院诉讼程序中,则必须在交换书状程序终结前即须提出,以便使双方当事人得以进行攻击防御。第 2009-1523 号组织法在行政诉讼法中增加了第 771-1 条,规定:行政法院将合宪性先决问题移交最高行政法院时,必须遵守 1958 年 11 月 7 日宪法委员会组织法第 58-1067 号适用法令第23-1条到第 23-3 条规定。亦即,除了刑事诉讼程序上有特别规定外,不论专属于何审级的法院、也不论是何种性质的法院,人民都有权在诉讼程序中,附带提出合宪性先决问题的主张。

当事人必须另外出面提出并附记理由。诉讼当事人在享有提出合宪性先决问题的权利的同时,必须履行一定的义务,即必须说明其理由以协助初审法院、最高司法法院或最高行政法院与宪法委员会短时间内完成审查。倘若当事人并未遵守法令第 23-1 条第 1 项的要式规定,即未另外提出附理由的书状,依据第 2010-148 号适用法令,在行政诉讼部分,增加行政诉讼法实施细则第 771-3 条、第 771-14 条,不论是哪一审级的行政法院,无须通知当事人,即得由法官依职权不受理驳回其请求;刑事诉讼方面,也新增刑事诉讼法法令第 49-21 条,以不受理驳回。民事诉讼方面,新增民事诉讼法法令第 126-2 条,由法官依职权以不受理驳回当事人申请,但与上述两个诉讼程序不同的是,法官必须将此欠缺通知当事人并使其辩论后才可驳回。〔19〕

根据法令 23-1 条第 2 款的规定,在民事诉讼程序中,如果主管部门并非一方诉讼当事人,申请提出时,应立即将案件予以通知,以便了解其意见。在行政诉讼中,行政机关作为一方当事人,享有提起合宪性先决问题的权利。

即便允许当事人提出合宪性先决问题,法国违宪审查制度并不因此转变为具体审查,仍为抽象性的审查。宪法委员会于 2009 年 12 月 3 日审查组织法决定〔20〕中即表明,宪法委员会并不须,也无相关权限去审查合宪性先决问题依附的具体个案,因此,当事人另外提出附理由的书面请求是唯一

---

〔19〕 吴秦雯:《事后违宪审查之潮流?——浅析法国违宪审查制度之新变革》,《宪政时代》2011 年第 4 期,第 390—392 页。

〔20〕 Cons. Const., déc. n°2009—595, 3 décembre 2009.

需要被移交到宪法委员会的资料。

第三,初审法院须审查合宪性先决问题是否符合实质要件。法令第23-2条对案件初审法院将诉讼中当事人提出的合宪性先决问题移交至最高司法法院或最高行政法院需要符合的实质要件和程序作出了规定:

合宪性先决问题的受理法院若判定应当将其移交至最高司法法院或最高行政法院,应该没有任何迟延且以附理由的决定作出。当满足以下条件时,该法院得将合宪性先决问题移交:

1. 被争议的条款适用于争议的解决或者争议解决程序,或者构成诉讼的基础。

2. 它没有被宪法委员会在一项判决理由与主文内宣告为合宪,除情势变更外。

3. 涉及的问题不缺乏严重性。

在任何情况下,法院受理的审查申请理由同时涉及立法性规定的合宪性及合条约性时,必须优先将合宪性问题移交最高司法法院或最高行政法院作出决定。

受理法院对合宪性先决问题作出的决定,须在其对当事人提出的书面请求及辩论意见进行宣告时起8日内,移送到最高司法法院或最高行政法院。对该是否移交的决定不得提出异议。对于受理法院拒绝将合宪性先决问题移交的决定,当事人只能在对该案件的部分或全部提起上诉时附带提出异议。

通过上述规定第一款可以看出,合宪性先决问题被受理法院移送到最高司法法院或最高行政法院需要同时具备适用性、新颖性及严重性三个条件。合宪性先决问题须具备适用性。诉讼当事人对立法性规定提出合宪性先决问题,该立法性规定必须适用于该争议的解决或者争议解决程序,或者构成诉讼的基础。即便该立法性规定已确定将于未来失效,但在诉讼进行中,只要仍对该案件产生拘束力,也符合这一要件。对这一要件的判断专属于法院,亦即先由各该承审法院判定,再由最高司法法院或最高行政法院进行确认,宪法委员会原则上尊重最高司法法院或最高行政法院的判断,不审查法院未认定的立法性规定[21]。

合宪性先决问题须具备新颖性。基于法安定性的考量,宪法委员会应当适用一事不再理的原则,如果提起合宪性先决问题的立法性规定之前已经过宪法委员会审查并作出合宪裁决,则不允许再提起争议。不过,如有情势变更,不论为事实或法律状况的变动,即允许向宪法委员会提出再审查的请求。

合宪性先决问题须具备严重性。法令中的表述是“不缺乏严重性”(La question n'est pas dépourvue de caractère sérieux),这一表述与最高行政法院或最高司法法院将合宪性先决问题移送宪法委员会条件中的“具有新颖性或严重性”(la question est nouvelle ou présente un caractère sérieux)的表述不同。由此可见,最高行政法院或最高司法法院对合宪性先决问题严重性的审查强度要高于一般受理法院的审查强度。一般受理法院对严重性进行审查主要为排除诉讼当事人以拖延诉讼为目的滥用此项权利的情况。对合宪性先决问题的“过滤”主要还是由最高行政法院或最高司法法院来负责。

以上三个要求与下文中的最高行政法院及最高司法法院将合宪性先决问题移送宪法委员会审查的实质要件基本相同,本文将在文章第二部分作详细说明。

(2)案件审理法院受理并将合宪性先决问题移送最高司法法院或最高行政法院的程序

上述法令第 23-2 条第 1 款及第 4 款对受理法院将合宪性先决问题移交最高司法法院或最高行政法院的期间、要式条件、异议的提出及合宪性与合条约性的审查顺位等程序问题作出了规定。该法令第 23-3 条对合宪性先决程序启动后原诉讼程序暂缓进行的问题作出了规定。

首先,有关移送的要式条件及期间。根据法令第 23-2 条第 1 款的规定,合宪性先决问题的受理法院若判定应当将其移交至最高司法法院或最高行政法院,应该没有任何迟延且以附理由的决定作出。上述规定并没有要求受理合宪性先决问题的法院,一定要在某一特定期间内作出是否将该

---

[21] Cons. Const., déc. n°2010-1 QPC du 28 mai 2010.

问题移交至最高司法法院或最高行政法院的决定。对于这样的期间欠缺，宪法委员会在审议组织法时，并未加以谴责，宪法第61-1条只要求最高司法法院与最高行政法院须于确定的期限内作出决定。不过，依据宪法委员会于2003年11月20日作出的2003-483号决定，所谓“无任何迟延”意味着“于最短期限内”(dans le plus bref délai)。因此，纵然并未明定一个确定期限，合宪性先决问题的受理法院，仍不得任意拖延作出是否移转的决定。所谓“附理由”，即受理法院必须对该合宪性先决问题是否符合上述提起要件进行说明〔22〕。受理法院对合宪性先决问题作出的决定，须在其对当事人提出的书面请求及辩论意见进行宣告时起8日内，移送到最高司法法院或最高行政法院。

其次，对诉讼程序的影响。法令第23-3条关于合宪性先决程序对原诉讼的影响作出了如下规定：

当合宪性先决问题被移送后，受理法院应当中止诉讼程序，直到最高行政法院或最高司法法院作出是否受理的决定，或者在该问题已经提交宪法委员会时，直到宪法委员会作出裁决。如果该问题是在刑事诉讼的预审程序中被提出的，预审程序不中止，法院可以决定是否采取临时性措施或必要的保全措施。

但是，当该诉讼涉及剥夺个人的自由时，或者该诉讼是为了终止一项剥夺个人自由的措施时，诉讼程序不中止。

如果法律或行政法规对审理期限作出了明确规定或者在紧急情况下，受理法院可以不等待合宪性先决问题的决定作出判决。如果第一审法院没有等待决定而作出判决，同时该判决被上诉，上诉法院应中止诉讼程序。除非上诉法院必须在确定期限内作出判决或处于紧急情况下。

当诉讼程序的中止会造成无法弥补的后果或者对一方诉讼当事人的权利产生明显不利影响时，作出移送合宪性先决问题决定的法院可以就必须立即处理的争点作出判决。

如果一项诉讼已上诉至终审程序，但事实审法官在没有等待最高行政

〔22〕 吴秦雯：《事后违宪审查之潮流？——浅析法国违宪审查制度之新变革》，《宪政时代》2011年第4期，第375—409页。

法院或最高司法法院或宪法委员会决定的情况下作出判决，有关上诉的一切决定必须终止，以等待对合宪性先决问题的决定。但当该诉讼涉及剥夺个人自由或法律对最高司法法院作出判决的期限作出明确规定的情况除外。

再次，有关合宪性与合条约性的审查顺位。法令第 23-2 条第 2 款规定，在任何情况下，法院受理的审查申请理由同时涉及立法性规定的合宪性及合条约性时，必须优先将合宪性问题移交最高司法法院或最高行政法院作出决定。同时法令第 23-5 条第 2 款规定，最高行政法院或者最高司法法院受理的审查申请理由同时涉及立法性规定的合宪性及合条约性时，必须优先将合宪性问题移交宪法委员会。由这两项规定可以看出，组织法在合宪性与合条约性的关系上，采取了合宪性优先的原则。宪法委员会在对组织法合宪性进行审查时，认为这一原则没有违反宪法第 55 条〔23〕及第 88-1 条〔24〕的规定。组织法的规定是为了保障对宪法的尊重并重申宪法在国内司法体系中的最高地位，这种优先性只是为了解决在合宪性与合条约性同时存在时的审查顺序问题，并不会限制合条约性审查的作用，在合宪性审查结束后，该立法性规定仍须与条约及协定的内容相符。〔25〕

在合宪性先决程序生效前，对于已经生效的立法性规定侵犯宪法所保障的权利和自由的情形，当事人只能依据《欧洲人权公约》向欧洲人权法院或依据欧盟法律向欧洲法院提起诉讼请求。在合宪性先决问题生效后，在诉讼过程中，当事人可同时对立法性规定的合宪性及合条约性〔26〕提出审查请求，此种情形下，根据组织法的规定，对合宪性的审查优先。但合宪性先决程序只能由当事人提出，不能由法院依职权进行，因此，当争议的立法性规定同时具有合宪性与合条约性两方面的问题，但当事人只提出了合条约

〔23〕 1958 年宪法第 55 条规定：国际条约或协定，经正式批准或认可，自公布之日起具有优于法律的效力，但以条约或协定的其他成员国予以适用为限。

〔24〕 1958 年宪法第 88-1 条规定：共和国参加欧洲共同体和欧盟。欧洲共同体和欧盟由国家自由加入，并依据所创立条约而共同地行使其权力。共和国根据 2004 年 10 月 29 日签署的欧洲宪法条约所规定的条件加入欧盟。

〔25〕 Décision n°2009-595 DC du 3 décembre 2009, considérant 14 et 21.

〔26〕 当事人可以对适用的立法性规定的合条约性提出审查请求，由案件受理法院将该请求移交欧洲法院作出裁决，成为先决问题（une question préjudicielle）。

性审查请求时,根据现行规定,则不能启动合宪性先决程序。

2. 最高行政法院及最高司法法院移送的要件及程序

法令第23-4到23-7条对最高行政法院及最高司法法院将合宪性先决问题移送宪法委员会的要件及程序作了规定,其中有些适用上述关于诉讼审理法院受理及将合宪性先决问题移送最高行政法院或最高司法法院的规定。以下主要对不同规定作简要介绍。

第一,最高行政法院及最高司法法院将合宪性先决问题移送宪法委员会的要件。法令第23-4条规定:

最高行政法院或最高司法法院依据本法令第23-2条〔27〕或23-1条最后一款〔28〕受理合宪性先决问题,必须在收到移转问题三个月内,就是否将该合宪性先决问题移交宪法委员会作出决定。当此合宪性先决问题符合本法令第23-2条第1款第1、2项〔29〕的要求且该问题具有新颖性或严重性时,最高行政法院或最高司法法院应将此问题移送宪法委员会。

可以看出,最高行政法院及最高司法法院将合宪性先决问题移送宪法委员会要审查的实质要件与案件审理法院受理并将合宪性先决问题移送最高司法法院或最高行政法院要审查的实质要件基本相同,即该问题应具备适用性、新颖性和严重性三个条件。本文将在文章第二部分对此进行详细说明。

第二,最高行政法院及最高司法法院将合宪性先决问题移送宪法委员会的程序。法令第23-5条对最高行政法院及最高司法法院将合宪性先决问题移送宪法委员会的要式条件、合宪性与合条约性的审查顺位及合宪性先决程序启动后最高行政法院或最高司法法院暂缓作出决定等程序作出了规定。法令第23-7条第2款规定,最高行政法院或最高司法法院将合宪性先决问题移送宪法委员会的决定应当在作出后8日内送达移送该问题的法院并通知双方当事人。

---

〔27〕 本条是关于案件受理法院将合宪性先决问题移交给最高行政法院或最高司法法院的规定。

〔28〕 本条本款是关于对重罪法院第一审判决提起上诉时提出违宪审查,该请求应与上诉申请一同以书面形式提出,并应立即移交给最高司法法院。

〔29〕 指的是合宪性先决问题具有适用性和新颖性。

3. 宪法委员会的审理程序

法令第23-8条到第23-12条就宪法委员会对合宪性先决问题的审理程序作出了规定。〔30〕

第一,关于通知程序。法令第23-8条第1款规定:

宪法委员会受理由最高行政法院或最高司法法院移送的合宪性先决问题时,应立即通知共和国总统、总理、国民议会议长、参议院议长。上述人员可就合宪性先决问题向宪法委员会发表意见。

第二,关于审理期间。法令第23-10条对宪法委员会就合宪性先决问题的审理期间及听证等程序规定如下:

宪法委员会应当在受理合宪性先决问题的三个月内作出裁决。案件各当事人在相同条件下陈述各自意见。除宪法委员会的内部规则中有特殊规定外,听证应该公开进行。

第三,关于宪法委员会决定的送达。法令第23-11条对宪法委员会就合宪性先决问题作出决定并送达等程序规定如下:

宪法委员会的决定应该附理由。宪法委员会的决定应当送达当事人,通知最高行政法院或者最高司法法院,或者必要时通知合宪性先决问题的提出法院。

宪法委员会的决定还应当通知共和国总统、总理,国民议会和参议院的议长。

(三)最高行政法院及最高司法法院在2008年宪法修改中的定位

2008年修宪后宪法第61-1条及其后制定的组织法将最高行政法院和最高司法法院定位为合宪性先决程序中的"过滤器"(filtre),由他们对合宪性先决问题进行初步的审查,如果符合组织法规定的要件则将其移交给宪法委员会。最高行政法院和最高司法法院在发挥这项作用时可能会产生两个方面的问题,其一,没有充分发挥过滤功能,对合宪性先决问题的审查强

---

〔30〕 此外,在《宪法委员会审理合宪性先决问题的程序的内部规则》(Rrèglement intérieur sur la procédure suivie devant le Conseil constitutionnel pour les questions prioritaires de constitutionnalité)中对相应程序也作出了规定。

度过轻,使大量不符合立法目的的问题被移交到宪法委员会,造成其负担过重,用一名法国学者的比喻,此时"过滤器"变成了"漏勺"(passoire)[31];其二,过滤功能发挥过当,对合宪性先决问题的审查强度过大,使一些本应移交到宪法委员会的问题被排除在外,替代宪法委员会对争议对象进行了合宪性的审查,此时"过滤器"变成了"瓶塞"(bouchon)[32]。

实际上,对是否由最高行政法院及最高司法法院对合宪性先决问题进行过滤审查在宪法修改的过程中是有争论的。表示赞成的理由主要有以下两点:其一,可以减轻宪法委员会的负担,使其免于受到大量的申请而应接不暇;其二,通过初步的审查,最高行政法院和最高司法法院可以参与到宪法委员会判例的形成过程中,有利于宪法委员会决定的实施。反对意义主要是出于最高行政法院和最高司法法院为了维护自身的司法权威而不向宪法委员会移交申请,从而使合宪性先决程序被架空,失去了改革的意义。"过滤机制之所以能够确立,也离不开最高行政法院的游说作用。按照法律起草程序,政府提出的宪法性法律草案需要听取最高行政法院的咨询意见,而最高行政法院为了在合宪性先决程序中发挥作用,必然要自我赋予过滤器的角色。"[33]

最高行政法院及最高司法法院与宪法委员会的关系,根据宪法第 61-1 条及组织法的规定,主要体现在两个方面,其一,制宪者选择了集中式的违宪审查模式,对法律的合宪性审查是宪法委员会的特权,只有宪法委员会可以宣告法律违背宪法,而行政法院系统和普通司法法院系统的法官是没有这项权力的。其二,制宪者希望宪法委员会不是直接被诉讼当事人起诉,合宪性问题必须在普通审判程序中被提出,由最高行政法院或最高司法法院审查后移交宪法委员会,最高行政法院或最高司法法院享有是否将被争议问题移交宪法委员会的决定权。

---

〔31〕 参见 Rousseau D. ,《le conseil constitutionnel, cour suprême?》, la documentation française, n°370,p. 39.

〔32〕 参见 Rousseau D. ,《le conseil constitutionnel, cour suprême?》, la documentation française, n°370,p. 39.

〔33〕 王建学:《从"宪法委员会"到"宪法法院"——法国合宪性先决程序改革述评》,《浙江社会科学》2010 年第 8 期,第 113 页。

法国的合宪性先决程序,更具体地指对公民合宪性请求进行审查的程序,与美国的司法审查模式、德国的联邦宪法法院模式都有很大区别。美国的违宪审查体制具有分散性,“任何普通法院都可以和审理其他类型案件一样审理宪法案件;要提出宪法申诉,公民不需要(也不可能)到专门处理宪法案件的法院”〔34〕。因此也就不存在对公民提出的违宪审查请求进行层层过滤审查的问题。在德国,由联邦宪法法院行使解释基本法和对法律进行违宪审查的职能。公民认为其基本权利受到侵害,在穷尽一般法院管辖救济而无成效时方可提出宪法诉愿,对于该诉愿是否受理,由联邦宪法法院自身进行判断。针对判决的宪法诉愿本身不是在上诉和复审之后的一种补充的法律救济途径,所针对的是终审的、法律救济途径已经终结了的即已经生效了的裁判。〔35〕法国合宪性先决程序与德国宪法法院模式主要有以下两点不同:其一,普通诉讼与合宪性审查的关系,对于前者,普通诉讼和合宪性先决程序是交叉进行的,诉讼当事人在普通诉讼进行过程中对立法性规定提出合宪性审查请求;而后者在普通诉讼程序终结后才可提起宪法诉愿。其二,对于前者,诉讼当事人的合宪性审查请求须经过最高行政法院或最高司法法院审查后才有可能到达宪法委员会,且对于最高行政法院或最高司法法院不予移交的决定没有任何救济途径;而在德国,当事人的宪法诉愿直接向宪法法院提出,由宪法法院自身对是否受理作出判断,也就是说当事人可以直接向专门的宪法审查机关提出申请。

法国合宪性先决程序的特别设计产生了如何处理最高行政法院、最高司法法院与宪法委员会关系的问题,关键在于前者能否找到“漏勺”与“瓶塞”之间的平衡,而这又取决于最高行政法院和最高司法法院对合宪性先决问题审查标准的把握。标准过松,过量的合宪性问题透过“漏勺”到达宪法委员会;标准过严,大量的合宪性问题被挡在“瓶塞”之外。以最高司法法院为例,截止 2010 年 12 月 31 日,在它已经作出处理的 420 件案件中,122 件(44 件通过上诉途径,78 件通过下级法院)移交宪法委员会,占 29.1%;211

---

〔34〕 张千帆:《宪法学导论》,法律出版社 2008 年第二版,第 177 页。

〔35〕 [德]克劳斯·施莱希、斯特凡·科里奥特:《德国联邦宪法法院:地位、程序与裁判》,刘飞译,法律出版社 2007 年版,第 7 页。

件未予移交,占52.6%;剩下的77件涉及的条款属于宪法委员会已经在事先审查中作出裁决的范围,根据相关规定不予受理,占18.3%。从上述数据可以看出过滤程序发挥了很大作用。但其后宪法委员会要对最高行政法院及最高司法法院移交的先决问题进一步审查,只有少部分请求会被其受理:截至2012年1月底,在将近两年的时间里,宪法委员会共收到1022个由最高行政法院和最高司法法院移交的案件,其中798个未被宪法委员会受理,占78%,被受理224件,占22%。〔36〕宪法委员会的审查标准较最高行政法院和最高司法法院更为严格。宪法第61-1条及组织法规定了移交宪法委员会的审查标准,但具体的解释及适用只能由最高行政法院与最高司法法院在判例中发展。

二、最高行政法院和最高司法法院对合宪性先决问题的审查标准

根据1958年法令的规定,最高行政法院和最高司法法院对合宪性先决问题应进行适用性、新颖性及严重性三方面的审查。

(一)适用性审查

根据被修改后的1958年法令第23-2条第1款第1项、第23-4条及第23-5条第3款的规定,被争议的条款适用于争议的解决或者争议解决的程序,或者构成诉讼的基础时才可作为合宪性先决问题被移交到宪法委员会。

1958年法令对立法性规定的适用性并没有作出十分具体的规定,在合宪性先决程序运行过程中会产生一系列的问题:争议解决程序具体包括哪些程序,有何例外?立法性规定是否应与诉讼客体有直接关系?立法性规定的时间效力对其适用性有何影响?合宪性先决问题的结果对处理案件的影响是否要纳入考虑标准?最高行政法院和最高司法法院在其判例中对上

〔36〕参见吴天昊:《从事先审查到事后审查:法国违宪审查的改革与实践》,《比较法研究》2013年第2期,第30—31页。

述问题作出了解释。

1. 最高行政法院和最高司法法院的解释

一方面，最高行政法院和最高司法法院对"立法性规定的适用性"这一概念适用了比较广义的解释方法，尤其是最高行政法院，其认为争议解决程序应该包含争议解决程序的不同阶段。最高司法法院的标准更加严格一些，其认为如果被争议的立法性规定只是被边缘性地适用，则可能不具有对本争议的适用性。另一方面，最高行政法院和最高司法法院同时把合宪性先决问题裁决结果对诉讼案件的影响作为审查的标准，这一标准比组织法的规定更为严格。

(1)对 1958 年法令规定的广义解释

最高行政法院在 2010 年 7 月 15 日的决定〔37〕中对立法性规定的适用性作出了解释。案件争议的对象是法国《税收征管法》(le Code général des impôts)中第 92B 条的规定〔38〕，诉讼一方当事人(税收征管行为的相对人)认为该规定侵犯了宪法所保障的财产权及在公共费用面前人人平等的原则，请求对该立法性规定进行合宪性审查。最高行政法院认为根据 1958 年法令第 23-5 条的规定，截至 1999 年 12 月 31 日有效的《税收征管法》第 92B 条不属于适用于本争议的立法性规定，驳回了将其移交宪法委员会进行合宪性审查的请求。理由如下：税收征收机关在对股权转让行为征收增值税时并没有适用第 92B 条；无论在任何阶段，第 92B 条都不是该当事人(相对人)请求依据法律所确立的税收制度得到收益的客体〔39〕；双方当事人没有

〔37〕 CE 15 juill. 2010, n°327512.

〔38〕 该规定已于 2000 年 1 月 1 日失效，原文是 A compter du 1er janvier 1992 ou du 1er janvier 1991 pour les apports de titres à une société passible de l'impôt sur les sociétés, l'imposition de la plus-value réalisée en cas d'échange de titres résultant d'une opération d'offre publique, de fusion, de scission, d'absorption d'un fonds commun de placement par une société d'investissement à capital variable réalisée conformément à la réglementation en vigueur ou d'un apport de titres à une société soumise à l'impôt sur les sociétés, peut être reportée au moment où s'opérera la cession, le rachat, le remboursement ou l'annulation des titres reçus lors de l'échange. / ...) / Le report est subordonné à la condition que le contribuable en fasse la demande et déclare le montant de la plus-value dans les conditions prévues à l'article 97. / ...)

〔39〕 此案中当事人请求依据 2000 年 1 月 1 日生效的《税收征管法》第 150-0B 条中有关增值税的规定得到税收优惠。

在案件第一审程序中提出将第92B条作为支持其论点的依据,也没有在向最高行政法院提出的驳回2009年2月5日上诉法院判决的请求中提出。[40]

由此可以看出,最高行政法院认为当一项立法性规定符合下述条件之一时,才可视为对争议具有适用性,从而作为合宪性先决问题移交宪法委员会:这项立法性规定在行政机关作出行政行为时被适用;或者无论在任何阶段,该立法性规定是请求者企图得到利益的依据;或者在基层法官或最高法院法官面前被双方当事人提出作为其论点的依据。最高行政法院在上述决定中没有提到立法性规定在当事人提起上诉时作为理由提出的情形,可能是因为此案经过了三审程序,按照最高行政法院的逻辑,在上诉时以立法性规定作为依据,当然也属于对争议具有适用性的情况。因此,适用于争议的立法性规定不仅存在于产生诉讼的行政争议本身(行政机关作出行政行为的依据),还包括处理案件的诉讼程序的不同阶段(第一审程序,上诉审程序及最高行政法院的审理程序),最高行政法院对1958年法令的规定作出了较为广义的解释。

最高司法法院在2012年1月5日的决定[41]中似乎采取了更为严格的解释,在认为被争议条款不具备严重性的同时指出:被争议条款的适用只是边缘性的,因为如果该争议条款被1965年7月13日第65-570号法律第2条废除的话,那么该法律的第10条和第11条将适用于选择了新法规定的夫妻财产制的已婚夫妇,根据1975年7月11日第75-617号法律第10条的规定,《民法典》(le code civil)原来的第1463条在1965年7月13日第65－570

〔40〕 原文是“... que les dispositions du II de l'article 92 B du code général des impôts n'ont été ni appliquées par l'administration à la plus-value réalisée lors de l'apport d'actions de la société Axfin en contrepartie de titres de lasociété Consors AG, ni l'objet, à quelque stade que ce soit, d'une demande de la part de M. A tendant à obtenir le bénéfice du régime qu'elles instaurent, ni invoquées par les parties à l'appui des moyens qu'elles ont soulevés devant les juges du fond ou des moyens de cassation qui sont dirigés contre l'arrêt du 5 février 2009 de la cour administrative d'appel de Versailles;... ”

〔41〕 Cass. Civ. 1 ^{e}, 5 janv. 2012.

号法律生效前不适用于合同制婚姻，而且在本法律生效后不再适用〔42〕。因此，立法性规定在争议解决程序中适用的重要性程度也成为判断其对争议的适用性的标准之一。

(2)立法性规定与诉讼客体须存在直接关系

最高行政法院认为第一审程序、上诉审程序及最高行政法院的审理程序中当事人提出的作为其请求依据的立法性规定对诉讼都是适用的。然而在行政诉讼程序中还有一些特殊的程序，如再审程序和判决中物质错误的补正程序。这两种程序都属于当事人不服行政法院判决时向原判决法院提出申诉的改正途径。〔43〕“再审是一方当事人在法院判决确定以后，发现新的情况，足以推翻原来的判决，因而请求原审法院撤销原判决，重新作出判决的诉讼程序。再审只有在法律有规定时才存在。实际上只适用于最高行政法院的判决，对于行政法庭的判决不适用再审程序。”提出再审之诉限于下述三种情况：其一，原判决所根据的证据是伪造的。其二，一方当事人发现其败诉原因，是由于一项有决定性的证据在对方掌握之下，未曾透露。其三，原判决在程序上有严重的违法情况。〔44〕“判决中的物质错误是指法律错误以外，能够影响判决的意义的错误，包括的范围很广，例如判决书的误写、误算，无关重要的日期错误，对已经判决的事项作出判决，对于当事人请求的一部分遗漏判决，对于事实的遗漏等，都是物质的错误。物质的错误由于能够影响判决的意义或结果，必须补正。”〔45〕

最高行政法院在 2010 年 10 月 4 日对当事人在再审程序及判决中物质错误的补正程序过程中就原判决中适用的立法性规定提出合宪性审查请求

---

〔42〕 原文是“son applicabilité n'est que résiduelle puisque si la disposition contestée a été abrogée par l'article 2 de la loi n° 65-570 du 13 juillet 1965, il ressort des articles 10 et 11 de ce texte qu'il demeure applicable aux époux mariés avant son entrée en vigueur à défaut de déclaration conjointe de ceux-ci choisissant de soumettre leur régime matrimonial au droit nouveau, et qu'aux termes de l'article 10 de la loi n° 75-617 du 11 juillet 1975,... l'article 1463 ancien du code civil ne s'appliquera pas aux mariages contractés avant l'entrée en vigueur de la loi n° 65-570 du 13 juillet 1965 et dissous postérieurement à l'entrée en vigueur de la présente loi”...

〔43〕 参见王名扬：《法国行政法》，北京大学出版社 2007 年版，第 514 页。

〔44〕 参见王名扬：《法国行政法》，北京大学出版社 2007 年版，第 519—520 页。

〔45〕 王名扬：《法国行政法》，北京大学出版社 2007 年版，第 520 页。

的情况作出了决定[46]:再审案件及判决中物质错误的补正案件的诉讼客体并不是通过立法性规定的适用确立的司法秩序,因此最高行政法院在原判决中所依据的立法性规定不得作为合宪性先决程序的审查对象[47]。

当事人得以启动再审及判决中物质错误的补正程序的理由是证据、程序等非法律适用上的问题,并不是原审程序中对立法性规定的适用问题,在这两类诉讼中被争议的立法性规定与诉讼客体(当事人的诉讼请求)之间不存在直接的关系。由此可以看出,最高行政法院的广义的诉讼概念并不包括再审案件及判决中物质错误的补正案件。[48]

(3)案件争议发生时适用的立法性规定

最高司法法院在2010年9月14日作出决定[49],认为被争议的《商法典》(le code de commerce)第L. 661-61条第1款不适用于本案,本案适用的规定为在其之前颁布的2008年12月18日法令的第151条。只有在争议发生时拥有法律效力的规定才适用于争议。

最高行政法院在2010年11月10日的决定[50]中指出:2010年3月31日的决定是为了适用2009年7月21日法律第118条所修改后的《公共健康法典》(le code de la santé publique)第L. 1432-11条,由2010年7月5日法律第27条修改后的《公共健康法典》第L. 1432-11条对本争议是不适用的。最高行政法院最终将由2009年7月21日法律第118条所修改后的《公共健康法典》第L. 1432-11条移交宪法委员会进行合宪性审查。也就是说,在被争议的法令作出时所依据的立法性规定之后被修改的情况下,即使

---

[46] CE 4 oct. 2010, n°328505.

[47] 原文是"Considérant que l'objet des recours en révision et en rectification d'erreur matérielle à l'encontre d'une décision du Conseil d'Etat statuant au contentieux n'est pas de remettre en question l'appréciation d'ordre juridique portée par ce dernier sur les mérites de la cause qui lui était soumise ; que, dès lors, ne peuvent être regardées comme applicables au présent litige les dispositions du code de la construction et de l'habitation et du code de l'action sociale et des familles dont le Conseil d'Etat a fait application pour statuer sur le bien-fondé de leur pourvoi n° 292554 ;"

[48] 参见 A. Roblot-Troizier,《 Le non-renvoi des questions prioritaires de constitutionnalité par le Conseil d'E' tat - Vers la mutation du Conseil d'E' tat en un juge constitutionnel de la loi 》, RFDA, 2011, p. 700.

[49] Com. 14 sept. 2010, n°10-40021.

[50] CE 10 nov. 2010, n°340106.

该立法性规定已经被废除，它也应当被认为是适用于本案的，而不是被修改之后的立法性规定。

最高行政法院在2011年3月11日作出的决定[51]中又指出：本案作出处罚的法律依据应该是事实发生时有效的规定，适用于本争议的规定是处罚决定作出时有法律效力的规定，及2010年4月14日关于运动健康的第2010－379号法令的第12条，该规定属于行政立法的范畴，不属于1958年法令规定的立法性规定。[52] 因此，适用于争议的立法性规定应该在作为案件的争议对象的行政决定作出之日时是有效的。

(4)合宪性先决问题对案件处理结果的影响

最高司法法院在2010年9月14日的决定[53]中对判断立法性规定是否适用于争议确立了一项更新也更为严格的标准：当事人希望得到的是使一个法人批准的捐赠行为无效的法律后果，被争议的立法性规定的违宪性对这个问题的解决不会产生任何影响，不适用于本争议，此问题不被受理[54]。

最高行政法院在2011年1月19日的决定中[55]也采取了相同的标准：2010年7月12日法律第88条第3款是关于认定电力购买合同在签字后才达成并生效的规定，它同时受到2000年2月10日第2000-108号法律第10款有关行政合同规定的调整，本案件争议的焦点并不是电力购买合同，而是2010年3月16日规定的合法性问题，对电力购买合同及其成立日期

---

〔51〕 CE 11 mars 2011，n°341658.

〔52〕 原文是“Dès lors que la sanction appliquée en l'espèce sur le fondement de ces dispositions était encourue à la date de la commission des faits en cause，la version de cet article applicable au litige est celle en vigueur à la date de la décision. Cette version est issue de l'article 12 de l'ordonnance n° 2010-379 du 14 avril 2010 relative à la santé des sportifs et à la mise en conformité du code du sport avec les principes du code mondial antidopage，qui n'a pas été ratifiée de manière expresse. Il en résulte que les dispositions applicables au litige ont un caractère réglementaire et ne sont pas au nombre des dispositions législatives visées par l'article 61-1 de la Constitution et par l'article 23-5 de l'ordonnance du 7 novembre 1958.”

〔53〕 Civ. 1re，14 sept. 2010，n°10-13616.

〔54〕 原文“Mais attendu que les intéressés poursuivant la nullité d'une libéralité consentie à une personne morale，l'inconstitutionnalité alléguée de la disposition contestée，inapplicable à ce litige，serait dépourvue d'incidence sur sa solution ; que，dès lors，la question est irrecevable ;”

〔55〕 CE 19 janv. 2011，n°343389.

的认定对于判断2010年7月12日及2010年3月16日规定的合法性问题没有任何影响,因此2010年7月12日法律第88条第3款不适用于本争议。[56] 因此当一项立法性规定被宣告违宪并废除对被争议的行政决定的合法性不产生任何影响时,进而对争议解决结果不产生影响时,该立法性规定不得被视为适用于本争议。

最高行政法院确立这一标准一方面参考了其他国家的经验。例如,在意大利,合宪性问题必须对解决争议有决定作用,也就是说合宪性问题的结果应当对案件的判决结果有直接的影响;在西班牙,合宪性问题同样必须对案件结果有直接的决定性的影响,案件判决结果必须与争议法律的合宪性直接相关[57]。另一方面也考虑到组织法立法者立法时的犹豫,组织法建议案中原来就该问题的规定是:该条款决定争议解决的结果或争议解决程序的合法性,或构成诉讼的基础时才可作为合宪性先决问题被移交到宪法委员会。最高行政法院适用的对争议解决结果有影响的标准相对于建议案中"决定争议解决的结果"的要求是宽松的,它要求合宪性先决问题决定的结果对解决争议是有积极促进作用的,也就是说合宪性先决程序并不是一个抽象的程序,不仅仅是反对几项立法者制定的规定而已,而是赋予当事人的使其能够用来保护自身的权利和自由的一个具体的方式[58]。

在具体案件中提出对一项立法性规定的合宪性审查使事后审查区别于

---

〔56〕 原文"les dispositions du III de l'article 88 de la loi du 12 juillet 2010 ont pour objet de qualifier les contrats d'achat d'électricité régis par l'article 10 de la loi n° 2000-108 du 10 février 2000 de contrats administratifs et de préciser qu'ils ne sont conclus et n'engagent les parties qu'à compter de leur signature ; que le litige soulevé par l'EARL SCHMITTSEPPEL et par M. A ne porte pas sur un contrat d'achat d'électricité mais sur la légalité des arrêtés du 16 mars 2010; qu'eu égard à ce qui vient d'être dit quant au défaut de caractère sérieux des questions soulevées à l'encontre des dispositions du IV du même article, la question de la qualification et de la date de conclusion des contrats d'achat d'électricité est sans incidence sur l'appréciation de la légalité des arrêtés du 12 janvier 2010 et, par voie de conséquence, de ceux du 16 mars 2010 ; que les dispositions du III de l'article 88 ne sont donc pas applicables au présent litige..."

〔57〕 参见 A. Roblot-Troizier,《 Le non-renvoi des questions prioritaires de constitutionnalité par le Conseil d'E' tat - Vers la mutation du Conseil d'E'tat en un juge constitutionnel de la loi 》, RFDA, 2011, p. 691. 注释103.

〔58〕 参见 A. Roblot-Troizier,《 Le non-renvoi des questions prioritaires de constitutionnalité par le Conseil d'E' tat - Vers la mutation du Conseil d'E'tat en un juge constitutionnel de la loi 》, RFDA, 2011, p. 700.

事前审查。从法律效率的角度出发，最高司法法院及最高行政法院以合宪性先决问题结果对争议处理结果的影响作为判断立法性规定对争议适用性的标准是值得考量的。从解决一个具体案件的效率来看，这是合理的，作出拒绝将争议移交宪法委员会的决定可以使案件不因等待宪法委员会的决定而中止，缩短审判的周期。但从整体的司法效率来看，该立法性规定违宪的嫌疑非但没有得到解决，日后产生纠纷还须提起另一合宪性先决程序，如果该立法性规定的合宪性在本案得到确认，则可以达到事前审查避免争议产生的效果了。

组织法有关立法性规定对争议的适用性的标准是：被争议的条款适用于争议的解决或者争议解决程序，或者构成诉讼的基础。并没有采用建议案中被争议的条款决定争议解决结果或争议解决程序的合法性，或构成诉讼的基础的标准。最高司法法院和最高行政法院的决定采取了将两种规定折中的做法，适用了比组织法规定更为严格的标准，对被争议的立法性规定的合宪性以及该结果对案件的影响作出了预测，替代宪法委员会对合宪性先决问题作出了预先的判断，宪法第 61-1 条及组织法并没有赋予它这项权力，最高司法法院和最高行政法院的这一标准有违反组织法甚至违宪的嫌疑。

2. 宪法委员会的解释

当合宪性先决问题移交宪法委员会后，它可以作出与最高行政法院、最高司法法院审查结果不同的决定，例如被争议问题不属于立法性规定，没有侵害宪法所保障的权利和自由，或者此问题不具备新颖性等。但是在立法性规定对于争议解决的适用性的问题上，宪法委员会在决定中明确表示，“最高行政法院或最高司法法院对一项立法性规定是否适用于争议的解决或者争议解决程序或者构成诉讼的基础所作出的决定，不属于宪法委员会的审查范围”〔59〕。

宪法委员会在其后的决定中也重申了此立场〔60〕，但在一些决定中它也对立法性规定的适用性问题表明了态度。例如，在 2012 年 10 月 12 日的决

〔59〕 Cons. Const., déc. n°2010-1 QPC du 28 mai 2010.

〔60〕 例如，Cons. Const., déc. n°2012-227 QPC, 30 mars 2012.

定[61]中,最高行政法院申请宪法委员会对2008年11月13日《商法典》第L.461-1条第2段进行修改后的规定进行合宪性审查,宪法委员会在其决定中指出:适用于争议的立法性规定应该是争议发生时有效的规定,即为实施2010年7月23日法律制定的法令对《商法典》第L.461-1条第2段进行修改后的规定。通过这种方式宪法委员会没有采用最高行政法院移交时的审查请求而是自动地决定了适用于争议的立法性规定。

(二)新颖性审查

根据法令第23-2条第1款第2项的规定,被争议条款除情势变更外,如果没有被宪法委员会在一项判决理由与主文内宣告为合宪,才可由最高行政法院或最高司法法院移交审查。同时法令第23-4条及第23-5条第3款规定,最高行政法院或最高司法法院将合宪性先决问题提交宪法委员会除了须符合上述23-2条第1款第1项关于适用性的要求和第2项的要求外,该问题同时须具备新颖性或严重性。

本文将法令第23-2条第1款第2项的规定和最高行政法院或最高司法法院移交问题时的新颖性要求都纳入新颖性标准的范畴,但两者是有明显不同的。第一,从要求的对象上来看,前者对初审法院和最高行政法院或最高司法法院都适用;后者仅适用于最高行政法院或最高司法法院。第二,从审查程度来看,对前者的审查较为简单明确,法官须判断被争议的立法性规定是否被宪法委员会在一项判决理由与主文内宣告为合宪;而后者所指的新问题是宪法委员会未曾有机会作出解释并适用的宪法条文,或者该宪法条文已经被宪法委员会在之前的决定中解释并适用,但最高行政法院或最高司法法院认为将此问题移交宪法委员会审查是有意义的,因此,仅仅是立法性规定没有接受过宪法委员会的审查这一理由,并不能判断这就是一个新问题[62]。可以看出,对最高行政法院或最高司法法院的审查提出了更高的要求也赋予了更大的裁量权。第三,从要件的性质来看,前者对初审法院和最高行政法院或最高司法法院都是必要要件;后者对于最高行政法院或最高司法法院是

[61] Cons. Const., déc. n°2012-280 QPC, 12 octobre 2012.

[62] 参见 Cons. Const., déc. n°2009-595, 3 décembre 2009, considérant 21.

选择要件，具备了法令第 23-2 条第 1 款第 1 项和第 2 项的要求后，只须具备新颖性或严重性要求之一即可。但两者具体的适用标准都需要最高行政法院或最高司法法院在判例中解释并发展。

合宪性先决程序中对新颖性的要求加强了宪法委员会裁决的权威，因为最高行政法院或最高司法法院在作出是否移交的决定时，不仅要考虑宪法委员会对宪法所保障的权利和自由所作出的解释，还要遵循宪法委员会之前作出的裁决内容。但最高行政法院和最高司法法院在对新颖性标准的判断上还是拥有很大的裁量空间的。

1. 对法令第 23-2 条第 1 款第 2 项的解释

(1)合宪性宣告的明确性

根据法令第 23-2 条第 1 款第 2 项，如果一项立法性规定被宪法委员会在一项判决理由与主文内宣告为合宪，则失去了新颖性。应是何种程度的宣告呢？是否应当为明示的和直接的宣告呢？最高司法法院认为，暗示的和非直接的宣告不足以使该问题丧失新颖性。

申请人请求对《刑事诉讼法典》(le code de procédure pénale)第 698-6 条进行合宪性审查，根据该条规定，实施恐怖活动的被告人与其他实施了普通犯罪活动的被告人不同，不享有对被告人不利的回答需要达到特定票数的权利，违背了《人权宣言》第 6 条和第 9 条有关法律面前人人平等和无罪推定的规定。最高司法法院在第 09-82582 号决定〔63〕中认为：宪法委员会在 1986 年 9 月 3 日的第 86-813 号决定中对《刑事诉讼法》第 706-25 条作出了合宪宣告，该条指向该法第 698-6 条〔64〕，因此，宪法委员会也确立了第 698-6 条的合宪性，所以针对《刑事诉讼法》第 698-6 条的合宪性审查不具备严重性，不予移交。最高司法法院在判决中同时指出被争议的立法性规定没有被宪法委员会在判决的理由或主文中明确地、直接地宣告为合宪，但是该问题并不是针对宪法委员会没有机会解释并适用的宪法规定，缺乏新颖性。综合上述最高司法法院的逻辑可以得出三点结论：其一，它认为法令第 23-2 条第 1 款第 2

〔63〕 Crim., 19 mai 2010, pourvoi n°09-82582.

〔64〕 第 706-25 条规定，对成年被告人的审判，有关重罪法庭的组成及职能由本法第 698-6 条规定。

项中的宣告为合宪应该是明确地、直接地宣告。其二,对宪法委员会有机会解释并适用宪法规定的解释有失妥当,有学者称这种解释是十分令人惊讶的[65]。宪法委员会在决定中虽然对指向第698-6条的第706-25条作出了合宪宣告,但并没有对审查请求中所依据的宪法规定进行解释和适用。其三,对法令第23-4条及23-5条第3款要求的新颖性规定往往与严重性标准是联系起来适用的。

最高行政法院在这一问题上采取了相同的态度。在2010年5月19日的一项决定[66]中,最高行政法院将有关《刑事诉讼法》第706-53-21条的合宪性审查申请移交了宪法委员会,最高行政法院认为虽然宪法委员会此前对2008年2月25日法律的审查中宣告了该法第1条是合宪的[67],而该法第1条同时规定在《刑事诉讼法》第706-53-21条中,但宪法委员会并没有在裁决的理由和主文中明确审查《刑事诉讼法》第706-53-21条的合宪性。但宪法委员会针对这一审查申请在2010年7月2日作出了第2010-9号决定[68],认为其已经在裁决的理由和主文中对被争议的条文作出了裁决。

(2)不得以不同理由就同一立法性规定提出申请

当一项立法性规定被宪法委员会在一项裁决理由与主文内宣告为合宪则丧失了新颖性,当事人不得再就此立法性规定提出合宪性审查的请求,但如果当事人提出的违宪理由与之前该规定被宣告为合宪的理由不同时,该问题是否具备新颖性呢?

最高行政法院在2010年5月19日的一项决定[69]中对此问题作出了回答。申请人认为依据2004年8月13日法律第22条修订的《公路法典》第L.110-3条第1款第2项违反了宪法第72条关于地方自治权的规定。最高行政法院认为,宪法委员会于2004年8月12日作出的第2004-503号决定对《公路法典》第L.110-3条第1款第2项作出了合宪宣告,而且不存

〔65〕 Perrier Jean-Baptiste,« La Cour de cassation et la question prioritaire de constitutionnalité : de la réticence à ladiligence », Revue française de droit constitutionnel, 2010/4 n°84, p. 801.

〔66〕 CE, 19 mai 2010, n°323930.

〔67〕 Cons. Const., déc. n°2008-562.

〔68〕 Cons. Const., déc. n°2010-9.

〔69〕 CE 18 mai 2010, n°330310.

在情势变更的情形，虽然宪法委员会的依据并不是宪法第72条，但没有必要将此问题重复提交宪法委员会审查。此案件确立了最高行政法院的基本立场，即使宪法委员会在决定中没有就请求人提出的违宪理由明确作出宣告，该问题也被视为缺乏新颖性而不应被移交。同样的，在一个法律条文被整体宣告为合宪时，该条文中的某一款规定也不得被提出合宪性的争议。[70]

2. 对法令第23-4条及23-5条第3款的解释

首先，宪法规定的新颖性而非立法性规定的新颖性。

根据宪法委员会第2009-595号决定对法令第23-4条及23-5条第3款的解释，当宪法委员会未曾有机会作出解释并适用一项宪法条文时视为具有新颖性。可以看出，此处的新颖性要求针对的是宪法规定而非立法性规定，立法性规定需要满足的是法令第23-2条未被宪法委员会在裁决理由和主文中宣告合宪。但最高行政法院的决定却没有遵循这样的原则。

最高行政法院在判断新颖性时会考量宪法委员会是否曾就此立法性规定或与其相似的规定作出过解释。最高行政法院曾经通过类比的方式作出不予移交的决定[71]。申请人认为《公民与军人退休金法典》第24条有关对养育过子女的公务员给予退休待遇的优惠(工作有过中断的情况除外)的规定违反了男女平等的宪法原则。最高行政法院认为，宪法委员会在2003年8月14日作出的第2003-483号决定中对一项有关退休改革的法律进行了审查，认为有关对养育过子女的公务员给予退休待遇的优惠(工作有过中断的情况除外)的规定没有违反任何宪法规定，尤其是平等原则，因此，当事人提出的问题不具有新颖性。最高行政法院在此以类比的方式判断与宪法委员会审查过的立法性规定相似的规定不具有新颖性，与组织法和宪法委员会决定的规定和解释是不相符的。

其次，宪法委员会没有机会解释并适用宪法规定。

由上述第09-82582号决定可以看出，最高司法法院对宪法委员会有机会解释并适用宪法规定的解释有失妥当，然而最高司法法院在2010年5月

[70] CE 17 déc. 2010, n°341829.

[71] CE 28 juin 2010, n°338537.

31日作出的两个决定中采取了相同的立场。在第一个案件〔72〕中,请求人认为《刑事诉讼法》第570条及第571条侵害了《1789年人权宣言》第16条保障的得到裁判的权利,最高司法法院认为这并不是针对宪法委员会没有机会解释并适用的宪法规定,不具备新颖性。第二个案件〔73〕中,请求人指出1881年7月29日法律第35条有关诽谤实施者的恶意推定的规定违背了《1789年人权宣言》第9条有关无罪推定和第11条有关表达自由的规定。最高司法法院以相同的理由作出了拒绝移交的决定。

很难说最高司法法院对新颖性的解释与组织法的立法精神是否相符,组织法对新颖性作出要求的初衷是避免向宪法委员会提出的合宪性申请数量过大而且连续重复,因此如果宪法委员会已经就某一问题作出裁决,则问题便不具有新颖性了。除非宪法委员会对整部法律作了全面深入的审查,否则在其决定的末尾说明的理由中没有指出所审查法律其他条文违宪,并不能得出宪法委员会对其他所有条文作出了合宪宣告的结论。〔74〕

3.对情势变更的解释及适用

法令第23-2条第1款第2项中将情势变更规定为新颖性要件的例外情况,即如果有情势变更的情形,那么即使立法性规定已经被宪法委员会在理由和主文中宣告合宪,也可以提起合宪性先决程序。

宪法委员会在第2009-595号决定中对情势变更这一概念进行了界定,情势变更包括法律上的变更或事实上的变更〔75〕。如果宪法委员会把一项修改宪法的法律认定为情势变更的情形,那么一项与先前已经被宣告为合宪的立法性规定的目的和内容相同的另一立法性规定可以作为合宪性先决问题被提请审查,宪法委员会同时指出,变更的情形会影响被争议的立法性规定的意义。如果是法律上的变更的情形,这种影响必须是具有普遍性的,即所有该立法性规定适用的情形都会产生的影响,而不是只会在产生合宪

---

〔72〕 Crim., 31 mai 2010, pourvois n°10-80637 et n°10-80649.

〔73〕 Crim., 31 mai 2010, pourvoi n°09-87578.

〔74〕 参见 J.-B. Perrier,《 Le non-renvoi des questions prioritaires de constitutionnalité par la Cour de cassation 》, RFDA, 2011, p.711.

〔75〕 参见 Cons. Const., déc. n°2009-595, 3 décembre 2009, considérant 13.

性争议的具体案件中才会产生的影响。[76]

尽管宪法委员会对情势变更这一概念进行了界定，但仍是不够详尽的，这使最高行政法院和最高司法法院在审查这一问题时有很大的裁量空间。虽然最高行政法院在一些情况下对情势变更的认定比较严格，但总体来说采取了比较宽松的态度。[77]

最高司法法院极少适用情势变更的例外。有关拘留问题，宪法委员会在 2010 年 7 月 30 日的裁决[78]中指出，《刑事诉讼法》第 62 条、63 条、63-1 条、63-4 条及 77 条存在情势变更的情形，而第 706-73 条及 706-88 条自其 2004 年 3 月 2 日作出的决定[79]以来不存在情势变更的情形。但是最高司法法院在 5 月 31 日的移交决定中并未提起以上问题，只有在收到宪法委员会的决定后，才对情势变更的情形进行了审查。

4. 宪法委员会正在审查但还没有作出裁决的问题

根据法令第 23-10 条的规定，宪法委员会在受理合宪性先决问题后有 3 个月的审查时间，那么在宪法委员会受理了一个合宪性先决问题后，最高行政法院或最高司法法院面对相同的问题是否应当提交宪法委员会呢？如果对法令第 23-2 条第 1 款第 2 项进行字面解释是不可以的。判例和立法对这一问题进行了发展。

合宪性先决程序实施之初，最高司法法院的态度并不积极，但其后它的态度似乎又过于积极，向宪法委员会移交了大量的涉及相同问题的连续性申请。例如 4 项关于《刑事诉讼法》第 575 条的规定，3 项关于《税法》第 1741 条的规定和一系列有关拘留问题的规定。[80] 这些重复性的连续性申请迫使宪法委员会以涉及问题正在进行审查为由作出免于起诉的决定。

对于最高司法法院受理某一合宪性先决问题的情况，与该问题相同的

---

〔76〕 参见 A. Roblot-Troizier,《Le non-renvoi des questions prioritaires de constitutionnalité par le Conseil d'E' tat - Vers la mutation du Conseil d'E'tat en un juge constitutionnel de la loi》, RFDA, 2011, p. 712.

〔77〕 同上。

〔78〕 Cons. Const., déc. n°2010-14/22 QPC, 30 juill. 2010.

〔79〕 Cons. Const., déc. n°2004-492, 2 mars 2004.

〔80〕 参见 J.-B. Perrier,《 Le non-renvoi des questions prioritaires de constitutionnalité par la Cour de cassation 》, RFDA, 2011, p. 711.

另一审查申请已经移交宪法委员会但其并未作出决定时是否可以延缓决定,组织法及1958年法令中并没有规定。2010年2月16日颁布的关于适用第2009-1523号组织法的第2010-148号命令(Décret n° 2010-148 du 16 février 2010 portant application de la loi organique n° 2009-1523 du 10 décembre 2009 relative à l'application de l'article 61-1 de la Constitution)第3条规定在《民事诉讼法典》中增加第126-5条,该条规定,当关于一项立法性规定的合宪性先决问题已经由最高司法法院或宪法委员会受理时,对以相同理由提出的合宪性审查申请,法官(指基层法院或上诉法院的法官)可以不将问题移交最高司法法院,在最高司法法院或宪法委员会作出决定前,可以中止审理案件。该命令第4条对《刑事诉讼法》作出了相同的修改。这项命令的适用对象是基层法院或上诉法院的法官,不包括最高司法法院。

随后,2010年10月15日颁布的关于最高司法法院审查合宪性先决问题的程序的第2010-1216号命令(Décret n° 2010-1216 du 15 octobre 2010 relatif à la procédure d'examen des questions prioritaires de constitutionnalité devant la Cour de cassation)填补了部分空白,该法令第2条规定在《民事诉讼法典》中增加第126-12条,当关于一项立法性规定的合宪性先决问题已经由宪法委员会受理时,对以相同理由提出的合宪性审查申请,最高司法法院可以不将问题移交宪法委员会,在宪法委员会作出决定前,最高司法法院可以暂缓作出决定。该命令第3条对《刑事诉讼法》作出了相同的修改。最高司法法院很快适用了修改后的规定,在2010年10月20日,刑事法庭拒绝将针对税法第1741条规定的合宪性先决问题移交宪法委员会,理由是宪法委员会已经受理了有关此问题的申请〔81〕。但该命令适用的对象仅限于最高司法法院,不包括最高行政法院。

(三)严重性审查

严重性标准经常与"侵犯了宪法所保障的权利和自由"这一要件同时被

〔81〕 Crim. 20 oct. 2010, n° 10－82. 945.

适用。[82] 对严重性的审查主要包含两个方面，一是争议的立法性规定是否侵犯了宪法所保障的权利和自由，二是在对宪法所保障的权利和自由造成侵犯时，所造成的损害是否超过了必要限度或是否符合公共利益要求。

如果说受理并移交合宪性先决问题的要件中，争议对象、提出问题的书面形式及时间要求等具有客观性的话，那么对于严重性的审查则具有很强的主观性。组织法和 1958 年法令对严重性没有作出详细的规定，因此最高行政法院和最高司法法院拥有很大的裁量权。2010 年 2 月 24 日由法国司法部等部门向最高司法法院等部门下发的有关合宪性先决问题的通知(présentation de la question prioritaire de constitutionnalité)[83]对严重性的审查程度作出了规定，意在控制法官审查时的主观性。该通知规定，法官对于争议问题严重性的审查仅仅是简单审查，不得对该问题的合宪性作出预先控制的特点。但该通知没有达到预期的效果，最高行政法院和最高司法法院在对严重性的审查上表现出了强烈的进行预先控制的特点，成为“准宪法法官”的倾向。

1. 最高司法法院的判例

2010 年 5 月 7 日，最高司法法院作出一项拒绝将合宪性先决问题移交宪法委员会的决定[84]。此项申请针对的是 1990 年 7 月 13 日颁布的第 90-615号法律第 9 条增加的对反人道主义犯罪争论的轻罪的规定，请求人认为该规定违背了平等原则和言论自由等宪法性规定，对这个问题的裁决表现出最高司法法院对移交合宪性先决问题严重性要求的态度。最高司法法院认为，被申请的问题不具有严重性，因为对于控告的规定清晰准确，而且没有违背言论和表达自由的宪法性原则。最高司法法院对争议问题是否具备严重性要求进行的审查分析，实际上已经取代了宪法委员会对被争议

---

〔82〕 这涉及对合宪性先决问题三个审查标准的关系问题。本文认为并无严格的审查顺序，三个标准是相互结合适用的，尤其是重要性标准经常与其他标准相结合。在对争议的立法性规定进行审查时，如果认为其并没有侵犯宪法所保障的权利和自由，或者虽造成损害但没有超过必要限度或符合公共利益要求，该合宪性先决问题则同时被认为不具有重要性。

〔83〕 Circulaire du 24 février 2010, CIV/04/10, présentation de la question prioritaire de constitutionnalité.

〔84〕 Crim. 7 mai 2010, n° 09-80774.

的条文作了合宪性的审查,充当了"准宪法法院"的角色[85]。这与合宪性先决程序制度设计的初衷是相悖的,组织法立法者把最高行政法院和最高司法法院仅仅定位为"过滤器",他们不得对合宪性先决问题进行预先的判断。

最高司法法院在2011年5月20日作出的决定[86]适用了相同的审查方式。被争议的问题涉及有关公权力追诉刑事责任的法定期限的规定,特别是将追诉期限的起算点延迟到公权力有条件可以对不法行为进行追诉的时间。最高司法法院认为,判例法没有违背无罪推定及法律面前人人平等的原则。最高司法法院还进一步指出,关于公权力追诉刑事责任的法定期限的规定不具备由共和国法律所确立的基本原则的特点,该问题不具备严重性。最高司法法院的这个决定再一次混淆了移交合宪性先决问题和审查合宪性先决问题两种不同的职责。最高司法法院并不具备对由共和国法律所确立的基本原则是否存在的问题进行审查的权力。在最高司法法院的决定中,它不仅对所争议的判例法的合宪性进行了审查,还对宪法本身,或者更确切地说对"宪法团"[87]进行了审查。最高司法法院的这个决定是饱受争议的,因为上述权力是专属于宪法委员会的。本案还有一点值得注意,这个决定争议的对象并非是立法性规定,而是由最高司法法院确立的判例法。在此种情况下,最高司法法院是其自身作出的解释的法官。这与下文将要详细论述的判例法是否可以作为合宪性先决程序的审查对象是不同层面的问题,是关于最高司法法院的审查范围的问题。

2. 最高行政法院的判例

2010年4月16日,最高行政法院在一项决定[88]中以被争议问题不具备严重性为由,拒绝将其移交宪法委员会。申请人认为《公用征收法典》(le code

---

〔85〕 参见V. D. Rousseau,《Toujours "Vive la QPC" ? Oui!》, Gaz. Pal., 23—27 mai 2010, p. 16.

〔86〕 Assemblée plénière, 20 mai 2011, 11-90042.

〔87〕 "宪法团"并非是宪法委员会在决定中使用的术语,而是宪法学界对宪法委员会进行合宪性审查的各种依据的概括,包括法国现行的1958年宪法、1789年人权宣言、1946年宪法序言、2004年的环境宪章及宪法委员会在其决定中所承认的共和国法律所确认的原则。有关"宪法团"概念的提出及其发展参见李晓兵:《法国第五共和国宪法与宪法委员会》,知识产权出版社2008年版,第88—119页。

〔88〕 CE 16 avr. 2010, n° 320667.

de l'expropriation pour cause d'utilité publique)第 L. 11-2 条、《行政诉讼法典》(le code de justice administrative)第 L. 111-1 条及第 L. 112-1 条第三款违背了《1789 年人权宣言》第 16 条规定的得到公正审判的权利。根据上述《公用征收法典》和《行政诉讼法典》的规定，一些行政行为作出前必须得到最高行政法院的批准，之后才能作为争议的对象，而最高行政法院又是行政诉讼的裁判者。最高行政法院在决定中指出，根据宪法委员会对宪法第 37 条、38 条、39 条及 61-1 条的解释，最高行政法院依据宪法规定同时发挥行政职能和审判职能。最高行政法院在此运用了宪法委员会对宪法规定的解释，但是由该解释并不能得出最高行政法院作为行政争议的最高审判机关审理由其批准的行政行为具有合宪性的结论。最高行政法院在决定中对宪法委员会的解释做了进一步的解释，从而得出被争议问题不具备严重性，有越权的嫌疑。

在对《选举法典》第 L. 340 条和 L. 350 条进行审查时，最高行政法院指出，没有任何一项宪法规定，尤其是政教分离原则，要求参加选举的候选人不得在穿着上体现其宗教信仰[89]，此问题不具有新颖性和严重性。最高行政法院在此决定中对宪法规范及政教分离等宪法原则作出了自己的解释。在 2011 年 3 月 2 日的一项决定[90]中，最高行政法院认为，自由竞争是保障平等原则或者职业自由原则的要求，但不属于宪法所保障的权利和自由，问题不具有新颖性和严重性。最高行政法院在此对宪法上原则及自由竞争的含义进行了解释。

三、最高行政法院和最高司法法院在合宪性先决程序发展中的作用

根据合宪性先决程序的制度设计，其运行需要最高行政法院、最高司法法院与宪法委员会三方法官的协作。最高行政法院、最高司法法院与宪法

〔89〕 CE 23 déc. 2010，n° 337899.

〔90〕 CE 2 mars 2011，n° 345288.

委员会的关系有紧张也有缓和,合宪性先决程序建立至今将近四年,是最高行政法院和最高司法法院最终成为"宪法法官",还是宪法委员会成为"最高法院"?

(一)最高司法法院最初的沉默与抵抗

最高司法法院对合宪性先决程序实施初期的沉默与抵抗表现在设立特殊的机构审理合宪性先决问题,将判例法排除在提请审查对象之外,对申请不作为及采取避重就轻等策略。[91]

1.合宪性先决问题特殊的审理机构

出于对合宪性先决问题更为审慎的态度,以及使其能够更有效地实施的想法,最高司法法院希望将涉及该问题的诉讼交由一个不同于一般诉讼的机构来审理,这一请求被 2009 年 12 月 10 日颁布的组织性法律所确立[92],在 1958 年法令中增加了第 23-6 条,根据该规定,相关的合宪性先决问题移交给最高司法法院的主席,他可以决定将合宪性先决问题移交给由他领导的,由各法庭主席及两位来自特别相关法庭委员组成的合议庭,也可以在处理结果与他的意见不一致的情况下将问题移交给由他领导的,由特别相关法庭的主席及这个法庭的委员组成的合议庭[93]。

值得一提的是,最高行政法院并没有采取此种由特殊的审理机构来审理合宪性先决问题的方式。建立此机制以提高合宪性先决问题处理效率的目的也没有能够得到实现[94]。2010 年 7 月 22 日颁布的《关于适用宪法第 65 条的第 2010-830 号组织法》(la loi organique relative à l'application de l'article 65 de la Constitution)第 12 条废除了前述法令第 23-6 条关于由特

〔91〕 本章第一部分和第二部分主要对最高司法法院在合宪性先决程序运行初期的立场及其之后与宪法委员会关系的论述进行阐述,因为最高行政法院对该程序的排斥态度并没有最高司法法院表现得明显。

〔92〕 Loi organique n°2009－1523 du 10 décembre 2009-art. 1.

〔93〕 Art. 23-6 nouveau de l'ordonnance du 7 novembre 1958 portant loi organique sur le Conseil constitutonnel.

〔94〕 Perrier Jean - Baptiste, 《 La Cour de cassation et la question prioritaire de constitutionnalité : de la réticence à la diligence 》, Revue française de droit constitutionnel, 2010/4 n°84, p. 794.

殊审理机构审理合宪性先决问题的规定。希望由特殊的审理机构来审理合宪性先决问题并没有明显表现出最高司法法院对这一新制度的抵抗,但足以说明跟最高行政法院相比,最高司法法院的态度更加谨慎,对这一制度表现出更强的不适应性。

2. 对立法性规定的解释

根据宪法第 61-1 条及组织法的规定,合宪性先决程序的审查对象是立法性规定,而在法律运行过程中,最高行政法院和最高司法法院在其判例中确立了大量的对立法性规定进行解释的判例,那么这些判例法是否可作为合宪性先决程序的审查对象便成为问题。对立法性规定这一关键概念的解释便成为最高司法法院对合宪性先决程序进行"抵抗"的工具,但这场争夺管辖权的战斗以宪法委员会的胜利告终[95]。

(1)最高司法法院对立法性规定的解释

最高司法法院认为,其通过判例确立的对法律的解释不属于立法性规定,因此也不属于宪法委员会进行合宪性审查的范围。最高司法法院在 2010 年 5 月 19 日以此为由作出了两项拒绝移交的决定。第一个案件[96]的争议对象是《公法人财产法典》(le code général de la propriété des personnes publiques)第 L. 5112-3 条的适用,最高司法法院认为,对宪法所保护的权利和自由造成侵犯的不是该立法性规定本身,而是由判例确立的解释。第二个案件[97]中,最高司法法院拒绝移交的理由是,此处争议的对象不是立法性规定而是最高司法法院针对重罪法院涉及公法行为案件的特殊性作出的解释[98]。

---

〔95〕 参见 Rousseau D. ,《le conseil constitutionnel, cour suprême?》, la documentation française, n°370, p. 38.

〔96〕 AP. 19 mai 2010, n°09-70161.

〔97〕 Crim. , 19 mai 2010, pourvois n°09-82582, n°09-87307, n°09-83328.

〔98〕 La question posée tend, en réalité, à contester non la constitutionnalité des dispositions qu'elle vise, mais l'interprétation qu'en a donnée la cour de cassation au regard du caractère spécifique des arrêts des cours d'assises statuant sur l'action publique.

有学者认为最高司法法院的这种解释是令人震惊的[99]。而这种令人震惊的解释成为最高司法法院在2010年5月31日拒绝将1881年7月29日颁布的法律第35条有关诽谤中的恶意推定的规定移交宪法委员会的论点之一。最高司法法院指出,此处质疑的是对该规定作出的判例解释,而非规定本身[100]。基于同样的理由,最高司法法院在2010年6月11日对两个申请作出了拒绝移交宪法委员会的决定。分别是针对《刑法典》第121-2条[101]及《刑事诉讼法典》第695-27条的规定[102]。

很显然,最高司法法院拒绝将其确立的判例法移交宪法委员会进行合宪性审查,这在战略性和逻辑性上是讲得通的:如果最高司法法院接受把判例法置于宪法委员会的合宪性审查之下,那么它作为普通司法系统最高法院的权威性就面临挑战。但在法理上这是不能接受的:建立合宪性先决程序的目的就是要把已经颁布并实施的法律纳入合宪性审查的范围。被诉讼当事人提请的异议不是针对被立法者制定的法律,而是被法官解释并适用的法律。这个审查对象的变化是区分事前审查和事后审查的重要标准。前者在法律颁布前、生效前、被法官作出解释前介入;后者审查的是已经生效、适用并由法官确定了适用范围的法律。合宪性先决程序的确立使审查对象不仅仅局限于议会的法律,而是扩大为司法的法律,亦即意大利理论中的"活法",是对诉讼当事人产生具体效力的法律。[103] 法律要得到适用,就必然要对其作出解释,拒绝将对法律作出的司法解释移交合宪性审查,很大程度上限制了合宪性先决程序的适用范围,也是对事后审查机制的否定。事实上诉讼当事人对已经生效的法律提出合宪性审查请求,只能是针对该法

---

〔99〕 参见 Perrier Jean-Baptiste,« La Cour de cassation et la question prioritaire de constitutionnalité : de la réticence à la diligence », Revue française de droit constitutionnel, 2010/4 n°84, p. 800.

〔100〕 Crim., 19 mai 2010, pourvoi n°09-87578.

〔101〕 Crim., 11 juin 2010, pourvoi n°09-87884.

〔102〕 Crim., 11 juin 2010, pourvoi n°10-81810.

〔103〕 参见 Rousseau D. ,《le conseil constitutionnel, cour suprême?》, la documentation française, n°370, p. 38.

律的适用提出来的,也就必然包括为适用法律作出的司法解释[104]。

(2)宪法委员会的立场

宪法委员会对最高司法法院的抵抗作出了还击。2010年10月6日,宪法委员会作出决定[105]:所有的诉讼当事人在提出合宪性先决问题时,都有权利对赋予该立法性规定有效范围的判例法提出异议。基于以下三点理由:首先,投票通过的法律并没有规定其自身的效力范围;其次,判例法确立了立法性规定的有效范围并适用于当事人;最后,判例法赋予该立法性规定效力范围时,如果禁止当事人对其提出合宪性审查的请求,那么合宪性先决程序将形同虚设。至此,最高行政法院以及最高司法法院确立的判例法成为宪法委员会进行合宪性审查的对象。

宪法委员会的立场逐渐被最高司法法院接受。2011年1月19日,刑事法庭向宪法委员会移交了两个有关质疑重罪法院判决理由缺失的决定[106]。这两个决定并没有明确表示将最高司法法院确立的判例法置于宪法委员会的审查范围内,而是认为该问题具备新颖性。但此后,判例法如果是关于立法性规定的适用,其合宪性问题可以移交宪法委员会审查。不过最高司法法院对判例法仍然可以进行严重性审查。

与最高司法法院相比,最高行政法院在这个问题上的态度更为缓和。最高行政法院对立法性规定的解释没有局限在组织法规定的字面意思上,它认为具有立法性价值的规定都属于可提起合宪性先决程序的对象。[107]因为针对法律作出的司法性解释与法律本身是不可分割的,最高行政法院并不把此类问题排除在移交审查的范围外,但它曾作出决定认为针对一项判例法的审查请求不具备严重性而拒绝将其移交宪法委员会[108]。

---

〔104〕 参见 Perrier Jean-Baptiste,《 La Cour de cassation et la question prioritaire de constitutionnalité : de la réticence à la diligence 》, Revue française de droit constitutionnel, 2010/4 n°84, p. 800.

〔105〕 CC. n°2010-39 QPC, 6 octobre 2010.

〔106〕 Crim., 19 janv 2011, pourvoi n°10-85305; Crim., 19 janv 2011, pourvoi n°10-85159.

〔107〕 A. Roblot-Troizier,《Le non-renvoi des questions prioritaires de constitutionnalité par le Conseil d'E' tat - Vers la mutation du Conseil d'E' tat en un juge constitutionnel de la loi 》, RF-DA, 2011, p. 691.

〔108〕 CE 16 juill. 2010, SCI La Saulaie, req. n°334665, Lebon.

3. 不作为-拖延战术

合宪性先决程序建立之初,最高司法法院面对众多的合宪性审查的申请并没有表现出很大的积极性。在合宪性先决程序生效后的两个多月即2010年5月7日,才将向其提起的众多申请之一移交宪法委员会〔109〕。而最高行政法院已于2010年4月14日和23日就同一问题向宪法委员会提出了五次申请〔110〕。根据第2009-1523号组织法的规定,最高司法法院和最高行政法院在收到合宪性审查请求后,应该在3个月的期限内作出是否将该问题移交宪法委员会的决定,如果在规定期限内没有作出决定,则该申请将移交宪法委员会〔111〕。如果说在规定的期限内对提出的申请采取不作为的方式是最高司法法院为了避免将判例法移交给宪法委员会审查,那么这种策略是不成功的,因为当期限超过,合宪性审查申请移交到宪法委员会后,委员会就可能作出与最高司法法院确立的判例法相反的决定〔112〕。

4. 避重就轻

在2010年5月7日的决定〔113〕中,最高司法法院驳回了针对《民法典》第1384条第2款〔114〕的合宪性审查。5月19日,最高司法法院作出决定〔115〕,认为针对《刑事诉讼法典》第317条、319条及320条〔116〕的合宪性审

〔109〕 Crim., pourvois n°09-86425 et n°10-90034.

〔110〕 CE 14 avril 2010, n°336753; CE 14 avril 2010, n°329290; CE 14 avril 2010, n°323830; CE 23 avril 2010, n°327174; CE 23 avril 2010, n°327166.

〔111〕 Art. 23-4 nouveau de l'ordonnance du 7 novembre 1958 portant loi organique sur le Conseil constitutonnel.

〔112〕 Perrier Jean - Baptiste, 《 La Cour de cassation et la question prioritaire de constitutionnalité : de la réticence à ladiligence 》, Revue française de droit constitutionnel, 2010/4 n°84, p. 797.

〔113〕 Ass. plén., 7 mai 2010, n°09-15034.

〔114〕 该条规定,对于发生火灾的动产或不动产的占有人对该火灾造成的损失不向第三人承担责任,除非可以证明该火灾的发生是由该占有人或其负责的人的过错造成的。原文为:"Toutefois, celui qui détient, à un titre quelconque, tout ou partie de l'immeuble ou des biens mobiliers dans lesquels un incendie a pris naissance ne sera responsable, vis-à-vis des tiers, des dommages causés par cet incendie que s'il est prouvé qu'il doit être attribué à sa faute ou à la faute des personnes dont il est responsable."

〔115〕 Crim., 19 mai 2010, n°09-82582.

〔116〕 这些条款是关于当被告人拒绝被传唤出庭及被辩护的情况下其辩护权不能得到保证的规定。

查不符合严重性的要求，这些条款的规定足以保证当被告人经传唤仍不到庭时的权利。同日，最高司法法院拒绝了针对《刑事诉讼法典》第598条违背无罪推定和量刑个性化的移交申请[117]。最高司法法院认为，被提交的问题不具有严重性而且针对的是此条文依据的理论基础而非条文本身。

值得注意的是5月7日，最高司法法院移交了针对未在选举名单注册的自动刑罚的合宪性问题[118]，针对普通事故受害者和工伤受害者的不同待遇的问题[119]。5月19日，最高司法法院又将海商法庭的组成问题的合宪性移交宪法委员会[120]。

通过以上最高司法法院对移交宪法委员会申请的选择可以看出，最高司法法院采取了避重就轻的态度，其审查并移交宪法委员会的问题并没有重大性意义，而拒绝移交的问题，例如有关拘留[121]的合宪性问题，则意义重大。

(二)最高司法法院与宪法委员会对抗关系的缓和

最高司法法院对合宪性先决程序的抵抗态度也有缓和，先后将一些合宪性先决问题移交宪法委员会审查，但也并不是完全乐观，不积极和审查不到位的情况仍然存在。

1. 最高司法法院作出的移交决定

2010年5月7日，合宪性先决程序生效后的两个月，最高司法法院终于将两个合宪性先决问题[122]移交了宪法委员会，宪法委员会在2010年6月11日对涉及的条文作出了违宪裁决[123]。第一个问题是《选举法》第L.7条规定的关于在对轻罪处以刑罚后未在选举名单上注册是否违背刑罚的必要性。第二个问题是针对《社会保障法》(le code de la sécurité sociale)第

---

[117] Crim., 19 mai 2010, pourvoi n°09-87651.

[118] Crim., 7 mai 2010, pourvoi n°09-86425.

[119] Crim., 7 mai 2010, pourvoi n°10-90034.

[120] Crim., 19 mai 2010, pourvois n°09-85443, n°09-85444, n°09-85445, n°09-85447, n°09-85448, n°09-85449, n°09-85450, n°09-85451 et n°09-85452.

[121] 有关拘留程序的合宪性问题自2010年3月1日，即合宪性先决问题生效之日即被提起。

[122] Crim. ,pourvois n°09-86425 et n°10-90034.

[123] Cons. Cons., n°2010-6/7 du 11 juin 2010.

L. 451-1、L. 52-1 到 L. 452-5 条的规定，根据上述条文，出于雇主的不可原谅的责任造成工伤的受害人不得就其损害赔偿作出行动，而普通法上事故的受害人及出于雇主的故意的错误造成工伤的受害人则可以，于是法律上对这些不同受害人进行分类并差别对待，有违背宪法上平等原则的嫌疑。

2010 年 5 月 19 日，最高司法法院又向宪法委员会移交了一系列的申请[124]，涉及的问题是，海商事法庭中海商事行政机关代表国家出庭，这会对法庭成员的公正性和独立性产生严重影响。宪法委员会于 2010 年 7 月 2 日作出了第 2010-9 号决定，认为被质疑的条文违宪，强调了司法权威的独立性在宪法规范中的重要地位。

随后，2010 年 5 月 31 日，最高司法法院作出了两项裁决[125]，向宪法委员会移交了有关《刑事诉讼法典》第 575 条的合宪性先决问题，根据该条的规定，在国家公诉机关没有提起上诉的情况下，相关的民事诉讼当事人提起对预审法庭决定的上诉的权利是受到限制的。最高司法法院在 2010 年 6 月 4 日[126]和 2010 年 7 月 1 日[127]又以同样的理由向宪法委员会提交了关于《刑事诉讼法典》第 575 条的合宪性审查问题。宪法委员会在 2010 年 7 月 23 日作出了 2010-15/23 号决定，认为《刑事诉讼法典》第 575 条违宪并宣布将其废除。

2010 年 5 月 31 日，最高司法法院作出了一项具有更大影响的决定，该决定将一系列相关问题结合起来，将刑事诉讼程序中有关拘留尤其是当事人在没有律师在场时作出陈述的问题移交宪法委员会。于是，宪法委员会对《刑事诉讼法典》第 62 条、63 条、63-1 条、63-4 条、77 条及 706-73 条进行了审查，并于 7 月 30 日[128]作出决定，认为关于拘留的规定是违宪的并予以废除。为了给立法者留下修改相关条文的时间，宪法委员会将这些条文废除失效的时间定于 2011 年 7 月 1 日。同样的，2010 年 6 月 25 日，最高司法

〔124〕 Crim., pourvois n°09-85443, n°09-85444, n°09-85445, n°09-85447, n°09-85448, n°09-85449, n°09-85450, n°09-85451, n°09-85452.

〔125〕 Crim., pourvois n°09-85389 et n°09-87295.

〔126〕 Crim., pourvois n°09-83936.

〔127〕 Crim., pourvois n°09-85466.

〔128〕 Décision n°2010-14/22 du 30 juillet 2010.

法院将海关扣留时律师不在场的问题移交了宪法委员会[129]。最高司法法院于 2010 年 6 月 25 日将拘留过程中缺乏对被看守人的沉默权的通知问题移交宪法委员会[130]。2010 年 7 月 1 日最高司法法院将在审讯过程中律师不在场及未对被看守人告知享有沉默权的问题移交了宪法委员会[131]。7 月 30 日，宪法委员会作出决定认为以上法律规定违宪。

2010 年 6 月 11 日，刑事法庭将《刑事诉讼法典》第 706-54 条到 706-56 条的合宪性问题移交宪法委员会审查，这些条文是关于对犯罪嫌疑人的生物性提取量，尤其是关于个人自由原则，对人格尊严的保护及人身不可侵犯的原则[132]。同样涉及 2003 年 3 月 18 日法律第 29 条关于拒绝上述生物性采集而对犯罪嫌疑人进行刑事追诉的规定。最高司法法院认为这个问题具有严重性，同时对宪法保护的自由和权利构成侵犯。

2.缓和中的担忧

最高司法法院作出的以上移交决定表现出它对合宪性先决程序抵抗态度有所缓和，但也并不是完全乐观的。首先，有关移交对拘留的合宪性审查问题，最高司法法院法官的表现是不积极的，在 2010 年 3 月 1 日，即合宪性先决程序生效的当日，该问题即被提出，根据组织法的规定，最高司法法院如果在 3 个月内没有作出是否移交的决定，该问题自动移交到宪法委员会，最高司法法院在 3 个月期满的前一天即 2010 年 5 月 31 日，才作出了移交决定。其次，最高司法法院通过对新颖性的严格解释作出了一些拒绝移交的决定。同时将最高行政法院和最高司法法院确立的判例法排除在合宪性审查范围外，将一些问题拒绝移交。最后，最高司法法院在发挥“过滤器”作用方面存在偏差。一方面，在对合宪性问题严重性要求的审查上，最高司法法院逾越了进行简单审查的界限，代替了宪法委员会对所涉及条文进行了合宪性审查；另一方面，在对合宪性问题新颖性要求的审查上，最高司法法院又没有能够发挥“过滤器”应有的作用，即防止向宪法委员会提请的问题繁多而且重复。如果最高行政法院和最高司法法院已经将某一合宪性先决

---

〔129〕 Crim., pourvoi n°10-90053.

〔130〕 Crim., pourvois n°10-90040, n°10-90042, n°10-90043, n°10-90044, n°10-90046.

〔131〕 Crim., pourvoi n°10-90049.

〔132〕 Crim., pourvoi n°09-88083.

问题提交到宪法委员会,那么针对同一问题的审查请求不应重复提交。例如,最高司法法院在2010年5月19日向宪法委员会移交了同是关于审查海商事法庭组成的9个案件。还曾在2010年5月31日、6月4日和7月1日连续移交了有关刑事诉讼法中拘留的规定的案件,导致在2010年7月20日宪法委员会举行的听证中,有代表不同当事人的十余名律师参加。这虽然表现出最高司法法院对合宪性先决程序一定的积极性,但同时反映出它并没有对先决问题的新颖性进行审查,没有发挥"过滤器"的作用。宪法委员会要自己审查最高司法法院移交的问题是否具有相似性,以决定是否举行听证或驳回申请。

(三)最高行政法院和最高司法法院成为"宪法法官",还是宪法委员会成为"最高法院"

合宪性先决程序中,最高行政法院和最高司法法院作为"过滤器"受到宪法委员会的控制和监督,但最高行政法院和最高司法法院通过对审查标准强度的控制,又可以对这种控制和监督进行限制。随着合宪性先决程序功能发挥日益强大,宪法委员会与最高行政法院、最高司法法院最终将如何定位?

1. 最高行政法院和最高司法法院成为"宪法法官"?

宪法第61-1条及组织法对最高行政法院和最高司法法院的定位是合宪性先决程序中的"过滤器",在发挥这一作用的过程中,通过对合宪性先决问题各构成要件的审查,最高行政法院和最高司法法院正在成为普通法律的"宪法法官"〔133〕。

---

〔133〕 参见Roblot-Troizier,《 Le non-renvoi des questions prioritaires de constitutionnalité par le Conseil d'E' tat – Vers la mutation du Conseil d'E' tat en un juge constitutionnel de la loi 》, RF-DA, 2011, p. 691;G. Drago,《La Cour de cassation, juge constitutionnel 》, RDP, 2011, p. 1438; Perrier Jean-Baptiste,《 La Cour de cassation et la question prioritaire de constitutionnalité : de la réticence à la diligence 》, Revue française de droit constitutionnel, 2010/4 n°84, pp. 793-809. DOI : 10.3917/rfdc.084.0793;Molfessis Nicolas,《La résistance immédiate de la Cour de cassation à la QPC 》, Pouvoirs, 2011/2 n° 137, pp. 83-99. DOI : 10.3917/pouv.137.0083;Roblot-Troizier Agnès,《 La QPC, le Conseil d'État et la Cour de cassation 》, Les Nouveaux Cahiers du Conseil constitutionnel, 2013/3 N°40, pp. 49-61.

一项被争议的立法性规定经过合宪性先决程序被宣布为违宪要经过三层审查:审理案件的法院,与该法院所在司法系统相对应的最高行政法院或者最高司法法院及最后可以作出违宪宣告的宪法委员会。宪法委员会虽然享有作出违宪宣告的垄断权,但是这项权力的发挥受到最高行政法院和最高司法法院"过滤器"作用的限制。首先,宪法委员会除在个别情况下可依职权处理合宪性先决问题外,必须经由最高行政法院或最高司法法院将问题移交才能受理。其次,最高行政法院或最高司法法院作出拒绝将争议问题移交的决定后,申请人没有任何救济途径,宪法委员会也无法再进行干预。

合宪性先决程序运行的第一年,最高行政法院和最高司法法院通常被称作"消极的宪法法官",他们虽然没有宣布立法性规定违宪的权力,但可以通过认定被争议条款是符合宪法规定的,从而拒绝将该问题移交宪法委员会。合宪性先决程序实施三年后,他们被称为"普通法律的宪法法官"或"实施宪法的普通法法官"。尽管在合宪性先决程序的设计中,最高行政法院和最高司法法院是受到宪法委员会的监督的,但这反而加强了他们对合宪性问题的控制。例如在对新颖性进行审查时,最高行政法院和最高司法法院要尊重宪法委员会对宪法规定作出的解释和之前作出的裁决,但在对其进行适用时,最高行政法院和最高司法法院又会根据自身的判断进行解释。

对新颖性和严重性问题的审查使最高行政法院和最高司法法院逐渐成为普通法律的宪法法官,而宪法委员会成为例外的宪法法官,尤其是对严重性问题的审查,具有很大的主观性,最高行政法院和最高司法法院也因而有更大的裁量空间。

第一,严重性审查与比例原则。

严重性标准经常与"侵犯了宪法所保障的权利和自由"这一要件同时被适用。在判断立法性规定是否侵犯了宪法所保障的权利和自由时,会运用比例原则。此时最高行政法院或最高司法法院在判断造成的侵害是否超过必要限度或是否符合公共利益的要求时,有很大的裁量空间。

最高司法法院在 2012 年 10 月 8 日的一项决定[134]中运用了比例原则,

---

[134] Cass. Com., 8 cot. 2012, n° 12-40058.

它认为,《商法典》第L.621-2条第2款规定的目的是对混合财产或公司不透明等滥用法人身份的个人的财产进行重整,规定中对行使财产权和职业自由的条件的限制可能造成的损害与该目的相比并不违反比例原则,从上述宪法原则的价值来看,该问题不具有严重性。

最高行政法院在2012年10月29日的一项决定[135]中指出,2012年2月1日法律允许足球协会对足球俱乐部的薪酬进行限制的规定符合公共利益的需求,并没有对宪法保护的契约自由和职业自由造成不合比例的侵害,该问题不具有严重性。

最高司法法院和最高行政法院在上述决定中对被争议立法性规定运用比例原则进行的深入分析已经超出了组织法对其"过滤器"作用的范围。他们已经代替了宪法委员会对被争议的立法性规定进行了合宪性审查。

第二,"清晰的宪法"理论。

最高行政法院和最高司法法院在对立法性规定是否具有严重性进行审查时,时常运用"清晰的宪法"的理论,根据该理论,当被争议的问题在宪法上的规定是十分清晰的,可以没有任何困难地进行判断时,他们会认为该问题不具有严重性,并没有违背宪法保障的权利和自由,从而作出拒绝移交的决定。"清晰的宪法"的理论使最高行政法院和最高司法法院在合宪性先决程序中获得一种抵抗宪法委员会的工具[136]。他们可以对宪法规定[137]和宪法委员会对宪法规定的解释[138]进行解释,以决定被争议立法性规定没有侵犯宪法保障的权利和自由。在进行解释时,最高行政法院会运用宪法委员会的裁决结果和欧洲人权法院的判例[139]。

通过适用"清晰的宪法"的理论,严重性的标准被"严重的困难"的标准所取代,后者较前者更为严格,值得一提的是"严重的困难"的标准规定在组织法的建议案中,但最终没有被立法者采纳。这样一来最高行政法院和最

〔135〕 CE 29 oct. 2012, n° 361327.

〔136〕 参见 Roblot-Troizier Agnès,《La QPC, le Conseil d'État et la Cour de cassation》, Les Nouveaux Cahiers du Conseil constitutionnel, 2013/3 N°40, p. 57.

〔137〕 参见上文 CE 2 mars 2011, n° 345288.

〔138〕 参见上文 CE 16 avr. 2010, n° 320667.

〔139〕 参见 Roblot-Troizier Agnès,《La QPC, le Conseil d'État et la Cour de cassation》, Les Nouveaux Cahiers du Conseil constitutionnel, 2013/3 N°40, p. 58.

高司法法院成为普通法律的宪法法官，而当对被争议问题合宪性的认定具有“严重的困难”时再移交宪法委员会处理，因此宪法委员会成为例外的宪法法官〔140〕。

最后需要指出，对判例法的控制使最高行政法院和最高司法法院作为宪法法官的地位得到了加强。最高行政法院和最高司法法院在对判例法进行审查时，可以对该判例作出新的解释，以更加符合宪法所保障的权利和自由的要求，过滤机制成为其发展判例的一个很好的工具。另外，虽然最高行政法院和最高司法法院在拒绝移交的决定中对法律的解释仅具有相对的既判力，但对于基层法官来说是具有实际上的拘束力的，这也增强了最高行政法院和最高司法法院解释的权威。

2. 宪法委员会成为“最高法院”?

一直到 2008 年的宪法修改，法国的司法领域由两部分组成，普通司法系统和行政法院系统，每个系统都有自己的最高法院，最高司法法院和最高行政法院，还有一个管辖权争议法庭。宪法委员会是在这个领域之外的，它不属于司法系统，因为在仅有事前控制时，合宪性的争议属于政治领域，更详细地说，宪法委员会在实施这种类型的控制的时候，处于制定法律的程序中，因为它在法律投票之后颁布之前进行干预〔141〕。但在合宪性先决程序实施之后，它进入到司法领域，因为合宪性审查进入到诉讼程序（普通诉讼或者行政诉讼）。合宪性审查请求必须在诉讼过程中被提起，诉讼的进行也依赖于合宪性先决问题的处理结果。

宪法委员会对司法领域的介入，动摇了最高司法法院和最高行政法院原有的位置。对他们来说，宪法委员会有着很大的野心和薄弱的合法性。强大的野心是通过建立最高法院的地位企图领导整个司法系统。脆弱的合法性是它的历史和性质〔142〕。最高司法法院的合法性在最初就得以确立，最

〔140〕 参见 Roblot-Troizier Agnès，《La QPC, le Conseil d'État et la Cour de cassation》, Les Nouveaux Cahiers du Conseil constitutionnel, 2013/3 N°40, p. 57.

〔141〕 参见 Rousseau D. ，《Le conseil constitutionnel, cour suprême?》, la documentation française, n°370, p. 37.

〔142〕 宪法委员会在 1958 年宪法制定过程中被视为实现理性化的议会制度的一种附属设计，有关宪法委员会成立的历史背景参见李晓兵：《法国第五共和宪法与宪法委员会》，知识产权出版社 2009 年版，第 63—80 页。

高行政法院是在拿破仑重组时确立的,而宪法委员会是在1958年第五共和国建立时在十分有争议的背景下诞生的〔143〕。最高司法法院由法官组成,最高行政法院由高级公务员组成,而宪法委员会的组成有很强的政治性〔144〕。

在合宪性先决程序的制度设计中,最高行政法院和最高司法法院是受到宪法委员会的控制和影响的:首先,对于立法性规定的违宪宣告只能由宪法委员会作出,即使最高行政法院认为被争议的立法性规定违宪也只能将其移交宪法委员会,而不能作出违宪宣告。其次,只有宪法委员会对所审查对象作出的合宪宣告具有绝对的权威,所以当最高行政法院认为被争议条款没有侵犯宪法所保障的权利和自由而拒绝将该问题移交宪法委员会时,这种确认只具有相对的权威性。再次,在最高行政法院和最高司法法院对合宪性先决问题进行审查时,尤其是对新颖性要求进行审查时,必须尊重宪法委员会对宪法规定作出的解释和之前作出的裁决。有学者认为在符合一定的条件后,宪法委员会是可能成为最高法院的〔145〕。但如上文所述,最高行政法院和最高司法法院在执行"过滤器"的职能时,通过对审查标准的判断,抑制着宪法委员会控制和影响的发挥。

"最高法院是指一个国家所有的司法机关通过它的行动和权威统一在一起,它拥有对法律评判的管辖权并根据宪法的规定作出决定。合宪性先决程序机制的建立是否为宪法委员会成为最高法院打开了一条道路?这独立于2008年修宪者的意愿,独立于宪法委员会的意愿,而只能是合宪性先决程序自然发展的结果。"〔146〕

---

〔143〕 参见 Rousseau D. ,《Le conseil constitutionnel, cour suprême?》, la documentation française, n°370, p. 37.

〔144〕 根据法国1958年宪法第56条的规定,宪法委员会的成员为9名,其中,3人由共和国总统任命,3人由国民议会议长任命,3人由参议院议长任命。除了上述的9名委员之外,已卸任的共和国总统为宪法委员会当然的委员,任期终身。由卸任的总统担任宪法委员会委员的制度受到很多批评,因为一方面他们缺乏专门的法学知识的学习和训练,另一方面对委员会会议的出席率也很难保证。

〔145〕 参见 Rousseau D. ,《Le conseil constitutionnel, cour suprême?》, la documentation française, n°370, p. 40.

〔146〕 参见 Rousseau D. ,《Le conseil constitutionnel, cour suprême?》, la documentation française, n°370, p. 37.

四、结　语

合宪性先决程序建立的出发点是为公民维护宪法所保障的权利和自由提供救济途径，而这一制度的运行有赖于宪法委员会与最高司法法院和最高行政法院三方的良性互动，最高行政法院和最高司法法院成为宪法法官还是宪法委员会成为最高法院，两种选择难断优劣，又或者结果是这两种极端情况的中间状态，关键在于公民的基本权利受到侵犯时能得到有效的救济。

综合世界各国的违宪审查体制，基本可以分为三种类型：以美国为代表的司法审查制；以德国为代表的宪法法院审查制；以社会主义国家为代表的最高国家权力机关审查制。在美国，任何普通法院都可以和审理其他类型案件一样审理宪法案件，司法机关承担违宪审查职能；在德国，由联邦宪法法院行使解释基本法和对法律进行违宪审查的职能，联邦宪法法院不主动进行违宪审查，也不能在法律获得通过之前对法律进行宪法审查，主要是因为对正在制定的法律进行审查，会把联邦宪法法院拖入政党的讨论之中，使它成为法律的制定者。这不利于它站在基本法的立场上对法律进行监督。法国的宪法委员会则不同，它可以在总统签署公布法律之前对法律进行宪法审查。〔147〕主要原因是，与德国联邦宪法法院相比，法国的宪法委员会具有更强的政治性，这表现在 1958 宪法设立宪法委员会的目的、宪法委员会的成员组成等许多方面。〔148〕

从我国的情况来看，全国人民代表大会作为最高国家权力机关行使违宪审查的权力，如果将来赋予诉讼当事人在诉讼过程中对相关法律提出合宪性审查的权利，这一审查职能也应由全国人民代表大会来行使。全国人民代表大会是具有政治属性的机构，这种审查机制的主体是法院系统外部的另一独立的机构，与法国由宪法委员会进行违宪审查的机制有相同之处；

〔147〕 参见胡锦光主编：《违宪审查比较研究》，中国人民大学出版社 2006 年版，第 3、162—163 页。

〔148〕 有关法国宪法委员会政治属性的论述参见张莉：《当代法国公法——制度、学说与判例》，中国政法大学出版社 2013 年版，第 185 页；李晓兵：《法国第五共和宪法与宪法委员会》，知识产权出版社 2008 年版，第 81—82 页。

而且如果由全国人民代表大会进行事后审查的话,将建立起与法国类似的混合审查模式。在这种情况下,对当事人提出的合宪性审查请求是否予以受理的判断标准是什么?由谁来判断是否符合这些标准,是受理案件的法院、最高人民法院还是全国人民代表大会自身?法国的合宪性先决程序在立法和司法实践中的经验和问题都是值得我们借鉴和思考的。

【推荐人及推荐理由】

2008年宪法修改后,法国确立了合宪性先决程序,此后事前审查与事后审查并存的违宪审查模式在法国建立。国内掀起一番对法国违宪审查模式讨论的热潮。然而大部分研究是从宏观上对此制度的介绍,缺乏对合宪性先决程序实际运行状况的深入探讨。作者留学法国一年,阅读了不少法语相关文献,掌握了法国公法学界理论研究及司法判例的一手资料。该文着眼于合宪性先决程序的运行现状,透过对先决问题审查的适用性、新颖性及严重性三个标准的解释与运用,探讨法国最高行政法院与最高司法法院在该程序中作用的发挥及两者间的微妙关系。对于现有关于法国的相关研究,该文仅作少许铺垫性介绍。该文客观呈现了合宪性先决程序自建立后的运行现状,对学界了解此问题具有参考价值。

——王贵松(中国人民大学法学院教授、博士生导师)

(特约编辑:徐建)

新经济规制中的平等对待

——以“网约车”规制为例

苏笑梦*

内容提要　新经济兴起之后，一旦实行政府规制，其中的平等对待往往是关注的焦点。在“网约车”中引发争议最大的是驾驶员资格、车辆标准、运价的平等准入问题。在驾驶员准入方面，我国部分城市的实施细则中设定的户籍限制，很难经受住平等对待的检视；在车辆的准入方面，各城市不同的标准需要与规制目的有效连接；在运营价格方面，最主要考虑的问题是新旧业态是不是应该采用同等的价格规制。这就涉及市场机制在相应的业态中能不能完美运行，是不是存在市场失灵。妥善解决新经济规制中平等对待的问题，关键在于新旧业态分类监管中的相同情况和不同情况的识别，进而明确相同或者不同的规制方法。

关键词　新经济；网约车；规制；平等对待

一、新经济兴起引发的平等规制问题

（一）问题的提出

大数据、云计算、物联网、移动智能终端等力量的聚集，催生了一种崭新

---

*　苏笑梦，华东政法大学法律学院宪法学与行政法学专业16级硕士研究生。本文曾在华东政法大学公法论文报告会上报告，感谢各位参与讨论的师友。感谢华东政法大学法律学院副院长陈越峰副教授对本文给予的悉心指导，感谢上海交通大学博士研究生朱思懿、颜冬妮，华东政法大学硕士研究生方彪、周鹏、张昊、楼璐瑶、陈红、张怡静提出的宝贵意见。

的新经济形态。在这种以“过剩产能+共享平台+人人参与”为核心特征的新经济业态下,[1]不计其数的网络平台挤进交通、金融、医疗等领域,在颠覆传统商业模式的同时,展现着利用资源的一切可能性。[2]

技术创新建立起低成本的社会信任,实现了过剩产能的价值最大化,也为人们开启了一个全新的“互联网+”时代,其中涌现出来的各种类型的竞争性产品、服务,不仅丰富了民众的选择,更是推动了产业结构转型。但在资源有限且具竞争性的现实因素下,其所暴露的环境污染、交通拥堵等负外部性问题,也为政府监管提供了充分的理由。[3] 为了释放新经济去中心化的巨大创新潜力,由政府对新旧业态实行分类监管,促进行业快速融合已经成为全世界的共识。[4] 但值得注意的是,在分类监管之后,有关新经济的规制仍面临一个是否平等对待的问题。[5]

上述平等规制的问题在我国交通出行领域就有具体的表现。2016 年 7 月 26 日,面对交通出行领域所出现的新旧业态之间的紧张局势,我国政府出台《网络预约出租汽车经营服务管理暂行办法》(以下简称《暂行办法》),至此正式确立“网络预约出租汽车”(以下简称“网约车”)的合法地位,并明确分类监管的思路。

“网约车”是新经济在交通出行领域的新事物,它借助网络平台克服供需信息在时空上的高度分散性,既满足了旺盛的市场需求,也撬动着出租车

---

〔1〕 参见[美]罗宾·蔡斯:《共享经济》,王芮译,浙江人民出版社 2015 年版,第 23—77 页。

〔2〕 例如,迅速成长起来的 Airbnb(爱彼迎),通过整合空闲房间、公寓,在四年时间内就击败了全球最大的连锁酒店洲际酒店集团,并且让用户体验到了比以前更为便捷、优质的短期租房服务。

〔3〕 学者建议将网络平台当作分享经济管理中的合作伙伴,发挥它们自我监管和自我调节能力,而不是把这些平台视为需要政府监管的对象。See Molly Cohen & Arun Sundarajan, Self-Regulation and Innovation in the Peer-to-Peer Sharing Economy, 82 U. Chi. L. Rev. Dialogue 116 2015-2016).

〔4〕 例如,在交通出行领域,印度政府发布《网约车监管指导意见》将约租车与巡游分类进行管理;瑞士日内瓦地区会议修改《出租车法》,将旅客出租车运输工具分为传统出租车和“网约车”两种类型,并在经营范围、数量控制、费用收取等方面作出不同规定。

〔5〕 在美国芝加哥,伊利诺伊州运输贸易协会等指控芝加哥市政府出台的法规侵犯了他们宪法上要求平等对待的权利。2016 年 10 月 7 日,美国联邦第七巡回上诉法院在判决书中宣称:Uber(优步)等平台公司不需要接受类似出租车的严格监管,被告芝加哥政府对两者采取不同程度的监管具有合理性。Illinois Transportation Trade Association, et al. v. City Of Chicago, 839 F. 3d 594; 2016 U. S.

行业的既有利益格局。在《暂行办法》出台前，学界对于“网约车”的关注大多集中在破解行政监管难题、审慎选择适当监管路径和监管手段等问题上。〔6〕迎来“网约车”合法化之后，学界在《暂行办法》和各地方层面的具体规制措施的合法性、合理性等问题上仍然保持着广泛而持久的讨论。〔7〕但同样，在分类监管之后，有关新旧出行模式的平等规制问题却鲜有人进行深入研究。〔8〕

政府对新业态采取包容、审慎的监管方式，无疑有利于扩大新经济包容性增长的可能性，但是，在新经济蓬勃发展之际，既有经济形态的公平竞争权不应被忽视。其中的关键，就在于新经济规制是否做到平等对待，这将进一步关系到经济体的市场活力和社会公正。

分类监管下新旧业态的平等对待问题需要根据具体表现去提炼最重要的规制方面。考虑到我国“网约车”对传统出租车行业的冲击强度和其运行的规则化，本文将以其作为分析对象，重点探讨“网约车”规制层面的平等问题。〔9〕在《暂行办法》和各地方政府依据城市交通形态、城市人口等特点制

〔6〕参见王静：《中国网约车的监管困境及解决》，《行政法学研究》2016 年第 2 期；候登华：《网约车规制路径比较研究——兼评交通运输部〈网络预约出租汽车经营服务管理暂行办法征求意见稿〉》，《北京科技大学学报(社会科学版)》2015 年第 6 期。

〔7〕有学者站在地方立法角度，强调地方政府制定“网约车”监管细则必须依法行使立法权，参见张效羽：《网约车地方立法若干法律问题研究》，《行政与法》2016 年第 10 期；也有学者从各地实施细则中以户籍和车牌等方式变相实施数量管制等角度，展开合法性和合理性的思考，参见薛志远：《网约车数量管制问题研究》，《理论与改革》2016 年第 6 期；也有学者质疑《暂行办法》授权地方进一步规定许可条件与《行政许可法》第 18 条规定不符，参见沈福俊：《网络预约出租车经营服务行政许可设定权分析——以国务院令第 412 号附件第 112 项为分析视角》，《上海财经大学学报》2016 年第 6 期。

〔8〕有学者指出交通运输部对“网约车”在多个方面采取与巡游车不同的规制措施需要经受“法律面前人人平等”的检视，参见陈越峰：《“互联网＋”的规制结构——以“网约车”规制为例》，《法学家》2017 年第 1 期。

〔9〕据了解，大批传统出租司机因“网约车”冲击而离职，例如在广州全市 2.2 万辆出租车中，已有 2000 辆停运，大约 5000 辆出租车长期只有一名司机运营，广州全市出租车缺口已高达 1 万多辆，参见《应对网约车冲击，广州出租协会要求提价》，来源财新网：http://china.caixin.com/2017-07-11/101114110.html，(最后访问时间 2017 年 10 月 1 日)。统计“网约车”的市场占有量，据中国电子商务研究中心(100EC.CN)监测数据，截至 2016 年 12 月“网约车”用户规模已经达到了 1.68 亿人。数据来源：http://www.100ec.cn/zt/upload_data/gxjjbg/gxjjfzbg.pdf，(最后访问时间 2017 年 10 月 1 日)。

另外，“网约车”对出租车的冲力还引发了出租车司机和“网约车”司机之间的冲突性事件，有关报道参见：《济南长清大学城三名的哥围攻网约车司机》，来源：http://news.e23.cn/jnnews/2017-03-06/2017030600040.html，(最后访问时间 2017 年 10 月 1 日)。

定的实施细则中,目前比较集中讨论的主要是驾驶员、车辆和运营价格等三个层面的问题。[10]本文将尝试深入分析"网约车"规制中的上述三个层面的平等问题,即驾驶员准入资格、车辆运营条件以及运营价格的平等对待。鉴于"网约车"的全球扩张性以及各国监管路径的多样性,因此规制层面的平等问题还会置于更大的视野下审度,以期能对问题展开全面剖析,找到符合平等对待的新经济规制方法。

(二)分析框架

自古以来,有关平等对待的看法因国别而有所差异,但在核心要义方面也有共性。在亚里士多德对平等的阐释的基础上,[11]学理一般将平等对待概括为"相同情况相同对待,不同情况区别对待"。这一公式的正确运用很大程度上取决于对比较对象的准确识别,在适用时也有先后顺序之分,若对象性质相同则优先适用"相同对待",若不同则适用"区别对待"。另外,从消极意义上理解,禁止歧视也是平等对待的应有之义。例如,如果法律规定了公民平等就业的权利,相应地就抑制了社会主体作出种族或者性别等分类方式的选择。

在民主法治发展的进程中,平等作为一种共识性思想和理念,逐渐被写入了各主要法治国家的宪法文本之中。例如,美国宪法第十四修正案第一款规定:"在州管辖的范围内,不得拒绝给予任何人以平等保护。"在我国,平

---

〔10〕 截至2017年7月28日,据交通部消息发布,一年以来,省级层面(除直辖市外)有24个省区已经发布了实施意见,在城市层面共计133个城市公布落地实施细则,还有86个城市公开征求意见。在巡游车转型升级方面,一些城市在运价形成机制、集约化经营、与互联网融合发展,以及提升服务质量等方面都做出了积极有益的尝试。在网约车规范方面,已经有19家"网约车"平台公司在相关城市获得了经营的许可,各个地方发放网约车驾驶员证总共10万本,车辆的运营证5万本,来源:http://www.mot.gov.cn/2017wangshangzhibo/2017seventh/,(最后访问时间2017年10月3日)。通过网络检索,笔者整理了北京、上海、重庆以及天津四个直辖市和浙江、广东、江苏三个省的地方细则,这些城市的地方细则内容主要关注在驾驶员资格、车辆标准(本市牌照、价格、排量、车身长度)、平台运营条件等要素上,数据虽未涵盖所有城市,但总体上能反映出地方网约车细则中内容的焦点。

〔11〕 亚里士多德:"在道德中平等意味着,同样的情况应当被同样地对待。""然而不同的事物应当根据其不同的比例给予不同的待遇。""平等和正义是同义的;正义就是平等,不正义就是不平等。"See Catherine Branard , The Principle of Equality in the Community Context : P, Grant, Kalanke and Marschall: four uneasy bed fellows? Cambridge Law Journal, 57(2) July 1998, p. 363.

等的内容主要体现在《宪法》第三十三条第二款，即“中华人民共和国公民在法律面前一律平等”。对该款中“平等”是否属于宪法上的原则将其纳入基本权利的范畴，宪法学界莫衷一是。[12] 但不论两者在价值上是否有区分的必要，平等的内含辐射到每一项宪法基本权利，应无疑义。因此，公民在宪法上的基本权利应当受到平等对待。这将是本文展开后续讨论的基点和分析框架。

那么，平等对待是否意味着一视同仁呢？哈耶克曾指出，“从人们存在很大差异这一事实出发，我们便可以认为，如果我们给予他们以平等的待遇，其结果就一定是他们在实际地位上的不平等，而且，将他们置于平等地位的唯一办法也只能是给他们以差别待遇”[13]。先天的个体差异是不能改变的事实，但“法律上平等的原则，就其本意而言，并无禁止法理上所有差别之旨趣”。[14] 法律制度对这些事实的处理恰好能检验其是否符合平等对待的要求。因而，一项合理的法律制度不但要求对所有人的权利都以平等对待的原则来进行裁量，还应当允许差别对待的存在，这是本文后续讨论的分析框架的另一个面向。随着人们对平等理解的日益加深，这一面向也逐渐得到不同国家的承认和接受。例如，美国联邦最高法院在判例中解释“平等保护原则”时曾提出了“合理分类理论”，认为“平等保护原则”并不能阻止各州为了立法而采取分类，也即立法者可以对不同的主体进行合理分类。[15] 我国《宪法》第四十五条赋予弱者获得救济的权利，也显示出国家以补偿原则对平等作出实质性促进。

综上，“公民在法律面前一律平等”，一方面要求禁止歧视享有宪法权利的公民，另一方面允许合理差别对待的存在，以实现实质意义上的平等。这是本文探究新经济规制中平等对待问题的基本分析框架。

---

〔12〕 林来梵教授将宪法与平等关系的学术争论分为三种类型，即原则说、权利说和双重说，并且主张双重说，将“平等权”定位为一种原则性的权利，体现在其他类型的权利之中。参见韩大元、林来梵、郑贤君著：《宪法学专题研究》，中国人民大学出版社 2008 年第二版，第 304 页。

〔13〕 [英]哈耶克：《自由秩序原理》(上)，生活・读书・新知三联书店 1997 年版，第 104、105 页。

〔14〕 [日]宫泽俊义：《日本国宪法》，北京法律评论社 1955 年，第 208 页。

〔15〕 Royster Guano Co v. Virginia，253 U. S. 412 (1919).

二、驾驶员准入资格：站在平等对立面的户籍限制

“网约车”规制中的平等，具体到驾驶员主要表现为各类社会群体进入“网约车”市场的门槛条件。在规范层面，《暂行办法》给出了一个基本的大框架，要求：取得相应准驾车型机动车驾驶证并具有三年以上驾驶经历；无交通肇事、暴力犯罪等不良记录。此外，根据《暂行办法》第十四条第四项的规定，各地方城市仍可以在合法红线内作出更为细致的规定。值得注意的是，在已落地的地方城市网约车实施细则中，部分城市对驾驶员资格作了相比《暂行办法》更为严格的限制规定，例如北京、上海、重庆、天津四个城市均明确规定“网约车”驾驶员应当具有本市户籍。这一将驾驶员与本市户籍挂钩的做法事实上并非普遍，目前为止仅限于以上四个城市，但由此引发的批判声却异常强烈。〔16〕不过，在舆论热度之外，以上部分城市设定本市户籍限制的做法能否跨越平等之门，更应当综合多重标准加以冷静思考。

(一)安全底线

在无人驾驶技术尚未成熟之前，“网约车”的出行服务和巡游车一样仍然需要依靠驾驶员的操作去实现，稍有不同的是，由于“网约车”倡导汽车使用权的共享，在其发展过程中，除了出租车专业驾驶员之外，私家车和非专业的驾驶员也被吸纳到出行服务市场之中。虽说“网约车”打破既有的行业垄断，能够释放出众多的就业机会，促进巡游车行业的改革，但站在乘客角度，专业与非专业驾驶员的混同也为乘客的出行安全埋下了不小的隐患。在我国，2016年3月，经深圳公安部门初步排查，深圳交委曾通报一组“网约车”驾驶员前科的数据，数据显示深圳“网约车”驾驶员群体中吸毒前科人员高达1425名、有重大刑事犯罪前科人员有1661名，另外还有一名肇事肇

〔16〕“限制车辆户籍涉嫌违法行政许可法”，来源法制新闻：http://fgs.ndrc.gov.cn/wqfxx/201704/t20170413_844154.html，(最后访问时间2017年10月1日)。

祸精神病人。[17] 紧接着,2016 年 5 月,一则一深圳女子搭乘“网约车”被司机抢劫后杀害的消息见诸报端,[18]“网约车”安全问题一时间被卷入舆论的漩涡。

为消除乘客这一合理担忧,将驾驶员准入门槛归入“网约车”的规制范围之内成为各国政府的普遍做法。在我国,《暂行办法》也依据《行政许可法》第十二条第三项的规定对从事“网约车”服务的驾驶员设置了相关的资格条件。[19]

政府对驾驶员准入资格的限制,毫无疑问,应当以保障乘客的人身安全为目的,并且具体的限制手段也应有助于实现安全之目的。“网约车”在依托驾驶员完成运输方面,与巡游出租车并无二致。巡游出租车关于驾驶员准入资格有着相应规定,驾驶员资格的设定并非随新业态而出现。从安全的角度看,政府对新旧业态的规制符合平等对待的要求。

(二)户籍门槛

有关驾驶员资格的准入条件需有助于实现安全的目的,具体的限制条件也应与安全之间存在实质联系。

从规范层面上看,我国《暂行办法》第十四条有关驾驶员资格条件的规定可以将其总结为驾驶技能和背景调查两点。另外,该条最后一款也表明,在驾驶员资格上,地方政府拥有一定的细化空间。因而“网约车”规制中驾驶员资格的平等问题仍需结合地方有关规定加以分析。

为此,笔者取样北京、上海、广州、深圳、杭州等五大城市的实施细则并进行整理,发现在“网约车”驾驶员户籍限制问题上,五地要求宽严不一。其中北京和上海较为严格,要求在当地从事“网约车”服务的驾驶员必须具有

---

〔17〕 “深圳通报滴滴等网约车:上千司机有吸毒前科,来源南方都市报(深圳):http://money.163.com/16/0330/07/BJD0PMM3002534NV.html,(最后访问时间 2017 年 10 月 1 日)。

〔18〕 “深圳一 24 岁女子搭乘网约车遭司机抢劫杀害”,来源人民网:http://society.people.com.cn/n1/2016/0503/c1008-28322461.html,(最后访问时间 2017 年 10 月 1 日)。

〔19〕 《暂行办法》第十四条规定,“从事网约车服务的驾驶员,应当符合以下条件:(一)取得相应准驾车型机动车驾驶证并具有三年以上驾驶经历;(二)无交通肇事犯罪、危险驾驶犯罪记录,无吸毒记录,无饮酒后驾驶记录,最近连续 3 个记分周期内没有记满 12 分记录;(三)无暴力犯罪记录;(四)城市人民政府规定的其他条件”。

“本市户籍”。其他三地在户籍上略微放宽,只要持有达到一定时间的本地临时居住证也符合要求。例如,杭州采用了“本市户籍/浙江省六个月以上的居住证”这一标准。

在各地实施细则不断颁布的背景下,北京、上海两地的“本市户籍”限制规定一出台便招致诸多批评,就有学者直指各地目前出台的“网约车”管理实施细则与五项法律原则相冲突。[20] 参考域外有关“网约车”的规定,在“网约车”的诞生地——美国加利福尼亚州,排除不良驾驶记录和暴力犯罪前科等人员之外,“网约车”驾驶员的资格条件仅限于驾驶执照、年龄和一年驾驶经历等方面。[21] 在日本,政府对司机的考核内容也主要集中在驾龄和驾驶记录上。[22]需要注意的是,户籍是我国特有的一项制度,其他国家不对公民作户籍上的区分,但由于历史原因,“网约车”驾驶员之间的种族歧视往往是他们亟待解决的主要问题。[23] 立足本国实际情况,我国部分城市的“网约车”实施细则突破《暂行办法》的框架,要求在本市从事“网约车”服务的驾驶员符合“本市户籍”这一条件能否经得住平等对待的审视呢?

规制手段要与安全目的有效连接,具体就北京、上海两地的本市户籍限制而言,其很难经受住平等对待的检视。通常来说,驾驶时间越长,积累的驾驶经验越丰富,发生交通事故的可能性也越低,乘客的安全也越能得到保障,所以驾驶年龄和驾驶记录一般是作为衡量驾驶技能娴熟程度的指标,与乘客安全有着直接的密切关联。另外,以犯罪记录为标准筛除危险人群,对于降低乘客危险的效果也很明显。但相较于驾驶技能和犯罪记录,“本市户籍”并非是影响出行安全的本质要素,将其作为驾驶员的门槛条件之一,难以对不同人员的驾驶技术作出有效区分,与安全目的之间缺乏直接必然的

---

〔20〕“北京市网约车管理细则中规定网约车驾驶员必须是北京户籍,涉嫌户籍歧视,违反市场统一原则”,参见沈岿:“网约车新规涉嫌五大违法”,来源:http://www.360doc.com/content/16/1024/09/9771186_600900646.shtml,(最后访问时间2017年5月27日)。

〔21〕Decision adopting rules and regulations to protect public safety while allowing new entrants to the transportation industry, http://docs.cpuc.ca.gov/PublishedDocs/Published/G000/M077/K122/77122741.PDF,(最后访问时间2017年9月1日)。

〔22〕“日本:私家车不允许经营性载客”,来源中国交通新闻网:http://www.crta.org.cn/article-1735.html,(最后访问时间2017年5月20日)。

〔23〕See Shona Ghosh, “Uber in London has become a war between white working-class cabbies and non-white immigrants”, Business Insider, Jul. 4, 2017.

联系，因而无益于实现安全之目的。

其次，以非本地户籍驾驶员进入“网约车”劳动力市场遭受户籍壁垒为表现，驾驶员的平等就业权受到了实质侵害。排斥是劳动力市场上歧视的主要形式，它将导致产生不平等的机会、不平等的收入和非经济效率等三大弊病。〔24〕两地政府借助“本市户籍”这一手段剥夺外地司机参与市场竞争的权利，一方面违反了《就业促进法》和《劳动法》中有关劳动者平等就业的权利，另一方面也背离了其创造平等就业环境的职责。〔25〕政府应当逐步清除带有地域歧视的户籍标准，创造更加公平的就业环境，使劳动者摆脱事务本质之外的其他不可控或难以改变的因素的影响，而不是以此来人为制造机会不平等。

综上，“本市户籍”限制站在劳动者平等就业的对立面，与现有的法规范相冲突，并非实现安全目的的有效方式，应当结合大数据分析适时加以调整，将驾驶员准入条件锁定在关键的安全层面，实现新经济资源的良性匹配。

(三)保护本地就业

户籍除有城市户籍和农村户籍之别外，也有本地户籍与外地户籍的区分。而以上驾驶员本地户籍的限制也就相应地在本地就业的问题上产生本地人和非本地人的平等对待的问题。

在我国，依据《宪法》第一百零七条的规定，县级以上地方政府行使管理本地区经济活动的职权，出租车行业作为地方性事务主要是地方政府在管理，将驾驶员是否具有本地户籍作为一个重要的分层机制，例如早年间制定的《北京市出租汽车管理条例》、《上海市出租汽车管理条例》均有关于“本市户籍”的规定，其实是有出于保护本地人就业方面的一部分考量的。以上有关巡游出租车户籍限制的规定显然不能推断在“网约车”上运用同样的手段就具有合理性。那么，因保护本地人就业进而设定驾驶员必须为本市户籍，如此做法是否具有合理性呢?

---

〔24〕［美］阿瑟·肯奥:《平等与效率——一个重大的抉择》，王奔洲等译，华夏出版社 2010 年版，第 91 页。

〔25〕《就业促进法》第二十五条规定:各级人民政府创造公平就业的环境，消除就业歧视，制定政策并采取措施对就业困难人员给予扶持和援助。

上海曾一度因为出租车驾驶员流失严重而对户籍条件有所开放。[26]这一历史事件至少说明，伴随城市的扩张和人口的增加，在出租车行业，本地人开出租车事实上并不能满足民众日益增长的出行需求。其次，如果从保护本地人就业的角度来论证本市户籍设置的合理性，前提就必须是本市居民就业机会遭到了外地人的侵夺，需要得到保护。然而，某网约车平台公司披露数据显示，在上海"网约车"从业群体中，外地户籍驾驶员占据多数，本地人仅占3%。[27]这很大程度上表明，本地户籍居民对"网约车"行业的就业需求并不高。何况在3%的本地"网约车"司机中，仍有兼职和全职之分，真正依赖开"网约车"谋生的本地户籍居民的数量还会更少。

如果不以真实就业数据为基础，就以保护不足3%的本地人的就业为由，利用"本市户籍"的条件将绝大多数外地"网约车"驾驶员拒之门外，将会直接导致收益与成本的严重失衡。除此之外，也彻底抹掉了"网约车"包容性大、非歧视就业的优势，实质性地侵害外地户籍劳动者的平等就业权。

因此，无论是"本市户籍"产生的保护本地人就业的正面效果，还是对市场需求、劳动者平等就业权所附加的消极后果，"网约车"有关办法将保护本地就业作为一个重要的考量因素与平等对待不符。当然，在新经济形态运营中，关于本地就业保护的考量，需要在具体业态中以就业数据为基础综合权衡才能作出有实质合法性的审慎决定。

(四)城市综合治理

有限的城市道路资源和出租车交通拥挤的外部性的问题，从来就是政府对出租车行业管制的一个重要理由。北京市交通委发布《北京市关于深化改革推进出租汽车行业健康发展的实施意见》，以控制人口数量、治理交通拥堵、政策法规的要求等理由回应了民众对"本市户籍"限制的质疑。那

---

〔26〕"条件允许，非上海户籍也能在沪开出租车"，来源：http://news.58che.com/news/83611.html，(最后访问时间2017年10月25日)。收集目前已公开的资料，并结合多位在上海从事多年出租车运营的司机口述，上海市的确曾有条件地开放过驾驶员户籍条件。

〔27〕"滴滴回应网约车新政"：上海本地户籍司机仅占1/41，据滴滴官方数据统计，上海已激活的41万名司机中，仅仅不到1万名司机拥有上海本地户籍，不足司机总人数的3%。来源《21世纪经济报道》(广州)：http://money.163.com/16/1008/18/C2SG50QL00253B0H.html#from=keyscan(最后访问时间2017年5月27日)。当然，数据的真实性尚有待核实。

么,从城市综合治理的角度看,设置"本市户籍"是否具有合宪性呢?

北京和上海是中国的两座特大城市,在有限的空间和道路资源下,因巨大人口数量所带来的交通压力和环境污染问题已经成为这两座城市经济发展的瓶颈。为破解此类难题,维护社会公共利益,政府不得不有所作为。而增加交通供给通常会是大多数城市政府的一项治堵举措,可不论是根据当斯定律(Downs Law)还是从取得的效果上看,单纯依靠扩张城市面积、增加设施都无法从根本上解决拥堵难题。故而除增量外,治理拥堵还需回到有限资源的思维下,思考资源的公平配置。

"网约车"虽然依托互联网技术共享了闲置的座位,在缓解拥堵上施展了积极作用,但当投入道路上使用时,"网约车"与巡游车一样,都将占用道路资源。道路是城市公共资源中尚无法计量,也不能限量使用的设施(环境),并不等于使用无成本、增长无约束,因此城市交通管理中"公共交通优先"、"交通需求管理"成为普遍接受的准则。〔28〕 所以,包括对"网约车"、巡游车在内的汽车实行总量控制是公平配置城市道路资源的必然选择。这一点,在《暂行办法》第三条中也有体现。

从城市治理的角度看,对巡游车和"网约车"一律实行数量控制无可非议,并且以"本市户籍"为条件排除外地驾驶员对道路的使用权,的确在缓解城市拥堵的效果上有所显现,〔29〕但以"本市户籍"来实现城市综合治理的目标是否为最佳的方案呢?

在限制户籍的治理路径下,原本从事"网约车"服务的司机并不会因为实施细则而离开城市,而且交通运输业的从业者普遍存在对行业依赖度高的特点,如果无法被吸纳到规范管理中,在一线城市的生存压力之下,极有可能会转入地下从事"黑车"服务。因此,这一做法实质上只是转移了城市问题,而非根治问题本身。另外,根据《反垄断法》第三十五条的规定和《行

---

〔28〕 陈小鸿:《"共享经济"不能成为"网约车"逃避监管的理由》,《经济日报》2015 年 10 月 20 日第 009 版。

〔29〕 根据上海市城乡建设和交通发展研究院发布的《2016 年上海市综合交通运行年报》,在车辆拥有和使用的管理方面,规范非营利性客车额度参拍人的准入,制定网约车细则、大力发展新能源汽车分时租赁等创新用车模式。在小客车快速增长的背景下,道路拥堵程度得到有效遏制。来源:http://www.jt12345.com/article-49295-1.html(最后访问时间:2017 年 9 月 1 日)。

政许可法》第十六条第三款"法规、规章对实施上位法设定的行政许可作出的具体规定,不得增设行政许可;对行政许可条件作出的具体规定,不得增设违反上位法的其他条件"的规定,北京、上海两地在控制汽车数量上,以本市户籍的限制人为地制造了本市户籍和非本市户籍驾驶员的不平等地位,早已越过合法的红线。即便是城市治理,也不能掩盖政府管制手段违背平等原则的事实。

从理论上说,减轻道路运输压力,引导社会实现最优出行的办法很多,比如限行、燃油税等,进行数量控制只是城市治理的一个方向,其中的具有违法属性的户籍限制也绝非是最佳方案。数量控制完全可以尝试在驾驶员准入门槛上围绕驾驶技术、服务品质等设定更为严格的考核标准,如此一来,不但能将工作分配到适合的人手中,促进行业的良性发展,也能减少人们对户籍限制的诟病。而在城市的综合治理上,也可借鉴国外的成功经验。例如,伦敦引入了交通堵塞费的做法,就大大缓解了伦敦市中心的各条道路的交通压力,同时还减少市中心的空气污染。〔30〕

三、多重规制目的下的车辆运营条件

车辆是"网约车"的硬件配置,也是政府规制的重要方面。《暂行办法》第十二条对"网约车"车辆运营条件在座位、定位、报警装置和车辆技术性能上作出了粗线条式的规定,而具体标准和要求则交由地方结合城市特点来具体确定。北京、上海、广州、深圳和杭州等城市在以上规定之外增加了车轴距、排量、本市车牌、使用年限、购车价格等内容。其中,不同城市划定的不同车轴距和排量系数占据了争议的制高点。在平等的视角下,车辆运营条件的规制目的应至少包括安全、高品质服务、城市交通政策等,即便是附加在地方城市车辆运营条件上的标准,也应当与这些规制目的之间达到有效的连接。

---

〔30〕 参见加图研究所、上海金融与法律研究院编:《规制》(第一辑),格致出版社、上海人民出版社2014年版,第20页。

(一)安全目的

"网约车"车辆和巡游车车辆在使用属性上基本相同,但由于共享经济的本质——利用过剩产能创造资产的"可租借性",相比出租车,"网约车"所有权属略有不同。具体而言,网络平台公司调动了闲置的汽车座位,使得大批私家车主和私家车加入到"网约车"的服务行列。基于以上先天所有权属的混乱性特点,适度调高"网约车"车辆运营许可的条件,以确保乘客出行安全,在"网约车"和巡游车之间是符合实质意义上的平等对待的。

《暂行办法》第二条和《巡游出租汽车经营服务管理规定》第二十二条分别对"网约车"车辆和巡游车车辆的设施、设备作出具体规定。比对两者的规范内容,大体为一些常规安全标准,并未有特殊之处。这是全国统一层面的分析。根据《暂行办法》第十二条第二款的规定,地方政府在车辆的具体标准和运营要求上仍有很大的建设空间。所以,地方政府的规定仍有待进一步考量。

欲探求在地方"网约车"规制中,巡游车与"网约车"是否进入了平等的市场竞争状态,首先就需要对这些附加在"网约车"上的标准与安全之间的关系展开分析。在取样的五个城市的实施细则中,"网约车"配置的要求均高于巡游车,主要体现在本市车牌、轴距、排量等指标上。其中,北京最为严格,采用"本地车牌+轴距2650(五座)/3000(七座)+1.8升/2.0升"的标准;杭州则采用多种替代的选择模式——"本地车牌+轴距2700/车辆购置价12万元"。

上述地方的车辆标准是否具有普遍性呢?笔者查找了域外城市的车辆运营许可规定,例如伦敦交通局在车辆座位(不少于9座)、保险和外观设计等方面作出了明确的要求。[31] 美国加利福尼亚州的立法委员会对接入TNC(交通运输网络公司)的私家车的车型做了限定,并要求TNC在允许司机操作车辆之前必须对车辆进行至少包括脚刹车、紧急刹车、转向装置等在内的19项的检查。[32] 总体而言,域外"网约车"车辆的运营条件中难见

〔31〕 参见王一:《网约车监管,"伦敦模式"啥样》,《决策探索》2017年第1期(上)。

〔32〕 Decision adopting rules and regulations to protect public safety while allowing new entrants to the transportation industry, http://docs.cpuc.ca.gov/PublishedDocs/Published/G000/M077/K122/77122741.PDF(最后访问时间2017年9月1日)。

有关车轴距和排量的要求,但也正是这两个标准,在我国最具争议。车轴距和排量一般是汽车级别划分的标准,将它们与安全的规制目的有效连接过于牵强。如果是以安全为标准导向,车辆的标准应当侧重于车辆的部件和保险购置等配置上,所以地方政府实施细则中关于车轴距和排量等车辆运营条件的规定,不是为了实现安全目的的规制措施。

(二)服务的高品质化

"网约车"和巡游车同属于上游概念——出租车,安全是政府管制对它们车辆的底线要求,但为了实现两者的竞争而不是代替,政府也对它们的市场定位作出区分安排。从《暂行办法》第三条"高品质服务、差异化经营"的原则可以看出,"网约车"主要面向的是高端出行市场。这就意味着肩负高品质服务使命的"网约车",需在车辆运营标准上有所提高。那么,基于高品质服务的规制目的,本市牌照、车轴距和排量的手段,是否得当?

技术升级了乘客的需求,而升级后的乘客需求又决定了规制标准的提升。相较于以往,如今的生活场景日趋多元,乘客借助智能手机获得"网约车"出行服务的需求也日益个性化,比如去车站等目的地,乘客需要在"网约车"中放置行李箱。在以上场景中,"网约车"就要预先在车辆标准上作出调整,而轴距就是对上述个性化需求的满足。因此,虽然轴距的安排与安全的规制目的并不相符,但跳出安全因素,综合考虑"网约车"和巡游车差异化的市场定位之后,对"网约车"作出轴距的特殊要求并无不当。此外,就"本市车牌"和排量控制来说,在此处很难将其与实现高品质服务的规制目的联系起来。

当然,轴距并不是衡量服务品质的唯一指标。各地政府在落实"高品质、差异化"时,还应结合各自的实际情况,关注民众出行服务体验反馈,以市场成员的行为来逐步达成车辆运营条件的合理化。

(三)服务的平等获取

除了新旧业态之间的平等对待之外,在车辆运营条件上,不同群体获得平等服务的微观问题也需要加以把握。实践中,有关平等对待的控诉事件也已出现,在美国芝加哥,倡导残疾人权利的组织在芝加哥联邦地区法院提起诉讼,指控芝加哥运输服务提供者 Uber 公司违反《美国残疾人法》,要求交通共享服务的平台应当为坐轮椅的乘客提供与正常人同等水平的服务。[33]

要求获得平等的服务,有两个不同层面的理解。其一,是获得服务的平等。例如,"网约车"之所以降低空驾率,是因为供需在网络平台公司的撮合下完成了匹配。打车不再需要站在路边招手示意,仅凭借熟练操作智能手机便能轻轻松松召到车辆,但是老年人群体在操作智能手机上明显不如年轻人熟练,甚至可能都不会操作。因此,提供方应当更新技术尽可能使"网约车"的服务辐射到这部分群体,而不是放弃这一块的出行服务市场。

其二,是享受平等的服务。这预设了一些特殊群体比如肢体障碍者、肥胖人士、老年人等已经能够乘坐上"网约车",但由于身体障碍的客观存在,常规的设施可能无法让这部分群体舒适地享受出行服务,所以,在车辆运营条件上有必要加以照顾,比如为肢体障碍人士留有放置轮椅的适当空间。由此,轴距的设计在服务的平等获取方面得到了正当性支撑。不过,在车辆运营条件上重视服务的平等获取,是对巡游车和"网约车"的共同要求,既然两者都可能服务到这类潜在的对象,那就应当在轴距等技术参数方面平等对待。合理确定轴距的标准,将使一部分特殊群体受益,从而帮助他们获得平等的服务。要达成巡游车与"网约车"在轴距等车辆技术参数上的平等对待,或许需要"倒逼"巡游出租车完成革新。

(四)城市交通政策

基于城市道路资源有限等原因,对车辆运营条件作出细致的规定,蕴含着减轻城市拥堵、减少空气污染等因素的考量,比如在轴距、本市牌照、排量上做限制,在客观上便能产生控制"网约车"数量的效果,这对于缓解交通压力是有益的。但并不是每一个城市都需要考虑治理交通拥堵的问题,交通网的设计也很大程度上取决于这个地区的城市人口和地形等要素,所以《暂行办法》抛弃"一刀切"的做法,授权地方政府结合本地交通状况作出进一步

---

〔33〕 Jonathan Bilyk,"Lawsuit: Uber Must Offer Same Services To People Requiring Motorized Wheelchairs As To Nondisabled" , Oct. 13. 2016.

http://cookcountyrecord.com/stories/511018363-lawsuit-uber-must-offer-same-services-to-people-requiring-motorized-wheelchairs-as-to-non-disabled(最后访问时间 2017 年 9 月 1 日)。

规定，是合理的。

如前所述，交通拥堵的存在是论证决策合理性的前提，如果不存在拥堵，就不能在解决拥堵上试图论证设置车轴距、排量以及本市牌照的合理性。通常来说，治理拥堵主要是特大城市如北京、上海该考虑的问题，对大多数中小城市而言，城市拥堵并不是它们需解决的主要矛盾。所以，中小城市盲目跟风，在车牌照、车轴距和排量等指标上进行限制，脱离了本地区交通实际，也没有合目的性。

高排量标准既不与安全、高品质服务等规制目的有直接的联系，也与国家鼓励小排量汽车的政策相抵触，在北京等特大城市的实施细则中，支持这一标准保留下来的理由到底是什么？

诚然，高排量直接导致单车的排放量增加，但事实上，空气污染不单与单车排放量有关，也会与道路汽车总量相联系。首先，高排量的指标筛选掉了一部分低排量车辆，而且能进入"网约车"服务的高排量汽车还具有另一个特点，即市场定价会更高。因汽车价格会削减民众的购买力，所以汽车总量不但会得到控制，其增速也会放缓，而这就能起到减排的作用；其次，道路上汽车减少，拥堵程度减轻，也会极大减少驾驶过程中频繁发生的踩刹车、踩油门等情况。据专家解释，城市排放增加，很大程度上归因于拥堵时司机不停踩油门、踩刹车的行为。〔34〕

所以，从治理城市拥堵和空气污染的规制目的深入分析，以排量为手段对车辆运营条件加以限制，不但能有效减少城市交通流量，也能在改善空气质量上发挥作用。

在各城市的实施细则中还有一个细节，即本市车牌。这五个城市中，广州是唯一不要求"本市车牌"的城市。车牌涉及车辆所有人的道路使用权，与乘客的平等服务、车辆生产商的公平竞争权不是同一维度的问题，也难以从安全、高品质服务的路径中找出合理的解释，但将其放进城市交通管理的考量范围内，其实是妥当的。本市牌照的限制不仅能减少交通管理的对象，

〔34〕 交通学者陈小鸿教授、经济学者黄少卿副教授在华东政法大学崇法论坛"网约车规制：多科学视角中法与公共政策制定"的发言中关于排量和轴距有助于缓解交通拥堵、改善空气污染有集中的阐述。来源澎湃新闻：http://www.thepaper.cn/newsDetail_forward_1588373(最后访问时间2017年9月1日)。

节省管理成本,也能同轴距和排量一样,减轻城市早晚高峰的交通压力。而一旦放开车牌的限制,"网约车"的运营在部分车牌限行城市如上海,就会受到限制,难以体现分享经济利用过剩产能的优势。综合车辆牌照控制和放开的不同后果,在交通压力居高不下的城市,"网约车"实施细则中设置车辆牌照,具有一定合理性。

此外,对车辆运营条件进行限定,还将导致一部分车辆退出竞争,符合条件的车辆减少,这就会涉及车辆生产商的公平竞争权问题。这一维度的平等对待,要求车辆的运营条件对所有车辆生产商都开放,也即所有的车辆生产商都能够生产出符合条件的车辆,并且不存在政府排除竞争的非法目的。就实际情况而言,不同的车辆生产商基本都会生产不同档次的车辆,来满足不同的消费人群,而且生产商对车辆的生产完全可以根据市场需求进行灵活调整。在各地"网约车"的实施细则中,没有对车辆品牌作出限定,也未见有关禁止接入"网约车"运营的车辆生产商的规定。所以,各地政府出台有关轴距和排量等指标的标准,并未将车辆的生产置于不平等竞争的环境中。

四、运价管制的取与舍

保持"网约车"和巡游车良性竞争还离不开运价机制的平等对待。在我国,政府对巡游出租车实行价格规制,一律适用政府定价,但根据《暂行办法》第三条第二款的规定,对"网约车"采取市场调节价还是政府指导价,由地方政府自主决定,而大多数地方政府倾向于市场调节价。因而,放开价格规制的"网约车"和继续受价格管控的巡游车是否符合平等对待,就是摆在我们面前不得不研究的问题了。

由市场对"网约车"运营价格进行调节的并不只有我国。2014 年 12 月,美国哥伦比亚特区的立法机构正式公布"网约车"立法——《雇佣车创新修订法》,该法案就解除了出租预约服务的运价管制。〔35〕 还有一些国家,比如新加坡,政府对出租车的价格原本就不实行管制,所以对"网约车"的价格也就自然沿用了这一管理逻辑,由经营公司自主决定。〔36〕

虽然域外国家也存在放开"网约车"价格管制的做法,但探究两者平等问题主要应结合我国具体的交通情况。

(一)运营定位

如果主张对"网约车"和巡游车实行同等的价格政策,以实现平等对待,就需要满足一个前提,即比较对象的性质相同。就服务本身而言,"网约车"本质上属于一种预约型的出租车服务,但从政府对它的运营定位来看,其与巡游出租车的区别还是十分明显的。巡游出租车是准公共交通,政府对其进行价格规制,一方面会保障出租车公司的盈利,例如规定"网约车平台公司"禁止在火车站等巡游业务范围内发布召车信息,另一方面政府也会给予巡游出租车一定的价格补贴。相应的,巡游出租车也必须按照国家的基本服务标准开展巡游服务,满足大众的个性出行需求。相比较而言,"网约车"却不得巡游揽客,它的运单完全依赖于网络平台公司的派单,没有享受到巡游车一样的运单保障,而放开价格可以增加供给的灵活性,因而从不同对象的服务特征的差异来看,"网约车"需要市场参与调节,同时也不排斥政府介入。

而从深层次的运价机制基础原因展开阐释,对"网约车"而言,继续实行价格管制的理由也不再充足。根据价格管制理论,价格管制必然导致"无主收入"出现或者租值消散(实际价格低于市场价值),私人财产权被弱化的司机极有可能通过绕行等方式将租值降至最低,因此政府通过确定基本服务标准形成结构性合约将"无主收入"界定给乘客,另外设置驾驶员和车辆的

---

〔35〕 Vehicle for Hire Innovation Amendment Act of 2014, https://zh. scribd. com/document/253635929/Washington-D-C-Legislation(最后访问时间2017年9月1日)。

〔36〕 参见侯登华:《网约车规制路径比较研究——兼评交通运输部〈网络预约出租汽车经营服务管理暂行办法(征求意见稿)〉》,《北京科技大学学报(社会科学版)》2015年第6期。

准入条件来阻止租值被攫取。[37] 这是政府对巡游出租车采取价格管制的基础原因。而这些政府试图达到保护乘客的良好效果,却不在市场力量的作用范围内。因为在竞争不充分、市场化程度不高的巡游车中,还试图通过放开价格刺激出租车司机优化服务质量,其实是自相矛盾的。而"网约车"不同,它是信息技术的进步升级在交通领域的直接反映,相比线下的出租车公司,投资者搭建的平台公司持有云计算、大数据、云地图等技术,在补齐市场调节的短板上发挥了巨大作用。乘客在手机打车软件上预定行程时不仅能提前获知估价、最佳路线,还能解决包括车辆、驾驶员信息等在内的信息不对称问题。因此,价格管制所指向的风险,在以信息技术为支持的"网约车"中得到了有效控制,再实行价格管制已无必要。

透过上述分析,从价格管制被信息技术瓦解的深层原因以及"网约车"与巡游车的运营定位不同等角度看,实践中大多数地方政府"舍"网约车之价格规制的做法其实是一种合理的差别对待,符合平等对待的精神,但是更为有效的价格管制方案,还应当把控住市场运行可能引发的负面作用。

(二)调价机制

即使放开价格管制,以价格涨跌调节供应量,市场对"网约车"的价格调节也并不总是处于完美运行状态。

首先,市场信息的不对称还未完全克服。例如在"网约车"驾驶员和乘客这对关系中,"网约车"驾驶员依托平台走出了以前一对一的交易圈,得到了比乘客更多的信息资源,可以同时对多个客户进行比较选择,议价能力得到了强化。

其次,城市的供需在时空上具有不对称的特点,且基于出行服务的不可存储性,高峰供求矛盾始终存在。在道路资源给定的情况下,一旦遇到拥堵,"网约车"即使能跨越时空实现供需对接,在完成运输服务上也无法克服道路的拥堵障碍。如果这时候,处在用车需求量区块的乘客再通过加价吸引更多的司机涌入,不但拥堵的状况极有可能会加剧,运输服务也将难以完成。

---

〔37〕 See Cheung S S. A Theory of Price Control[J]. Journal of Law and Economics, 1974, 17(1): 53-71.

由于以上因素的存在,“网约车”动态调价机制利用加价来增加供给,也存在市场机制失灵的边界。“在一个以经济和社会权力高度集中为特征的现实世界中,由自行安排秩序的制度只会反映组织化利益和未组织化利益之间的极端不对称,因此,为了使这样的不对称恢复平衡,一项行政干预措施是必需的。”〔38〕

通过上述分析,市场调节价存在价格机制失灵、信息不对称等弊端。所以“网约车平台公司”在适用这一机制时,要注意机制依赖的外部环境,确保机制有效运行,避免损害乘客利益。此外,政府也应当及时介入,以规范市场乱象,维护公平的交易环境。比较可行的具体做法是,以信息动态披露来攻破信息不对称难题,在目前阶段重点披露事关乘客人身安全、车辆运行安全、价格等方面的信息;完善和落实第三方平台责任,尤其是加强驾驶员背景核实、评价反馈、动态调价等机制,增强线上交易的安全性。另外,建立于传统侵权基础上的消费者权利保障机制也应予以重构。

五、结　论

有关新业态的规制问题纷繁而复杂,即使缩小至“网约车”规制中的平等对待问题也应当在开放的思维下,予以综合性衡量。本文结合安全、服务、平等就业权、城市治理等规制目的,重点探究了“网约车”中驾驶员资格、车辆准入条件、运价中突出的本市户籍、车辆牌照、轴距和排量等争议问题。在多重规制目的审视之下,上述手段不失一定的合理性,但部分城市中“本市户籍”的限制并不具有进入安全目的的解释框架的可能性,应当适时加以调整;轴距和排量的安排也与安全目的存在冲突,相关合理措施仍有待地方城市进一步探索;运价管制的取与舍在立足于对象运营定位、管制成因等的分析之后,还应当时刻关注运价机制的运行边界。

一个协同共享的新经济时代正朝我们走来,“网约车”现象只是新经济

〔38〕［美］理查德·B.斯图尔特:《美国行政法的重构》,沈岿译,商务印书馆2011年版,第39页。

中的一个缩影，共享汽车、短期租房、“慕课”等都已经表现出巨大的发展前景。随着无人驾驶技术的成熟，在未来几年，所有权向使用权转变、市场机制向共享机制转变的过程可能进一步加速。在这一进程中，共享经济模式势必会给传统经济模式带来深层变革，无论是民众的理解还是实现新旧业态的共赢，都期待两者之间的平稳过渡。〔39〕而聚焦新旧业态规制中的平等对待的探讨，无疑将有助于避免旧事物在技术革命前沿遭遇不平等对待，助力平稳过渡的实现。对于新业态而言，监管是其实现创新自由发展面临的一大障碍，而重视规制层面的平等对待，也将极大地推动两者迈向非零和博弈。本文以“网约车”规制为例进行的着眼于平等对待的研究，最终目的是要回归新经济的背景下，思考日益涌现的更多新事物的平等规制问题。无论是政策还是法律，都应当保障新旧业态过渡中的历史公正性，谨慎识别新旧事物的性质，进而制定相同或者不同的规制措施。

【推荐人及推荐理由】

在“大众创业、万众创新”的政策引领下，有移动互联、“互联网＋”的驱动，加以风险资本等各类资本的推动与刺激，新经济风起云涌、业态纷呈，在世界范围内形成了平台型和聚合型等分享经济典型样态。“网约车”就是这几年间的一个典型案例。市场经济首先是法治经济，市场的运行需要法治框架，因为市场机制不是完美无缺的，它的运行或有失灵之处，也可能带来无法接受的结果。因此，政府规制有其必要性和作用空间。基于网络的新经济，也不能带来完美无缺的运行和皆大欢喜的结果，同样需要政府规制的框架。当然，其间的政府与市场的具体作用及其相互关系，需要在个案中加以研究配置。“网约车”的安全问题、信息不对称问题、负面的外部性问题和可能引发的社会公正问题等使得政府规制有其必要性。合规基础上的合作治理，才能真正有效。但是，规制框架也需要经受平等对待、比例原则的检视。在新经济及其规制方面，中国问题与世界同步，有关研究在过去一两年间集中呈现。其中，新经济规制中的平等对待问题，在有关研究中已经触

〔39〕 参见周汉华：“专家探讨出租车改革新政突破点，力求平稳推进改革”，来源中国交通新闻网：http://finance.chinanews.com/it/2015/10-16/7573145.shtml，(最后访问时间 2017 年 10 月 2 日)。

及,但是还有待深入展开。本文以"网约车"规制为例,集中研究了这一问题。文章以宪法上的平等原则为框架,对"网约车"司机、车辆和价格等三个方面的规制措施进行了法政策分析和评价,提出了在平等对待指引下识别新旧业态相同情况和不同情况,进而实施平等与分类规制的法政策主张。这就从规范层面和历史维度全面讨论了新经济规制的平等对待问题。在更多的研究集中关注效率问题时,本文是对新经济规制问题研究的一种新的尝试,也是体现行政法学分析问题并提供解决方案的能力的一种努力。相信这种尝试和努力,是我们所需要的,也是有益的。

——陈越峰(华东政法大学法律学院副教授、硕士生导师)

(特约编辑:徐建)

要求作出实体行政处理的程序性裁判

——以苏某诉D市政府不履行法定职责案为分析对象

周奕洲*

内容提要 关于行政诉讼中履行法定职责判决的裁决方式，我国实定法经历了一个从程序性裁判向实体性裁判突破的过程。对于如何在司法权不侵犯行政权、实质性解决纠纷这两个相互有张力的原则之间寻求最佳协调点，本文考察的个案采取了“要求作出实体行政处理的程序性裁判”的裁决方式，在遵守行政权不侵犯司法权原则的基础上，将法院有权决定的事项均通过判决理由或判决主文给予行政机关以提示，使得法院判决尽可能地朝着实质性解决行政纠纷这一目标靠近。

关键词 履行法定职责判决；程序性裁判；实体性裁判

一、我国实定法的演变

我国《行政诉讼法》自1989年颁布以来，对其履行法定职责判决的裁决方式没有作出明确规定。在之后二十余年的发展历程中，我国实定法对此问题的规定经历了一个从程序性裁判向实体性裁判突破的过程。

---

* 周奕洲，上海交通大学凯原法学院硕士研究生。本文得到了参与上海交通大学凯原法学院朱芒教授主持的都市法学习会的各位师友的批评指正，在此表示感谢。当然，文中所有不妥之处，皆由笔者负责。

(一)阶段一:程序性裁判为主流

考察相关材料可以发现,我国在行政诉讼法制定之初比较重视法院和行政机关之间的关系问题。[1] 王汉斌于1989年3月28日第七届全国人民代表大会第二次会议所作的《关于〈中华人民共和国行政诉讼法(草案)〉的说明》中有这样一段话:"人民法院审理行政案件,是对具体行政行为是否合法进行审查。至于行政机关在法律、法规规定范围内作出的具体行政行为是否适当,原则上应由行政复议处理,人民法院不能代替行政机关作出决定。"由此,有学者认为,从历史解释的角度看,纯粹的"程序性裁判"可能最接近于当时行政诉讼的立法本意。[2] 此外,在1989年最高人民法院举办的全国法院系统《行政诉讼法》培训班上,时任全国人大常委会法制工作委员会副主任顾昂然在谈及行政诉讼法起草情况和主要精神时指出:"行政机关不履行或拖延履行法定职责的,法院可以判决其在一定期间履行,而不是代替行政机关作出决定。"[3]

在同时期的行政法学界,"尊重行政机关的首次判断权"基本上是一种主流观点。依照这种观点,履行法定职责判决被解释为程序性裁判。[4]

然而,在司法实践领域,随着行政诉讼实务的深入,许多案件在经过程序性地履行法定职责判决又重新回到行政程序后,行政机关依然按照自己的意图重新作出行政行为,原告对重新作出的行政行为仍然不满意,再次起诉。程序性裁判这种笼统的规定导致人民法院在判决中缺乏对原告诉讼请求的回应,直接影响了履行法定职责判决的适用效果。随着行政诉讼权利保护有效性观念的扩展,人民法院开始在一些履行法定职责案件中尝试拓宽司法审查权的范围,在裁判主文或裁判理由中添加具体的指示,向实体性

---

〔1〕 王贵松著:《行政裁量的构造与审查》,中国人民大学出版社2016年版,第268页。

〔2〕 章剑生:《行政诉讼履行法定职责判决论——基于〈行政诉讼法〉第54条第3项规定之展开》,《中国法学》2011年第1期。

〔3〕 最高人民法院《行政诉讼法》培训班编:《行政诉讼法专题讲座》,人民法院出版社1989年版,第31页。

〔4〕 相关观点可参见张步洪、王万华编著:《行政诉讼法律解释与判例述评》,中国法制出版社2000年版,第433页。参见章剑生:《行政诉讼履行法定职责判决论——基于〈行政诉讼法〉第54条第3项规定之展开》,《中国法学》2011年第1期。

裁判靠近，甚至直接判决行政机关履行特定的法定职责。[5]

(二)阶段二:部分司法解释中出现对实体性裁判的规定

在行政诉讼法实施 20 周年之际，最高人民法院颁布的司法解释中出现了对实体性裁判的规定。2010 年起施行的《最高人民法院关于审理行政许可案件若干问题的规定》第 11 条对不予许可案件的判决方式作出规定，对于原告请求准予许可的理由成立，且被告没有裁量余地的，人民法院可以在判决理由写明，并判决撤销不予许可决定，责令被告重新作出决定。“不予行政许可之诉具有双重属性，即撤销之诉和履责之诉，对申请人申请行政许可，行政许可机关不予许可，人民法院在进行合法性审查时，应尽可能对原告是否符合许可条件作出判断。如果行政机关无裁量余地，则可深度判决；如有裁量余地，基于司法权和行政权的分工，法院不予深度判断，留给行政机关裁量判断。”[6]虽然该条并不是针对典型的履行法定职责判决作出的规定，但也体现了法院拓展司法审查深度、有条件地认可实体性裁判的趋势。

在政府信息公开诉讼中，由于案件事实并不复杂，争议的焦点往往只集中于一个特定的法律问题——政府信息是否具有免除公开的理由。因此，要做到“事证明确”并非难事。[7] 2011 年起施行的《最高人民法院关于审理政府信息公开行政案件若干问题的规定》中也可见对实体性裁判的认可。该规定第 9 条和第 10 条均规定了裁判时机成熟时，人民法院应判决被告在一定期限内履行原告所要求的职责。

(三)阶段三:对无裁量余地时课予义务判决的明文规定

修改后的《行政诉讼法》第 72 条保留了履行法定职责判决，并且仍然采用了“判决被告在一定期限内履行”这一立法术语，未对履行职责判决的内

〔5〕 早期案件如:《汤晋诉当涂县劳动局不履行保护人身权、财产权法定职责案》,《最高人民法院公报》1996 年第 4 期;《彭学纯诉上海市工商局不履行法定职责纠纷案》,《最高人民法院公报》2003 年第 5 期;《谢文杰诉山西师范大学拒绝颁发毕业证书案》,载中华人民共和国最高人民法院行政审判庭编:《中国行政审判案例(第 2 卷)》,中国法制出版社 2011 年版,第 225—230 页。

〔6〕 杨临萍著:《行政许可司法解释理解与适用》,中国法制出版社 2010 年版,第 24—25 页。

〔7〕 李广宇著:《政府信息公开司法解释读本》,法律出版社 2015 年版,第 298 页。

容作进一步规定。但全国人大常委会法制工作委员会行政法室编著的《中华人民共和国行政诉讼法解读》一书提到了司法实践中选择不同裁决方式的三种做法，并指出：作出明确履行具体内容的判决，人民法院应当慎重处理，只有在根据法律、法规规定，行政机关履行法定职责是非常清楚的，行政机关没有自由裁量权的情形下才可作出；人民法院在具体作出判决时应当既要考虑实质解决行政争议，也要遵循司法权与行政权的分工原则。〔8〕从中可以看出立法已经对明确履行具体内容的判决提供了容许空间。

与修改后的行政诉讼法同步实施的《最高人民法院关于适用〈中华人民共和国行政诉讼法〉若干问题的解释》第22条，对新法第72条的规定作了细化，该条被称为关于课予义务判决的规定，并区分了行政机关无裁量余地时的课予义务判决和行政机关有裁量余地时的课予义务判决。根据该条第一句，人民法院经审理认为被告不履行法定职责，如果事实清楚、法律规定明确，被告没有裁量余地的，为了减少当事人的诉累，减少程序空转，法院应当尽可能判决到位，即作出被告在一定期限内依法履行原告请求的特定职责的判决。〔9〕相反，该条第二句规定，如果行政机关还有裁量空间，也即尚需行政机关调查或裁量的，人民法院应当尊重行政机关的首次判断权，判决被告针对原告的请求重新作出处理。

学理上也呈现对实体性裁判的认可趋势。例如，最新版的主流教材中已经出现如下内容：《行政诉讼法》第72条规定的“判决被告在一定期限内履行”体现在判决书主文中，要求尽可能地具体明确，直接回应原告具体的诉求，同时也要注意尊重行政机关的首次判断。〔10〕

面对实体性裁判不断得到容许的趋势，有个重要的问题需要得到解答：履行法定职责判决的裁决方式由程序性裁判向实体性裁判突破的界限在何处？以何种合理的方式实现这种突破？下文将考察的案例可以对此提供启示。

---

〔8〕参见全国人大常委会法制工作委员会行政法室编著：《中华人民共和国行政诉讼法解读》，中国法制出版社2014年版，第201页。

〔9〕参见江必新、梁凤云著：《最高人民法院新行政诉讼法司法解释理解与适用》，中国法制出版社2015年版，第213—223页。

〔10〕姜明安主编：《行政法与行政诉讼法》，北京大学出版社2015年版，第520页。

二、“苏某诉D市政府不履行法定职责案”[11]的审视

(一)案情概要

1996年,某公司将面积为16.19亩的某块土地按1号至15号的编号分成15块转让。几经转手后,苏某于1996年受让取得14号地块的国有土地使用权,陈某、陈某某(下称“二陈”)于2005年受让取得与14号地块相邻的15号地块的国有土地使用权。

1998年4月,D市规划局(下称“市规划局”)对该16.19亩土地重新进行规划,将最北边的1号地块划出5米宽的土地作为公用道路用地,使1号至14号地块的位置整体南移但面积不变,而最南边15号地块的北至界线南移而南至界线不变,导致15号地块的面积减少。同年10月,市规划局依据该规划向苏某颁发了规划许可证。从1998年始,除11号和15号地块外,包括苏某在内的各业主陆续依据规划图在13块土地上建造了房屋。

2008年,二陈发现苏某建造的房屋占用了15号地块的部分土地,双方发生土地纠纷。苏某向D市委市政府申诉,要求解决纠纷。2009年7月,D市国土局经调查向D市政府(下称“市政府”)提交书面报告,确认:1.苏某建造房屋时未超越规划许可证确认的用地范围,但已越过其持有的土地证红线图确认的土地权属界线范围,占用了二陈持有国有土地使用证的土地;2.市规划局的规划红线图与市政府此前颁发给各地块业主的土地证红线图确认的土地界线有偏差。D市国土局建议市政府在不改变土地使用现状的前提下,对二陈的土地损失进行经济补偿。

由于纠纷未解决,苏某于2009年书面请求市政府更换其持有的土地证并赔偿其经济和精神损失。市政府未答复。苏某嗣后向人民法院起诉,请求判令市政府更换其土地证并赔偿其经济损失和精神损害抚慰金。

---

〔11〕 该案例刊载于中华人民共和国最高人民法院行政审判庭编:《中国行政审判案例(第4卷)》,中国法制出版社2012年版,第181—187页。

(二)判决内容

一审法院认为,根据《土地管理法》等法律法规的规定,市政府负有处理案件涉及的土地权属争议和更换土地证的法定职责。苏某书面申请更换土地证,市政府在法定期限未履行其职责且未予答复,属不履行法定职责行为。一审法院依据《行政诉讼法》第54条第(三)项作出判决,责令市政府于该判决生效之日起30日内对苏某要求更换国有土地使用证的申请作出答复。〔12〕

二审法院认为,导致本案纠纷的根本原因是市规划局出于公共利益需要对各业主已经颁发国有土地使用证的用地范围或面积进行调整时,事前并未按照正当程序履行通知义务。该规划行为在程序上虽有违法之处,却是出于公共利益的目的。依据该规划行为形成的土地使用现状难以被改变。对此既成事实,市政府应在尊重历史的基础上,积极采取后续补救措施,以解决房地产权不一致的历史遗留问题。在苏某就土地纠纷向相关部门提出申诉后,市国土局已经对本案事实进行了调查并提出了可行性建议,市政府在纠纷事实清楚的基础上应及时进行相应的处理。但市政府怠于履行法定职责,一直未能解决本案涉及的一揽子纠纷。原判回避苏某的诉讼请求,无论市政府向苏某作出什么内容的答复,该答复行为本身都难以直接解决苏某与他人之间的土地纠纷。鉴于1号至15号地块相邻人之间有相互"占地"的关系,不能直接判决仅更换苏某的土地证。依据《行政诉讼法》第54条第(三)项作出判决,责令市政府在该判决生效之日起三个月内对苏某的诉请事项作出行政处理。

(三)二审判决思路分析

比较两审判决可以发现,两审法院虽然均依照修改前的《行政诉讼法》第54条第(三)项作出履行法定职责判决,但两审的履行法定职责判决的裁

〔12〕 对于苏某的另一项诉讼请求,即要求市政府赔偿经济损失及精神损失的诉讼请求,两审法院均认为苏某的停工损失与市政府未及时更换土地证行为无法律上的因果关系,因此驳回该项请求。对此,本文不予讨论。

决方式有所不同。[13] 一审判决责令市政府对苏某要求更换土地证的申请作出答复,即仅要求市政府作出一种程序性行政行为。二审判决指出一审判决回避苏某的诉讼请求,内容过于模糊,不能达到实质性解决纠纷的基本目标。为此,二审法院虽然没有在判决主文中直接指定履行法定职责的具体内容,但在判决理由部分理顺并确认了有争议的法律关系,提示市政府按照法院的法律见解作出实体性行政行为,从而引导市政府实质性解决行政纠纷。

若以人民法院判令行政机关履行法定职责的具体程度为维度,可以将履行法定职责判决的不同裁决方式视为一段连续谱:最左端为程序性裁判,即法院只是笼统地要求行政机关在一定期限内履行法定职责,至于履行法定职责的具体内容,人民法院不作指定或限定,由行政机关在行政程序中依法决定;最右端为实体性裁判,即人民法院判令行政机关在一定期限内履行法院明确指定的法定职责,行政机关没有裁量空间。[14]

本案中,二审判决是一种处于连续谱中间的裁决方式,它比一审判决更为具体,但又未达到明确指定行政机关应当履行的法定职责的程度。这一裁决方式究竟处于连续谱中的何种位置?这一位置是如何被确定的?对这两个问题的回答有助于实现第一部分中提出的本文所要解决的主要问题。

三、要求作出实体行政处理的程序性裁判

苏某案中二审判决的裁决方式既不同于纯粹的程序性裁判,又不同于完全的实体性裁判。

(一)不同于纯粹的程序性裁判

一审在认定"市政府负有处理案件涉及的土地权属争议和更换土地证的法定职责",而市政府"不履行法定职责"后,责令市政府"对苏某要求更换

---

〔13〕 两审判决关于市政府怠于履行法定职责的论证也不同,但本文的讨论主要针对履行法定职责判决的具体形式。

〔14〕 程序性裁判与实体性裁判的定义,参见章剑生:《行政诉讼履行法定职责判决论——基于〈行政诉讼法〉第 54 条第 3 项规定之展开》,《中国法学》2011 年第 1 期。

国有土地使用证的申请作出答复”,这是典型的纯粹程序性裁判。这种裁决方式虽然严格遵守了“司法权不侵犯行政权”这一原则,但却忽视了解决行政纠纷这一任务。根据一审判决,市政府即使仅作出“请等待研究解决”这种答复,也并不违反一审判决的拘束力。而这种没有实质内容的答复必然难以实质性解决案件纠纷,导致苏某提起行政诉讼的目的无法实现。

二审判决则比一审判决对市政府提出了更高的履行法定职责的要求。二审法院在判决理由中通过裁判说理的形式,厘清并确认了有争议的法律关系,明确“市政府应在尊重历史的基础上,积极采取后续补救措施,以解决房地产权不一致的历史遗留问题”、“市政府在纠纷事实清楚的基础上应当及时进行相应的处理”、“市政府怠于履行法定职责,一直未能解决本案涉及的一揽子纠纷”。相比一审判决中依据相关法律法规笼统地对市政府作为义务进行认定,二审结合具体案情,更加具体地对市政府的作为义务进行了认定,窄化了市政府履行法定职责的裁量空间,使得市政府的法定职责不仅止于“作出答复”,而是必须“有所作为”。在“市政府必须有所作为”这一层面,裁判时机已经成熟。

(二)不同于纯粹的实体性裁判

另一方面,二审判决又不同于直接指定履行法定职责内容的纯粹实体性裁判。二审法院既没有在判决主文,也没有在判决理由中直接指定市政府应当如何处理纠纷。尽管《中国行政审判案例》对本案的评析部分中已对二审判决的理由进行了补充——指出市政府“可以依职权对其历史上被收回并调整给苏某使用的土地进行评估并按照评估价给予经济补偿,在此基础上换发土地证”,但行政机关仍保有裁量余地。

正如评析部分指出:“与判决主文相结合,通过裁判说理的方式引导和提示行政主体按照法院的法律见解作出实体性行政行为,这种判决模式在德国的相关法律制度中是有迹可循的。”[15]根据德国《行政法院法》第113条第5款的规定,义务之诉具备理由的前提之一是案件裁判时机已经成熟。

---

〔15〕 中华人民共和国最高人民法院行政审判庭编:《中国行政审判案例(第4卷)》,中国法制出版社2012年版,第186页。

裁判时机成熟意味着，对于一个即将终结的关于诉讼请求的法院决定而言，所有事实和法律上的前提皆已具备。相反，如果在违法性和权利侵害得到确认之后，行政机关仍然保有独立的裁判余地，那么，裁判时机就是不成熟的，法院应当按照《行政法院法》第 113 条第 5 款宣布，行政机关有义务根据法院的法律观对原告作出答复。答复判决的结果是，使行政机关受到在判决中宣布的法院法律观之约束。这种法律观不但可以从裁判的主文中，而且还可以从主要的理由中产生。如果行政机关不履行答复义务，则原告就可以依照《行政法院法》第 172 条强迫行政机关履行义务。其中，裁判时机不成熟的情形包括事实状况复杂这一情形。[16]

本案中，鉴于 1 号至 15 号地块相邻权人之间是相互占地的连环关系，如果更换苏某的土地证就必须同时更换其他权利人的土地证，本案牵涉的法律关系错综复杂，市政府作出行政处理须全盘权衡和综合协调。因而，虽然人民法院已经认定市政府必须负有解决本案涉及的一揽子纠纷的职责，但对于如何具体处理，人民法院将决定权限保留给市政府自主决定。

(三)要求作出实体行政处理的程序性裁判

二审判决的裁决方式介于纯粹的程序性裁判与纯粹的实体性裁判之间，判决主文中仍只是笼统地要求市政府对苏某的诉请事项作出行政处理，但判决理由中已经对行政机关作出实体性行政行为给予引导和提示，呈现出一种“要求作出实体行政处理的程序性裁判”的裁决方式。

本案的问题实际上是在两个相互之间有张力的原则之间寻求最佳协调点，即判决一方面要有效解决纠纷，另一方面又不能违背行政诉讼中司法权不侵犯行政权的基本法理。二审判决给出了寻求最佳协调点的一种方式，即在遵守“行政权不侵犯司法权”原则的基础上，将人民法院有权决定的事项均通过判决理由或判决主文给予行政机关以提示，使得人民法院判决尽可能地朝着“实质性解决行政纠纷”这一目标靠近。

---

〔16〕 参见[德]弗里德赫尔穆·胡芬著:《行政诉讼法》,莫光华译,法律出版社 2003 年版,第 443—446 页。

四、结　语

履行法定职责判决的裁决方式取决于行政裁量的性质和案件具体情况。但苏某案二审判决所蕴含的选取裁决方式的思路对于其他相似案件具有普遍的参考意义。审判权尊重行政权是必要的,这对于充分发挥行政机关的功能、对于维护宪法关于审判权与行政权的权力格局是有意义的。但是,这种尊重不能演化为司法消极主义,不能一味地强调尊重,否则就可能忽略宪法的另一个重要的也是至为根本的目的,那就是保障人权。在此基础上,再来考虑审判权对行政权的尊重、考虑审判权的界限问题才是适当的。〔17〕

(特约编辑:沈广明)

〔17〕 王贵松著:《行政裁量的构造与审查》,中国人民大学出版社2016年版,第269页。

行政诉权滥用的司法认定与构成要件

——从陆红霞诉南通市发展和改革委员会政府信息公开答复案切入

崇文瑞*

内容提要 在缺乏法律依据的前提下，陆红霞案判决围绕知情权滥用与行政诉权滥用作了开创性尝试。在认定知情权滥用中，陆案判决借由法院与行政机关对原告的先前告知、引导与释明，完成了从事实到规范“一次惊险的跳跃”；在行政诉权滥用认定中，判决基于知情权滥用确立了以“特定行为”为审查标志，以“综合判定”为审查流程的审查模式。但陆案判决存在认定标准“综合化”、诉的利益标准不当、主观心态举证不能等问题。通过具体剖析与切分陆案判决考察的要素，行政诉权滥用的构成要件应当剔除无法证明的内容，同时在保护诉权的理念下重新建构。

关键词 行政诉权滥用；知情权滥用；陆红霞案；构成要件；诉的利益

一、引　言

2014 年《中华人民共和国行政诉讼法》（以下简称《行政诉讼法》）的修正与 2015 年《最高人民法院关于人民法院登记立案若干问题的规定》（以下简称《立案登记规定》）的发布，分别从不同角度为行政诉权的拓展提供了实

* 崇文瑞，四川大学人权法硕士研究生。

在法依据。〔1〕此背景下,行政诉讼案件数量剧增。据最高人民法院统计,2015年5月1日至2017年3月,全国行政诉讼案件数量同比上升54.24%,全国9个地区的增幅超过1倍,裁定不予受理、驳回起诉的行政案件同比上升1.5倍。〔2〕诉求缺乏法律依据〔3〕、分裂与分解式诉讼〔4〕、一人多重诉讼、一事多被告、多人同诉〔5〕、滥用诉讼程序权利〔6〕等滥诉现象也进入司法实践的视野。针对该问题,基层法院在行政诉权滥用认定和案件分流等方面〔7〕进行了开创性尝试;最高人民法院也提供了相关指导性意见,例如最高人民法院在2015年发布了公报案例"陆红霞诉南通市发展与改革委员会政府信息公开答复案"(以下简称陆案)〔8〕,2017年9月14日最高人民法院出台了《关于进一步保护和规范当事人依法行使行政诉权的若干意见》(以下简称《意见》)。〔9〕

上述实践困境在学术语境中被归结为繁杂错落的学术概念,但都属于"诉讼失范"的表现形式。〔10〕如何认定某诉讼或某些诉讼属于诉讼失范是

---

〔1〕《行政诉讼法》的修正从保障当事人起诉权利、扩大受案范围等方面进行了制度性完善;《立案等级规定》则以法院受理制度改革为突破口,通过改变案件审查形式与条件扩展了行政诉权。

〔2〕最高人民法院网:《最高人民法院关于召开立案登记制改革两周年新闻发布会》,http://www.court.gov.cn/zixun-zhuanti-aHR0cDovL3d3dy5jaGluYWNvdXJ0Lm9yZy9hcnRpY2xlL3N1YmplY3RkZXRhaWwvaWQvTXpBd05NZ3dnQU1BLnNodG1s.html,2017年8月15日访问。

〔3〕参见张春波:《诉权"滥用"之殇》,《中国审判》2015年第21期,第6—9页。

〔4〕参见方文彪:《马鞍山法院:探索"滥诉"行为的司法规制之道》,《中国审判》2015年第21期,第18—19页。

〔5〕参见杨燕:《北京法院:非正常诉讼围城》,《中国审判》2015年第21期,第16—17页。

〔6〕参见刘平:《谨慎地拒绝:政府信息公开之诉权滥用及立法规制——以"诉的利益"为内核破局》,载最高人民法院:《尊重司法规律与刑事法律适用研究(上)——全国法院第27届学术讨论会获奖论文集》2016年版,第9页。

〔7〕前引〔4〕,另参见张春波:《94次政府信息公开申请引发的"滥诉之争"》,《中国审判》2015年第21期,第13—15页;张春波、李楠:《"五笔账"算出新"减法"——记纠纷分流化解的"沂源经验"》,《中国审判》2015年第21期,第20—23页。

〔8〕"陆红霞诉南通市发展与改革委员会政府信息公开答复案",《中华人民共和国最高人民法院公报》2015年第11期。

〔9〕《意见》第二部分着重探讨了如何"正确引导当事人依法行使诉权,严格规制恶意诉讼和无理缠诉等滥诉行为",从多个角度总结了当前可能涉及的滥诉问题,包括以下几个方面:立案登记制的审查限度,缺乏事实依据的诉讼,未设定权利、义务的行政机关行为,"利害关系"的内涵,层级监督行为,关于当事人投诉、举报、检举、反映问题的诉讼,信访与信访答复行为,政府信息公开之诉中的滥诉问题,滥用诉权与恶意诉讼的认定标准。

〔10〕王猛:《民事诉讼滥诉治理的法理思考》,《政治与法律》2016年第5期,第132—139页。

首要问题,因为“认定”问题不仅为社会实践进入法律语境提供基本的分析框架,而且为规制诉讼失范提供基础。就如何认定行政诉权滥用而言,目前学界的研究大抵有如下两种路径:第一种路径是通过建构构成要件来判断行为是否构成诉权滥用。此路径下民事诉权滥用的研究成果被大量援引与参考,主要结论为二要件说〔11〕与四要件说〔12〕。第二种路径,即基于“诉的利益”标准来判断当事人是否滥用诉权,但该标准下具体的认定方法存在一定差异。〔13〕 此外,从研究材料上可对相关研究做进一步区分,可分为个案研究和类案研究,前者或关注个案中司法判决的得失,〔14〕或通过诉权理论提炼司法经验;〔15〕后者则有引入侵权责任理论以归纳构成要件的理论意向。〔16〕 上述研究大致已延展了行政诉权研究的宽度与深度,实际上民事诉讼法学界也早已对该问题做出了颇为系统的研究。〔17〕

由于现有的研究资料与研究角度已足够全面,本文无机会也无力就行政滥诉问题作出极具开创性的研究,但在“细枝末节”之处仍旧存在需要解答的问题,这些问题包括:当前的司法解释与司法实践已经通过部分概念与要素来判定某行为是否构成行政诉权滥用,但是这些概念与要素在生活语境中到底指代什么,达到何种标准方可在缺乏实在法制度的前提下认定行

〔11〕 二要件说多从主观心态和客观行为着手,参见梁艺:《“滥诉”之辩:信息公开的制度异化及其矫正》,《华东政法大学学报》2016 年第 1 期,第 177—191 页;沈岿:《信息公开申请和诉讼滥用的司法应对——评“陆红霞诉南通市发改委案”》,《法制与社会发展》2016 年第 5 期,第 21—33 页;章剑生:《行政诉讼中滥用诉权的判定——陆红霞诉南通市发展和改革委员会政府信息公开答复案评释》,《交大法学》2017 年第 2 期,第 168—176 页。

〔12〕 四要件说观点不一,有作者提出有前提要件、主观要件、行为要件、结果要件,参见闫映全:《行政滥诉的构成及规制》,《行政法学研究》2017 年第 4 期,第 78—87 页;另有作者提出主体要件、主观要件、行为要件、结果要件,参见孔繁华:《滥用行政诉权之法律规制》,《政法论坛》2017 年第 4 期,第 90—101 页。

〔13〕 参见高鸿:《滥诉之殇引发的再思考》,《中国法律评论》2016 年第 4 期,第 37—42 页。另见前注 6,刘平文。

〔14〕 参见前注〔11〕,梁艺、沈岿文。

〔15〕 参见前注〔11〕,章剑生文;前注〔12〕,闫映全文。

〔16〕 参见前注〔12〕,孔繁华文。

〔17〕 早期的研究参见郭卫华:《滥用诉权之侵权责任》,《法学研究》1998 年第 6 期,128—137 页。较为系统的研究参见张晓薇:《民事诉权滥用规制论》,四川大学博士学位论文 2005 年。其他代表性的研究可参见邵明:《滥用民事诉权及其规制》,《政法论坛》2011 年第 6 期,第 175—180 页;汤维建、沈磊:《论诉权滥用及其法律规制》,《山东警察学院学报》2007 年第 2 期,第 21—28 页。

政诉权滥用?在保障行政诉权行使与规制行政诉权滥用的二律背反中,如何平衡构成要件的必要性与构成要件认定的可行性?法官与学者们所提出的认定要素、构成要件和认定标准之间存在何种关系,是否可以在一个规范结构内得到调和?

对于上述问题,本文试图从具有“示范效应”〔18〕的公报案例出发,〔19〕在实践逻辑所展现的“司法规范”基础上进行法解释论的阐释。〔20〕在行文上,首先,本文将陆案判决所提供的基本事实与法律概念(特别是与认定有关的要素)进行切分与对应,观察事实在法律语境中所蕴含的价值判断;其次,剖析法院审查当事人滥用诉权的审查模式与理论基础,讨论法院界定诉权滥用的标准;最后,以精致化的法律解释和完善的司法说理为目的,建构行政诉权滥用的构成要件,讨论司法认定问题。本文分析该案件的意义在于,它可以拓宽禁止权利滥用原则和诚实信用原则类型化的司法判例基础,〔21〕跨越诉权滥用研究的部门法鸿沟,阐明行政诉讼领域诉权滥用构成要件的独特品格。

二、基本案情

陆案起源于2013年11月26日,当日陆红霞向南通市发改委申请“长平路西延绿化工程的立项批文”。11月28日,南通市发改委作出答复,并提供《市发改委关于长平路西延工程的批复》。陆红霞以申请公开批文与答复的批复内容完全不同为由,向港闸区人民法院提起诉讼,要求撤销南通市

〔18〕 公报案例对下级法院同类案件判决产生的客观影响,主要来自于判决思路的内容说服力和权威判决的形式说服力。参见陈越峰:《公报案例对下级法院同类案件判决的客观影响——以规划行政许可侵犯相邻权争议案件为考察对象》,《中国法学》2011年第5期,第176—191页。

〔19〕 陆案的主要事实发生于2013年至2015年1月之间,而立案登记制改革于2015年1月开始,从溯及力角度来说,该案与立案登记制改革无关,其直接的法律依据也与修正后的《行政诉讼法》无关,因此多数学者在讨论此问题时往往会将该案与政府信息公开申请捆绑讨论。但不能否认的是目前关于行政滥诉的讨论,应当被“镶嵌”在立案登记制背景之中,并且与某种较低限度的立案审查联动,但本文限于篇幅,未能对此进行深入分析。

〔20〕 参见方颉琳:《论行政诉权之二维构建模式》,西南政法大学博士学位论文2014年,第1—6页。

〔21〕 参见朱庆育:《民法总论》,北京大学出版社2016年第2版,第531页。

发改委的答复并重新答复。

一审法院审理过程中并未止步于查明上述事实，而是向行政机关与其他法院查明了原告的其他行为，这些事实包括：从2013年至2015年1月期间，原告及其父亲、伯母等三人曾提起至少94次政府信息公开申请，申请内容类别达22种；在这些申请中，原告与其父、其父与其伯母曾申请内容相同的信息；三人在得到行政机关作出的答复后，又分别向各复议机关提起至少39次行政复议；行政复议程序后，三人又分别以答复形式违法或程序违法为由提起至少36次政府信息公开之诉。

一审法院针对原告的上述政府信息公开申请与起诉行为作出判决，认为原告背离《中华人民共和国政府信息公开条例》(以下简称《条例》)的立法目的，任凭个人主观意愿执意不断提起申请的做法，构成获取政府信息权利的滥用；原告所提起的相关诉讼因缺乏诉的利益、目的不当、有悖诚信，违背了诉权行使的必要性，因而也就失去了权利行使的正当性，属于滥用诉权行为；陆红霞今后再次申请类似的政府信息公开和行政诉讼，均应按照《条例》的现有规定进行严格审查，举证说明其申请和诉讼是为了满足自身生产、生活、科研等特殊需要，否则将承担不利后果，并最终于2015年2月27日裁定驳回原告起诉。

原告不服一审裁定，向南通市中级人民法院提起上诉，称一审法院违反法定程序、行为认定错误、严格审查超越职权，要求二审法院撤销一审裁定，继续审理本案。二审法院认为：一审法院并未剥夺原告诉讼程序权利，一审法院认定原告行为不当依法有据，一审法院对原告的申请和上诉行为进行限制是适当的。二审法院于2015年7月6日裁定驳回上诉，维持原裁定。

三、案例评析

(一)知情权滥用的认定

1.知情权行使的界限

由于《条例》并未对申请人的身份、申请历史、申请数量以及申请导致的不利结果加以规定,所以缺乏规制知情权行使的明确界限。但人民法院认为,《条例》第1条[22]从形式与内容上分别表述了行使知情权的界限与限制。从形式看,行使知情权需要"在现行法律框架内行使,应当按照法律规定的条件、程序和方式进行";从实质看,行使知情权必须符合立法宗旨,能够实现立法目的。本案中,原告行为并未违反法律规定的形式要求,所以一审法院判断原告行为是否属于滥用知情权的重心被放置在实质要求上——原告的"真实目的"是否真的"为了获取和了解所申请的信息",原告的申请行为是否符合《条例》的立法宗旨和立法目的。[23] 人民法院在此设置了一个以立法目的为基准的审查标准。

但是"立法目的"与"原告的目的"是截然不同的概念,因为"原告的目的"系指人的主观心态,心理状态本身难以捉摸,只能依靠客观事实的证明或者法官的推定;从另一个角度来看,法律并不规制公民的滥诉心态,只规制滥诉行为,所以难以认为人民法院直接通过原告的目的来认定原告的行为。人民法院须以上位规范结构为依据,将行为作为基本事实来认定知情权滥用;裁判摘要将这一规范结构归纳为:"如果公民提起政府信息公开申请违背了《政府信息公开条例》的立法本意且不具有善意,就会构成知情权的滥用。"这一规范结构分为两个部分:(1)客观要件:公开申请违背了《条例》的立法本意;(2)主观要件:不具有善意。这使得以下问题值得考察:(1)哪些行为属于"违背《条例》立法本意"的行为?(2)何为"不具有善意"?[24] (3)是否还有其他构成要件?

2.法院裁判的认定

一审法院首先论述申请行为应当符合《条例》的立法宗旨与立法目的,

---

〔22〕《条例》第1条:"为了保障公民、法人和其他组织依法获取政府信息,提高政府工作的透明度,促进依法行政,充分发挥政府信息对人民群众生产、生活和经济社会活动的服务作用,制定本条例。"

〔23〕《条例》没有考察申请人目的或动机的条款。《条例》第13条所规定的是:"……公民、法人或者其他组织还可以根据自身生产、生活、科研等特殊需要,向国务院部门、地方各级人民政府及县级以上地方人民政府部门申请获取相关政府信息",该条款即使被严格解释,也只需要申请人说明其存在申请的客观需求而非更加隐秘的主观心理状态。

〔24〕"善意"概念多用于民事实体法领域,其具有多重含义,依规范目的、立法意旨的不同而变化,并涉及价值判断。参见吴国喆:《善意取得制度的缺陷及其补正——无权处分人与善意受让人间法律关系之协调》,《法学研究》2005年第4期,第3—16页。

其后就查明的相关事实进行总结，一审法院认为原告的政府信息公开申请具有以下几个特征：一是申请次数众多。二是家庭成员分别提出相同或类似申请，内容多有重复。三是申请公开的内容包罗万象。四是部分申请目的明显不符合《条例》规定。人民法院基于这些特征推定：

原告申请获取所谓政府信息，真实目的是借此表达不满情绪，并向政府及其相关部门施加答复、行政复议和诉讼的压力，以实现拆迁补偿利益的最大化。对于拆迁利益和政府信息之间没有法律上关联性的问题，行政机关已经反复进行了释明和引导，且被告已向原告提供了其所申请的政府信息。原告的行为已经使行政和司法资源在维护个人利益和公共利益之间有所失衡。

此外，二审法院认为：上诉人陆红霞与陆××是父女关系，陆××申请信息公开、提起行政复议及行政诉讼均由陆红霞经手或作为委托代理人。张×系陆红霞伯母，两人均住南通市港闸区怡园新苑，与港闸区政府均存在房屋拆迁补偿争议。三人申请表内容完全一致。三人基于共同目的，以各自名义分别实施申请信息公开、提起行政复议和行政诉讼的行为，可视为陆红霞等三人的共同行为。

通过总结判决的考察要素，可初步回答上文三个问题：(1)人民法院认为陆案的以下行为违背《条例》立法目的：提出数量众多(未说明“众多”的标准)，内容重复、类似(未说明类似的内容有哪些)，种类“包罗万象”(包括非法定种类)的政府信息公开申请。(2)人民法院对缺乏善意则有多层次描述，本文将其分为动机、目的、故意与违法性认识等要素。[25] 其中，①动机

---

〔25〕 鉴于善意概念的模糊性(见前注〔24〕)，本文使用其他概念来描述原告的主观心态。故意包括认识因素和意志因素，前者指明知自己的行为会发生损害结果，后者指希望或者放任损害结果的发生；目的是指行为人主观上通过行为所希望达到的形态与结果，是以一种观念形态存在于行为人大脑中对某种结果、利益、状态、行为等的内在意向；动机是指刺激、促使行为人实施行为的内心起因或思想活动，一般包括内在的需要和愿望，以及外界的诱因与刺激。其中目的相较于故意是更加深远和复杂的心理态度，但仍旧与行为和结果有关；而动机则与行为的相关性更加微弱，其属于广义上的行为的理由。参见张明楷：《刑法学》，法律出版社 2016 年第 4 版，第 252、298－301、317 页。刑法中的违法性认识问题是指，在行为人对自身犯罪行为和后果有认识的情况下，行为人是否知道自己的行为被法律所禁止，换言之，这是行为人对法律规范的判断。对违法性认识持肯定态度的部分学者主张，缺乏违法性认识会阻却行为人责任，使得故意犯与过失犯都不成立。有关违法性认识的学说，可参见周光权：《违法性认识不是故意的要素》，《中国法学》2006 年第 1 期，第 165－175 页。

指原告意图引起政府及其相关部门对自身拆迁安置问题的重视和解决，并实现其拆迁补偿安置利益的最大化的心态；②目的系指原告通过申请行为向政府及其相关部门施加压力的心态；③故意系指原告明知其行为将导致公共资源消耗的“失衡”，并且希望这一“失衡”发生的心态；④“违法性认识”指在行政机关与司法机关已经反复进行了释明和引导的前提下，行为人明知拆迁利益和政府信息之间没有关联性。〔26〕(3)人民法院还讨论的其他问题有：①结果。原告的行为导致了公共资源的失衡性消耗。②共同行为。不同行为主体施行的行为被当作共同行为，并将不当事实归责于原告一人。法院这么做的理由有：行为主体之间具有亲属关系、委托代理关系；行为主体与被告具有相同争议；行为主体的申请表内容相同；行为主体具有共同目的。

3.知情权滥用认定的隐含逻辑

根据上述分析，人民法院在判断原告是否构成知情权滥用时，拟制了认定知情权滥用的规范结构，而且在事实与规范结构的映射之间还考虑了其他要素。但是人民法院在讨论行为要素时提供的标准是不明确的。为什么数量众多、种类多样的行为就应当被禁止？《条例》并未就申请的数量和种类加以限制。人民法院必然有核心的判定标准被隐藏在判决书中，本文认为这一标准在上文提及的“违法性认识”中：一方面，人民法院推定〔27〕原告提出如此多政府信息公开诉讼的目的是自身的拆迁利益；另一方面，人民法

〔26〕 此处对于违法性认识的讨论与刑法相去甚远：刑法坚持罪刑法定原则——“法无明文规定不为罪，法无明文规定不处罚”，所以行为人如果无法认识到自己的行为是法律所不允许的(有严格故意说、可能性说等理论观点)，那么就不能非难行为人。而陆案所考察的问题是，当一个行为或多个行为的合法性与合理性尚未被实在法所宣告时，我们是否可以通过其他方式让行为人知道其行为是“违法”或不合理的。而在不同法域(法律关系)中，对法源的要求其实存在差异，原则上公权行为的正当性以法律明文授权为基础，在缺乏制定法法源的情况下，需要做有利于行政相对人的处理；而民事纠纷则无此要求。(参见前注〔21〕，朱庆育书，第40页。)如持有对公权力的克制态度，毫无疑问人民法院判决需要明确的制定法依据；而陆案中人民法院和行政机关对“拆迁利益和政府信息之间没有法律上关联性的问题”所作的释明与指导，显然不能作为一种明文规定的“违法性告知”(对陆红霞而言属于违法性认识)来看待。

〔27〕 虽然人民法院在案件事实查明部分提供了陆红霞等人的政府信息公开申请的部分内容，并且有些内容与拆迁事宜有关，但是人民法院并没有在判决理由部分论证这一点，只能认为人民法院推定乃至于假定了这一结论。

院希冀于通过告知原告，让原告认识到自己的行为无法增加拆迁利益。于是，人民法院通过行政机关既有的口头声明〔28〕完成了从事实到规范的“一次惊险的跳跃”。

(二)行政诉权滥用的认定

1.行政诉权滥用的审查模式

由于缺乏判断行政诉权滥用的实在法，故人民法院在判定行政诉权是否滥用时，可能被指责缺乏法律依据，不恪守司法自制，并且“超越了审判权的裁量空间”；〔29〕在保障当事人诉权为导向的环境下，人民法院在进行裁量时需要额外注重法教义维度上的限制，否则会削弱滥诉规制的合理性。本案中，人民法院在判断行政诉权滥用时采用了以“特定行为”为审查标志，以“综合判定”为审查流程的审查模式。

首先，人民法院认为只有具有特定的行为——“反复多次提起轻率的、相同的或者类似的诉讼请求，或者明知无正当理由而反复提起的诉讼”〔30〕——法院才能或“应当”对行为人进行“严格依法审查”。这两个行为类型除“反复多次”的数量要求外，前者需要对诉讼请求加以判断，后者需要对诉讼行为和主观心理状态加以判断。

其次，在“综合判定”审查阶段，人民法院认定分为三个部分：(1)以诉的利益、起诉目的和诚实信用原则为基点，认定原告缺乏诉的利益、目的不当并且有悖诚信。(2)须说明原告“明知”自身行为的不正当性。人民法院指出：“法院也多次向其释明《条例》立法目的、政府信息的含义，并多次未支持其不合法的申请和起诉，原告对法律的规定显然明知，也应当知道如何正确维护自身的合法权益。”但是原告执意申请政府信息公开，“不论政府及其相关部门如何答复”均提起行政复议和行政诉讼。(3)须说明原告的这种做法造成了不当后果，使得“行政和司法资源在维护个人利益和公共利益之间有所失衡，《条例》的立法宗旨……被异化”。

---

〔28〕 不仅仅是行政机关的释明与引导，在判决书中，还有人民法院的释明、人民法院先前的败诉判决以及行政机关和法院的答复。具体见下文“(二)1.行政诉权滥用的审查模式”。

〔29〕 见前注〔11〕，梁艺文。

〔30〕 裁判摘要还包括：“琐碎的……诉讼理由。”

2.不同案件事实与双重裁判结构的关联性

“知情权滥用和诉权滥用是相互独立的行动和概念，两者并不是必然地相生相随”，〔31〕但当本案原告反复提起政府信息公开之诉后，滥用知情权的事实和裁判结构便与滥用诉权的事实和裁判结构存在实质性关联。

在本案中，人民法院在判断原告是否具备诉的利益、起诉是否具有正当性以及是否违背诚实信用原则时，大多以知情权滥用的事实加以支撑：(1)人民法院在判断原告是否具备诉的利益时，须说明原告的“起诉来源于政府信息公开申请”；因为“在政府信息公开领域，知情权就是诉的利益本身，诉权的实体方面就是公民请求法院维护其知情权的权利”。〔32〕由于原告被人民法院判定构成知情权滥用，所以原告“在客观上并不具有此类诉讼所值得保护的合法的、现实的利益”。(2)人民法院在判断原告起诉是否具有正当性时，须说明原告并不具有“合法利益”；〔33〕人民法院虽然指出原告“将诉讼作为向政府及其相关部门施加压力、谋求私利的手段”，但并未单列事实加以说明，只能认为人民法院将其对知情权滥用判断迁移到行政诉权滥用之上。(3)人民法院在判断原告是否违背诚实信用原则时，须判断原告是否诚信，其行使权利是否损害他人合法权益或公共利益。人民法院同样以原告已滥用知情权为前提，来认定原告是否违背诚实信用原则。所以，人民法院在判断原告构成行政诉权滥用的三个面向时，不同程度地借鉴了对原告的知情权判断，这些借鉴包括以知情权滥用的认定为基础判断诉的利益，用申请行为的主观心态推定诉讼行为的主观心态，通过知情权的行使方式考察诉权的行使方式。

此外，从裁判文书的体系也可体现人民法院论理内容的实质性关联。例如，在知情权滥用的认定之前，人民法院尚且不惜笔墨总结原告行为的特征，并列举事实加以说明，而在论述原告是否合理行使诉权时，却简单陈述原告的两类诉讼行为不正当。这一做法必然会影响说理的清晰度，并呈现

〔31〕 见前注〔11〕，沈岿文。

〔32〕 同上注。

〔33〕 人民法院援引《行政诉讼法》(1989)第2条：“公民、法人或者其他组织认为行政机关和行政机关工作人员的具体行政行为侵犯其合法权益，有权依照本法向人民法院提起诉讼。”

出不同事实与双重裁判结构的关联性表象。[34]

(三)法院说理的基本难点与理论争议

1."综合判断"的缺陷

首先,缺乏行政诉权滥用的法律依据,使得人民法院论理呈现出对行政诉权滥用认定的"综合判断"。本案法院综合案件的全部情况加以判断,是理所当然的做法,并无值得批判之处;本文所指摘的"综合判断"是指人民法院的判断标准是"综合"或"折中"的。这一做法的缺陷在于,人民法院虽能说明严格审查的必要性,但不能说明使用各判断标准的理由,无法解释判断标准的优先次序,也无法说明标准的统领性原则。所以,实在法的欠缺给予人民法院较大的解释与裁量空间,但这反而容易使得不同案件的裁判标准不一。[35]

2."诉的利益"的争论

"诉的利益"是诉讼上的权利保护要件,或称之为诉权保护要件。根据民事诉权理论的通说,当事人不适格或缺少诉的利益,便缺乏诉权。[36] 我国目前发展与引进的行政诉权理论也承认诉的利益的存在,并且认为,当事人的诉如欲被司法制度所接纳,那么必须存在诉的利益,诉的利益是诉存在的前提。[37] 大陆法系国家重视诉权与诉权要件对界定滥诉的重要性,在当事人不适格并且不具有诉的利益的情况下,当事人行使本就不成立的诉权是相对意义上的诉权滥用;当事人如果享有诉权并由于行使诉权引发滥诉,则应以诚实信用原则作为判断标准,成立绝对意义上的诉权滥用。[38]

---

〔34〕 裁判文书对行为人行为的定性具有明示机能,并可以起到划定行为疆域、预防违法行为的作用。本文认为,在公法视域中尤其应关注对行为人行为的清晰说理,因此过于笼统、"综合"的论理并不合适。

〔35〕 参见前注〔11〕,梁艺文。

〔36〕 根据我国通说,除诉讼上的权利保护要件之外,还有实体上的权利保护要件,后者系指法院判断原告胜诉的理由。参见李龙:《民事诉权论纲》,《现代法学》2003 年第 2 期,第 84—91 页。

〔37〕 有关我国学者对行政诉讼中诉的利益的讨论,可参见周红:《行政诉讼中诉之利益理论》,《行政法学研究》2003 年第 1 期,第 15—23、63 页;王珂瑾:《行政诉讼中"诉的利益"》,《法学论坛》2012 年第 5 期,第 92—97 页。国外的相关理论,可参见前注〔20〕,方颉琳文。

〔38〕 参见前注〔17〕,张晓薇文,第 36—40 页。

但陆案中人民法院对该概念的使用存在理论上的争议。本案中，人民法院同时将诉的利益和诚实信用原则作为行政诉权滥用的判断标准，这一做法使得人民法院在同一结构顺序上判断这两者，这会导致人民法院无法说明原告是否具有行政诉权，也无法说明原告构成何种意义上的滥诉。就陆案原告所提出的诉求而言，其向南通市发改委申请了“长平路西延绿化工程的立项批文”。《条例》和《行政诉讼法》(1989)的规定〔39〕实际上确认了原告在实体权益遭受侵害的情况下可以获得救济，原告也享有诉的利益；这是基于当时的法律规定和既有判决逆向推理的结论。章剑生教授认为，原告原本的诉求是要求撤销答复并重新作出答复，其在诉讼类型上更近似于“给付之诉”，而法院对于给付请求存在与否的争议当然应受理，不应否认原告具有诉的利益。〔40〕王贵松教授认为，信息公开之诉具有主观之诉与客观之诉的复合属性，同时满足个人的知情需求与社会的公共职能，当原告具备实体和程序中的一项，就足以具有信息公开之诉的诉的利益，所以“原则上不应作出滥用诉权的判断”。〔41〕

而陆案人民法院并未将原告申请批文的诉求作为认定诉的利益的基点，而是整体地判断原告提起的所有诉讼。该案的裁定书撰写者高鸿法官认为，政府信息之诉来源于政府信息公开申请，知情权是作为服务实体权利的程序性权利存在的，如果知情权被滥用，那么起诉就失去了诉的利益。〔42〕所以陆案判决在知情权滥用判断的整体基础上判断原告构成诉权滥用，这是整体的判断而非对单个申请与诉讼的判断。另有刘平法官撰文认为，对诉的利益的判断是有多个角度的：对于“获取女镇长上任后患性病的政府信息”的诉讼是否缺乏诉的利益，可以直接基于单个案例判断诉的利益不存

〔39〕《条例》第33条第2款：“公民、法人或者其他组织认为行政机关在政府信息公开工作中的具体行政行为侵犯其合法权益的，可以依法申请行政复议或者提起行政诉讼。”《行政诉讼法》(1989)第5条：“人民法院审查行政案件，对具体行政行为是否合法进行审查。”

〔40〕前注〔11〕，章剑生文。

〔41〕王贵松：《信息公开行政诉讼的诉的利益》，《比较法研究》2017年第2期，第19－30页。此外王贵松教授还认为，由于知情权应当获得正当程序的保障，所以即便知悉了政府信息的内容，程序上的诉的利益也不能因此而消失。

〔42〕参见高鸿：《政府信息知情权的滥用及其规制》，《人民司法》2015年第10期，第10－14页。另可参见高鸿：《滥诉之殇引发的再思考》，《中国法律评论》2016年第4期，第37－42页。

在；但是有些诉讼是由于行政机关超过法定期限后答复导致的重复诉讼，对于这两个重复诉讼（一个诉不作为以确定被告违法，一个诉作为以撤销超期违法答复行为），则需要观察多个诉讼以确定其是否缺乏诉的利益。〔43〕

上述对诉的利益的不同理解会引发两造对诉的利益的争论。〔44〕但是本文认为，这两种理解只是由于视角和概念使用上的差异所引发的。(1)认为陆案具有诉的利益的学者，是从陆案的单个诉求进行考虑的，而不是从陆红霞以前所持续提起的诉讼所考虑的。从严格的逻辑和学理出发，只有享有诉权方才构成滥用诉权，只有认定陆红霞每一个政府信息公开之诉都具有诉权，才能在此基础上考察陆红霞的反复起诉行为是不是为了“违法利益而实施的诉讼行为”。〔45〕(2)认为陆案不具有诉的利益的法官们，可能对陆红霞提起的诉讼进行了横向与纵向比较。一方面，人民法院先判断了原告行为属于知情权滥用，故而纵向地将其后的政府信息公开之诉也判定为诉权滥用。另一方面，将原告早先提出的诉讼与后来的诉讼进行横向比较，人民法院可能认为后来的诉讼是不必要的、不正当的、不诚信的，因此后来的诉讼没有诉的利益。而判决中的“诉权”也并非“学理上的诉权”，而是“制度上的诉权”，因此不需要考虑陆红霞的诸多诉讼是否具有诉权的构成要件，只要考虑这些诉讼是否立案。(3)除上述两种角度以外，在国外的行政诉讼中，有由于原告滥用诉权而判定欠缺诉的利益的情形，这种情形中，原告的诉讼目的是给被告或者第三方造成损害。〔46〕换句话说，在这种情形下，行为人滥用诉权反而阻却了诉权的构成要件。陆案法院也有可能是从这个角度考虑的。

可见，如果采用诉的利益考察滥诉的问题可能陷入一个“判断诉权—确定滥诉—欠缺诉的利益—否定诉权”的循环，在此种情况下，借由诉的利益标准也许可以论证行为的不合法，但无法借由此确立判断哪些行为属于滥诉。

---

〔43〕 参见前注〔6〕，刘平文。

〔44〕 原告上诉称：“上诉人与陆××、张×先后有五件行政案件胜诉，所提起的行政诉讼具有诉的利益、目的恰当，并不违背诚信原则。”

〔45〕 前注〔11〕，章剑生文。

〔46〕 [德]佛里德赫尔姆·胡芬：《行政诉讼法》，莫光华译，法律出版社 2003 年版，第 387—390 页。

3.“诚实信用”的难题

作为民法“帝王条款”的诚实信用原则不仅仅在民法域中繁衍,其也辐射到民事诉讼法与行政诉讼法中。在民法中,诚实信用原则是“蕴含价值判断的法律概念”,是“一般条款,难以概括构成要件,故学说判例多以类型化方式界定其适用场合”。[47] 陆案中也借由《最高人民法院关于执行〈中华人民共和国行政诉讼法〉若干问题的解释》第97条的规定为依据,参照《民事诉讼法》第13条,将诚实信用原则作为论证原告构成滥诉的理由。

但本文不赞成将诚实信用原则作为论证标准,原因如下:第一,诚实信用原则在公法领域的适用虽已兴起,但它是“人民对于政府所怀有的一定社会综合条件所决定的关于真诚、善意、守信、合理的道德期待和伦理要求。……是国家从‘秩序行政’向‘给付行政’转变的结果”[48]。易言之,目前所理解的诚实信用原则大多是对行政机关的行政行为的要求,而非对行政相对人的要求。但不能否认,伴随该理论的发展,也有可能用于限制行政相对人和第三人。第二,在私法领域,当事人之间需要遵守的义务不仅包括制定法所规定之义务,还包括习惯法、公共秩序以及道德伦理,对制定法以外义务的违反所导致的侵害结果可能同样属于民事责任的范畴;[49]将这一要求延展至解决平等主体之间纠纷的民事诉讼活动中,并无不妥之处。[50] 但是,公法多恪守“法无禁止则自由”的规训,并要求对公权力保持警惕,所以对行政机关设定诚实信用原则的道德与伦理界限尚可理解,而对自然人或法人持此要求则有悖形式法治之理念。第三,诉权,特别是行政诉权,是公民的基本权利,对行政诉权的限制应当慎之又慎,在诚实信用原则缺乏类型化的前提下,适用诚实信用原则无异于扩张法院限制行政诉权之可能;而且在本案中,人民法院“综合”进行行政诉权滥用的认定,往往不区分不同因素、要件与诚实信用原则的异同之处,而是将其作为禁止原告行为的“模糊”规范。

---

〔47〕 前注〔21〕,朱庆育书。

〔48〕 刘丹:《论行政法上的诚实信用原则》,《中国法学》2004年第1期,第32—39页。

〔49〕 参见程啸:《侵权责任法》,法律出版社2011年版,第199页;又见前注〔21〕,朱庆育书,第40—41页。

〔50〕 当然,不能否认民事诉讼中的滥诉也往往涉及当事人对“司法秩序”这一公共法益的侵害。

4.“主观心态”的隐秘

陆案法院采用的认定路径其实非常依赖于对当事人主观心理状态的论证与推定,例如人民法院需要证明原告“不具有善意”,需要证明原告明知其诉讼属于“无正当理由”,需要证明原告“有悖诚信”。《意见》也提出在论证行为构成滥用诉权与恶意诉讼时,需要确定当事人“滥用诉权、恶意诉讼的主观故意”,甚至需要确定诉讼的目的。〔51〕也许正是由于权利滥用行为拥有与权利正当行使类似的“外在形式”,所以,如何判断当事人的主观心态极为重要。

由于主观心态的复杂性、变动性与隐秘性,应当采用合理的推定手段,“以行为人实施的客观行为为基础……以行为的相关因素为参考进行判断”。〔52〕而在本案中,人民法院判断原告动机与目的时缺乏直接的关键性事实证据,这在认定原告获取不当拆迁利益的动机问题时显得尤为突出。〔53〕另一个难点是如何界定心理状态之间的区别。故意、过失、动机、目的、善意、恶意以及违法性认识往往在审判中被综合阐明,缺乏明确的界定,这一点在前文已经说明,不再赘述。部分学者的观点也有此现象,例如,有观点认为故意是指“当事人明知不具备诉权的行使要件,而行使诉权”,过失是指“当事人主观上故意,行为上却非常轻率地行使诉权”,〔54〕但上述概念中“故意”的认知对象是诉权而非行为与结果,而且认知内容中不包括行为人具备诉权时的滥用情形;在界定过失时,又必须重新界定“轻率”,而且还需要解释为何主观上是故意而行为可以过失。此外,“恶意”概念实际是“故意”的一种,但“恶意”不仅代表人的认知因素和意志因素,而且包括了目的因素和动机因素,甚至于道德评价。〔55〕陆案中,人民法院就是从反面展示

〔51〕 需要指出的是,关于滥用诉权、恶意诉讼和滥用知情权的行为,《意见》第15和16条规定一旦可以认定,则“人民法院依法不予立案”,而非陆案采取的通过判决书说理并限制起诉条件的做法。

〔52〕 前注〔25〕,张明楷书,第250页。

〔53〕 人民法院在描述原告提起政府信息公开申请的明显特征时,直接指出“四是部分申请不符合《条例》的规定。……目的是向政府及其相关部门施加压力,以引起对自身拆迁补偿安置问题的重视和解决”。而在人民法院查明的事实中,只显示原告的部分政府信息公开申请和诉讼与拆迁补偿安置问题有关,但无法证明原告的目的是为何,故给读者以人民法院是依据案外事实进行判断的想象。

〔54〕 刘敏:《论诉权滥用的民事诉讼法规制》,《河南社会科学》2011年第5期,第5—10页。

〔55〕 前注〔49〕,程啸书,第199页。

了“恶意”——“不具有善意”的多重含义。

四、行政诉权滥用构成要件的建构

(一)构成要件建构的前提说明

首先需要说明的是,判断某行为是否合法或者不正当的构成要件与司法认定的考虑因素是两码事,前者主要关注如何确立法律规定的要件,从而将使得要件可以涵摄事实,并与其他正当行为进行区分;后者则关注如何通过已经查明的事实来论证某行为符合要件。换言之,前者是人民法院认定行政诉权滥用的规范结构问题,后者是法院认定案件事实符合构成要件的论证问题。

本文认为,使用侵权责任法学理上的侵权行为构成要件理论〔56〕和一般的客观行为—主观心态二元结构〔57〕并不足以精确地分析行政诉权滥用问题。毫无疑问,滥用诉权行为可以镶嵌在侵权行为的四个构成要件中分析,也的确可以从客观行为和主观心理两个角度加以拆分。上述做法是理论的合理延展,有助于拓展既有理论的现实应用,使得该问题更富有理论趣味。但本文不欲采用上述做法,原因在于:第一,由于现实世界千变万化,既有的构成要件框架可能存在缺陷,从而使得具有不同性质的事实被模糊化处理,从而无法被归纳入既有构成要件与构成要件因素的框架内,前文所述有关“善意”概念的切分即一个适例。第二,本文坚持认为对于滥用诉权的认定应当谨慎、谦抑,而构成要件的限制越多,那么滥用诉权行为的认定也就越“困难”,需要更多的证据和论证。

本文主张按照两个原则确定行政诉权滥用的构成要件:第一,行政诉权滥用的构成要件应当可以借由证据加以认定与推定,对于难以通过证据确定的构成要件,没有必要将其确立;第二,在前一原则的基础上,为了最大范

---

〔56〕 将侵权理论延展到滥诉问题上的研究,可参见前注〔17〕,郭卫华文;蔡颖雯、高玉美、王刚:《论恶意诉讼的侵权责任》,《青岛远洋船员学院学报》2004年第3期,第7—12页。

〔57〕 相关的研究结论,可参见前注〔11〕,梁艺文、章剑生文。

围保护诉权行使，构成要件的确立和解释都应当坚持最小范围原则，〔58〕或者说应当坚持严格解释。

本文将主要参考犯罪构成理论的概念〔59〕来分析与构建行政诉权滥用的构成要件。分析对象是陆红霞案中的相关事实，并且适当参考其他滥诉事实。在具体建构之前有以下几点需要注意：

首先，司法案例的产生、形成与解释具有其源生的场域和背景，可提炼出本土经验并延展法理的阐释疆域，但同时又被限制在案例事实之中。可以认为，探索性案例是法官对现实生活“法律化尝试”的结果，对案例中要素的提炼，即对理论“粗胚”的打磨过程。同时，基于案例这一偶相的分析与抽象又不能过分拔高，其不一定能够表征所有的共相；〔60〕本案的事实仅是“滥用诉讼程序”这一概念下，某个领域中的滥用诉权行为中的某些类型而已。

其次，采用犯罪构成理论的概念来分析与建构具有可行性。(1)“区分‘适当行使诉权’的行为和‘滥用诉权’的行为之间的界限……是可能的。……权利行使没有绝对的自由可言。”〔61〕如果认为滥用行政诉权本质上是不正当的行径，那么使用多种理论工具(刑法、民法抑或诉讼法)都可以用于研究这一可能的“违法行为”。(2)刑法规定的虚假诉讼罪实际也是诉权滥用之侧面，但其判断行为人是否构成该罪，却可依据犯罪构成进行认定；进一步说，如果将滥诉行为视为“违法行为”，并从立法论的角度加以思考，与诉权理论并不会冲突。(3)犯罪构成理论所需判断的构成要件要素和方法，虽然和侵权责任法对侵权责任之规制、行政诉讼法对诉讼行为之规制以及民事诉讼法对滥诉行为之规制不同，但是如果将滥诉行为视为违法行为，其反而与犯罪行为具有相似性；另一方面，犯罪构成理论的概念与其他学科的理论、概念并不冲突，只是思考的视角差异。

再次，本文采取的构成要件框架将从“不法”与“责任”两个阶层进行详细描述。“不法”是指行为符合构成要件且违法，其中构成要件是指违法的

〔58〕 参见前注〔11〕，章剑生文。

〔59〕 这里采用的概念和体系是张明楷教授的犯罪构成体系。参见前注〔25〕，张明楷书，第103—106页。

〔60〕 参见前注〔10〕，王猛文。

〔61〕 参见前注〔17〕，汤维建，沈磊文。

类型。判断一个行为是否违法,需要依次判断构成要件要素,分别是行为主体、行为、行为对象、结果、因果关系以及违法阻却事由。“责任”是指对符合构成要件的行为加以非难的可能性,也可以被理解为罪过。判断一个行为是否可以非难,需要依次判断责任要素,分别是故意(或过失)、目的、动机、责任能力、违法性认识的可能性以及期待可能性。判断行为是否承受法律责任,应当从“不法”到“责任”进行依次判断,但并非所有要件都具有详细论述的价值。

最后,本文引入犯罪构成理论的概念只是基于案件事实切分与行为规制的目的,并不意味着在证据规则与证据标准上需要采用刑事标准,但对于行政诉权的认定和限制的确应当十分谨慎。

(二)行政诉权滥用的构成要件

1.部分论述价值较小的构成要件要素

(1)行为主体。根据《行政诉讼法》(2014)第2条[62]的规定,公民、法人和其他组织都可能构成行政诉权滥用,这自不待言。有学者认为,滥用行政诉权的行为人必须是行政诉讼的当事人。[63]本文认为这并无必要,由于滥用行政诉权的前提是行为人的起诉被立案,一旦行为发生,行为人自然是行政诉讼的当事人,司法机关不需要个别判断行为主体的身份问题。(2)不法阶层中的因果关系、违法阻却事由要素,责任阶层中的责任能力、期待可能性等要素无须特别论述。

2.行为

(1)数量与周期。构成滥用诉权应当有两个或两个以上诉讼。对于单个诉讼而言,如果可以借由既有的法律规定或者诉的利益理论直接排除救济,就不宜被认定为滥用诉权。例如在某些情况下行为人捏造事实提起诉讼、申请领导“两学一做”的学习笔记、申请女镇长上任以后的性病记录,此类诉讼如果行为人只提起一次,不需要贸然地认定构成诉权滥用,判决驳回

---

〔62〕《行政诉讼法》第2条:“公民、法人或者其他组织认为行政机关和行政机关工作人员的行政行为侵犯其合法权益,有权依照本法向人民法院提起诉讼。”

〔63〕参见前注〔12〕,孔繁华文。

起诉即可。但对于多次使用该类事项提起诉讼的行为人，在考察多个诉讼是否构成滥诉时，此类诉讼可能需要作为认定其他构成要件要素的事实依据。但是对于数量极少的诉讼，也不宜认定为滥用诉权，需要综合考虑行为导致的损害结果等其他因素。对于短周期内的大量诉讼，可以进一步考虑其是否构成滥诉，例如在1年内提起20～50件诉讼。对于长周期内的大量诉讼，则需要考虑频率问题，例如在5年内提起50件诉讼并不一定构成滥诉。

(2)诉权。如前文所述，我国对于陆案原告是否享有诉权存在争论，国外有些情况下还会借由滥用诉权来否定诉的利益，因此行政诉权滥用是否以诉权为前提值得讨论。有观点指出，关于诉权的审查实际上可以区分为实质审查与形式审查，在我国由于诉权在起诉阶段被单方赋予，所以对其有无的判断往往不需要滞后进行实质审查，只需要形式审查即可确定是否享有诉权。〔64〕该观点似乎认为，对于诉权的判断虽然存在差异，但是应当取最小标准。本文认为，鉴于诉权理论与我国诉讼制度并非完全镶嵌，应当以当前的形式审查为标准确定诉权。对于依法立案登记的诉讼，即承认其在我国法制度基础上享有诉权，这一点也可以从《意见》中得以窥见。

(3)案件合理性。如果提起的多数诉讼是缺乏事实或法律依据，或缺乏保护必要性的案件，此类情形应当考虑是否构成滥用诉权。但是同时需要考虑案件的关联性问题。一个行为人提起的多起诉讼中，不能仅仅借由少数诉讼之间存在滥诉的可能性，进而认定行为人提起的所有诉讼都是滥诉的。例如一个行为人将一个拆迁活动拆分成多个信息(时间、地点、人数、人员职务、拆迁工具、处理结果、联系方式、拆迁证明)来提起多个诉讼，可能被认定为滥诉。但是该行为人可能在同一时间段提起其他具有合理性的诉讼(例如政府的财政预算、拆迁费用的资金来源、政府的公车信息)，那么只能针对前者的事实来认定行政滥诉，而不能为了证明原告提出诉讼的数量之多，而将后者统计在内。

(4)其他问题。为了确保要素的明确性和行为本身的客观性要求，应当剔除有关责任要素(即关于行为人目的、动机的判断)的内容。认定行政诉

〔64〕 参见前注〔12〕，闫映全文。

权滥用必须首先考虑行为人的客观行为,不得因为当事人的恶意,或者目的、动机恶劣而将缺乏滥用行为与结果的事实认定为行政诉权滥用,从而不当限制行政诉权。基于少量案例基础上的行政诉权滥用的认定,应当坚持个案判断在综合判断之前,在司法说理上最好就已经判断的司法案例进行分析,然后在分析基础上对多数案例是否构成行政诉权滥用得出结论。对于行为人提起的大量的诉讼,比如300件政府公开之诉,可以在数据分析的基础上进行论证,并且特别注意结合行为人的故意心态与诉讼目的。

3.结果

(1)刑法中的结果是具有法定性质的结果,即由刑法明文规定的结果,但是当前规制行政诉权滥用缺乏法依据,也就相应缺乏法定性质的结果。在本案中具有"结果"性质的事实包括:①通过起诉使得行政机关应诉,从而使得行政机关陷于诉累,消耗行政资源(侵害行政机关权益);②浪费司法资源,使得司法机关在维护个人利益和公共利益方面失衡;③向行政机关和司法机关施加压力;④原告的拆迁安置补偿利益得到满足。其中第③点是通过消耗行政机关和司法机关的资源来达成的,而且其指涉也并不明确;第④点是否能够变成现实的损害结果也无法确证;比较而言,将第①、第②点视为行政诉权滥用的损害结果更为合理。(2)然而即便如此,仍旧面临适用上的难度。首先,任何行政诉讼都会导致行政资源与司法资源的消耗,原告基于法依据提起的正当诉讼,即便消耗了行政资源与司法资源也不应当被非难;其次,无论是判断司法资源的消耗量,还是判断司法秩序的扰乱程度,从定量角度而言都是非常困难的;[65]最后,一旦案件进入实质审理阶段,就必然会消耗司法资源,并使得行政机关应诉。但是上述结论并不意味着行政诉权滥用行为不需要考虑损害结果,判断是否构成行政诉权滥用行为,必须考虑是否发生了不当后果:是否扰乱了司法秩序并且浪费了司法资源;是否使得行政机关陷入诉累,消耗了行政资源;但同时又需要认识到,对司法秩序只有轻微损害、对司法资源和行政资源消耗极少的行政诉权滥用行为不应当苛以严重的法律责任。

---

〔65〕 参见张明楷:《虚假诉讼罪的基本问题》,《法学》2017年第1期,第152—168页。

4. 故意

(1)故意仅仅是指明知自己的行为会发生危害社会的结果，并且希望或者放任这种结果的发生。因此，故意仅包括认识因素（认知自己的行为会发生结果）与意志因素（希望并且放任结果的发生），而不包括动机因素与目的因素，也相应地排除了“恶意”的概念；在判断是否构成行政诉权滥用时，必须先判断客观的不法要件，然后判断主观的故意以及其他的责任要件；必须以客观事实为依据加以论证，对于缺乏事实证明的主观心理状态，应当谨慎地推定和认定。(2)在行为人只是过失的情况下，不宜认定为滥用行政诉权，对于这一点虽然有不同意见，〔66〕但是本文认为行为人过失心态的滥诉规制并无必要，原因不仅在于可以防止对法律知之甚少的行为人承担责任，而且在于行为人的心态转变可以察觉。司法机关、行政机关与行为人之间难免会就诉讼事由加以讨论、解释和阐明；行为人可能曾经提起过类似的诉讼，知晓自身诉讼的情况。可以借助这些事实来判断行为人是否由过失转变为故意，但是必然需要相应的取证与论证。陆红霞案中，人民法院指出，司法机关和行政机关曾多次告知原告《条例》的立法目的以及政府信息的内涵，并且多次不支持其不合理的申请和起诉。这一描述可以被认为人民法院认定原告具有故意心态。所以，那些基于泄愤、无知的诉讼也有可能由过失心态转变为故意心态。

5. 目的与动机

(1)目的与动机是认识与意志因素之外更加深远的心理状态。在本案中，原告的最终意图是通过诉讼获得拆迁补偿利益的不正当满足，而这一满足需要通过诉讼施加压力来完成。但原告的这一意图并非是其滥诉行为的直接结果，也不一定可以通过滥用行政诉权来完全实现，所以，本文将这些意图作为“目的”与“动机”。(2)本文倾向于认为，认定行政诉权滥用不需要考察动机。动机一般是指行为人作出行为的理由，将其与目的比较来看，动

〔66〕 例如有观点认为民事诉权滥用必须要求行为主体达到重大过失，即行为人的极端疏忽或极端轻信的心态（参见前注〔17〕，郭卫华文）；有观点认为由于当事人法律素质所限，除了故意之外，当事人只有具有恶意才能受到诉权滥用的规制（参见张培：《民事诉权滥用界说》，《湖北社会科学》2012年第1期，第150—153页）。

机更加隐秘,判断动机较为困难而且缺乏必要性——既然行为缺乏正当性,并造成了不正当结果,而且行为人又具有故意心态和非法目的时,我们就可以认定行为人的行为不正当;如果需要继续探查当事人的行为的深层理由,法院可能缺乏事实根据,难以举证。(3)此外,在立法时,可以基于法律政策的考虑将行为人的非法目的作为行政诉权滥用的构成要件,这有助于限定行政诉权滥用行为的范围和性质,增加行政诉权认定的难度。

6.违法性认识

如前所述,由于当事人依据《条例》来提起诉讼的,所以当事人可能认为自身并未违法,或者认为自身的行为是正当的。刑法恪守罪刑法定原则,诸罪状都有明文规定,所以此类障碍并不明显。而在陆红霞案中,人民法院通过多次告知原告《条例》的立法目的和政府含义,来说明原告知晓自己行为的不正当,但这一做法往往招致对人民法院的质疑。因此,最佳的做法莫过于通过修改《条例》和《行政诉讼法》或颁布司法解释来完善诉讼事由的禁止性界定,从而避免通过司法机关来告知违法性认识所产生的龃龉。

7.其他问题

(1)共同行为。行政诉权滥用与民事虚假诉讼案在证明共同行为的标准上存在差异。〔67〕由于每个行为人都可能具有行政诉权,所以认定滥诉行为首先需要个别进行,而对共同行为的认定则应当更加谨慎。陆红霞案中,人民法院以行为人之间具有亲属关系、行为人都与被告存在争议、行为人的目的和诉状内容相同为理由,来认定构成共同行为并不合适,至少应当在单个行为人构成滥诉的基础上论证不同行为人之间具有可能的意思联络,否则可能使得其他人不构成滥诉的行为被归结为原告滥诉的行为。(2)行政诉权滥用的司法审查只能进行事后审查,应当减少立案前的诉前说明以防止阻却诉权,也可以将诉前说明作为认定滥诉之后的规制手段。

〔67〕 民事虚假诉讼案中,证明两个当事人之间恶意串通存在证明上的难度,司法实践中多通过关联关系和亲属关系来认定虚假诉讼行为。参见最高人民法院网:《最高人民法院首次认定虚假诉讼案》,http://www.court.gov.cn/zixun-xiangqing-16010.html,访问时间2017年3月27日。

四、结 语

社会纠纷解决机制的缺陷，导致了社会矛盾寻求出口、社会纠纷寻求解决的社会现实，并最终致使行政诉权被作为宣泄工具。同时，行政诉权是公民抵抗公权力侵害的最后防线，无限度放开司法对行政诉权滥用的认定，则会导致司法权力滥用。本文基于限制滥诉与保护诉权的原则，以陆红霞案为基础提供了一个认定行政诉权滥用的思路与方法。但问题并未止步于此，尚有以下问题值得探讨：如何缓和规制滥用诉权与保护诉权在现实中的矛盾？在对行政诉权滥用的严格认定下，应当如何确立合适的法律责任？应当如何将立案登记制与规范诉权滥用相结合？对上述问题，笔者限于笔力、学识和篇幅尚未讨论，只能留待现实提供新的思路与答案了。

（特约编辑：沈广明）

行政法总论与参照领域理论

[日]原田大树*著　林美凤**译

译者按：

本文系作者于2013年发表于京都大学法学论丛之同名论文收录，并将其作为『行政法学と主要参照領域』一书之序章，作者引进参照领域理论，观察行政法总论与各论（参照领域）之动态相互学习过程，并建立主要参照领域，说明该书以租税法、社会保障法、环境法、都市法为四个主要参照领域之意义，相对于以往仅仅着重于法解释学，其也重视法的政策及达成法律目的之实现手法，以制度设计论行政法学为其发展方向。作者观察日本行政法学研究，自第二次世界大战后，学者认为行政法各论仅止于提供素材，无实际存在意义，主张行政法各论。作者参考德国行政法，引用 Eberhard Schmidt-Aβmann 教授所著 *Das allgemeline Verwaltungsrecht als ordungsidee* 一书，以参照领域理论，从新建立研究行政法各论（参照领域）之意义。

作者以"制度设计论行政法学（Verwaltungsrechtswissenschaft als. Steuerungswissenschaft）"之立场，建立行政法总论与参照领域理论之关系。"制度设计论行政法学"，日本学者有将其翻译成"制御学之行政法学"〔1〕或我国台湾学者翻译成"管制（调控）行政法学"〔2〕，其重视行政法之

* 原田大树，日本京都大学教授。本文首刊于法学论丛174卷1号（2013年）1—20页。后收录在东京大学出版会于2015年3月出版的『行政法学と主要参照領域』。

** 林美凤，资策会科技法律研究所法律研究员。

〔1〕 Eberhard Schmidt-Aβmann 著，山本隆司等译『行政法理论の基础と课题』，东京大学出版会，2006年，第18页。

〔2〕 Eberhard Schmidt-Aβmann 著，林明锵等译『行政法总论作为秩序理念』，元照出版，2009年，第23页。

法实现功能，不再满足于法解释学之个别法规定与法制度之诠释，法学必须就其法律上所欲达成之效力，所需之条件为何作探究，法之个别机制须在更大关联性之制度框架下为设定，法要使其达成社会秩序之任务，同时也必须使其相互调和，把行政法学理解成制御学（调控学）。

其乃因在现实复杂环境条件中，目前行政所能使用的手段与手法受到很大限制，因此必须重视法执行（实现）或法制御的多元手段与手法、行政组织的重要性以及行为形式的多样化等〔3〕。该理论之形成，系因德国行政法从奥托·迈耶（Otto Mayer）以来有过度重视法释义学之探讨，忽略行政法学作为管制科学之多面像功能，以及行政本身及目的取向之国家作用特性，而作全面性检讨，施密特·阿斯曼（Schmidt-Aβmann）教授前揭书为其代表性著作，该书以宪法的基本秩序与保障基本权之理念，需透过行政法总论的体系化，不断反省，使其能适合于现实之行政任务，能有效实现其功能；各种行政管制领域，为行政法总论之参照领域，对于行政法总论常有决定性影响；而行政法总论又是透过演绎与归纳方法，与各论产生交互作用；公法与私法之区别与法体系之建构及运用，须兼筹并顾行政任务之特性与社会关系之复杂性，避免过于僵化而无法适应社会变化……〔4〕因此为了有助于了解本文之意旨，阅读本文时，施密特·阿斯曼教授前揭书之脉络亦应重视。

施密特·阿斯曼教授前揭书在日本、中国大陆与中国台湾地区均受到重视而被翻译出版，但中国大陆与台湾地区大多重视行政法总论体系等相关课题，鲜少论及行政法各论研究之重要性，本文将此点抽出，从新建立行政法各论研究之重要性，有其特别之处，值得推荐。

附带一提，作者批判日本行政法学研究不重视行政法各论，1970 年代主张特殊法论或行政作用法论之学者，对于行政法各论提出批判，而有各论不要论之论说。惟，1970 年代高田敏教授或室井力教授之行政领域论主张，提出行政领域固有行政价值之再评价必要性（参照本文注〔34〕、注〔48〕等所引相关著作），现代行政法学核心课题之一，在于一方面客观认识现代国家之行政任务与机能，另一方面于宪法之价值基准下，将有行政特有之法

---

〔3〕 参照山本隆司等译前揭书，譯者あとがき（譯者跋），页 371 以下。

〔4〕 参照林明锵等译前揭书，翁岳生教授推荐序。

原理原则予以明确,并于解释论及立法政策论上,追求其具体实现,行政领域论之目的在于,分析现代国家行政权与国民各层之人权或权利利益之紧张关系,以及基于此之各个行政法原理及概念之法论理构造之解明。换言之,分析何种权利利益应由何者承担而被保障之,其与现行肥大化之行政权有何种关系等,分析各式各样行政权之法过程论理构造,描绘出行政权相关之法的一般特质,以及各种行政领域之具体特质,透过此一方式,对于现代行政法为适切认识与实践。〔5〕室井力教授对于行政法各论研究的重视,以及观察各论研究与行政法总论研究发展之关系,与本文作者主张之“参照领域理论”,有其异曲同工之处。

前言:何谓参照领域理论

(一)参照领域理论的想法

行政法总论与个别行政领域之关系,可认其为一种相互学习互动过程之“参照领域(Refernzgebiete)”,此系从德国行政法而来之想法。〔6〕此一用语,在德国作为“行政法各论”之别称,系为了与行政法总论之功能相区别而使用之。而日本法在导入此一概念时,系以“行政法总论为参照领域之论坛”见解为之〔7〕。亦即,将行政法总论定位为各领域最大公约数之制度与理论之集合,或优秀法制度之展示场。行政法总论之课题与功能为各领域间相互比较,或纠正其不均衡发展。在此,行政法总论与个别行政法领域系作为相互学习之过程而结合之。近来,从法理论之翻新(renovation)与革新

〔5〕室井力「補論・行政法学方法論議について」收于『行政改革の法理』(1982年,学陽書房),199—200页;中文,可参考刘宗德「日本行政法学之现状分析」收于『行政法基本原理』(学林文化,1998年)37—93页,原载于“中央”警察大学法学论集创刊号1996年3月,15—60页。

〔6〕Eberhard Schmidt-Aβmann, Das allgemeline Verwaltungsrecht als ordungsidee, 2 Aufl. 2004, S. 8 Rn. (译者注,此处依日文汉字译成「参照领域」;林明锵等译,行政法总论作为秩序理念,第10页以下,则译成「相关领域」)。

〔7〕大桥洋一『行政法　现代化过程论』(有斐阁,2001年)9页。

(innovation)观点〔8〕,提出更进一步扩大参照领域理论之想法。因此其可说是,作为政策实现手段之民事法、刑事法及行政法,与个别政策领域之个别法间之关系为更大范围掌握,把参照领域理论之对象,更大胆地从传统行政法各论范围为解放之想法。

(二)本书之课题

本书为2013年所出版「例解 行政法」之姊妹作,系为了说明其理论基础与发展可能性而执笔。该书,为三十年以来之单本行政法各论之基本书籍,系以参照领域论为前提而执笔。另一方面,参照领域论为何种"理论"呢?与传统行政法各论之异同为何?在本章,先明确我国参照领域理论之理论基础,摸索关于参照领域与行政法总论之理论发展方向,以下述具体三点为检讨对象:

第一,参照领域理论与传统行政法各论之不同点〔9〕。二战结束前之行政法体系,系以总论与各论为支配性之想法。相对于此,战后,特别是1970年代,不再以此一体系来思考,渐为有力说。其毋宁谓系"行政法各论不要论"为一般之理解。因此,参照领域理论是否可克服传统各论之问题点,亦即检证其是否能克服行政法各论不要论。

第二,明确化参照领域理论所提出"相互学习过程"之意义。行政法各论不要论并非是全面否定行政法学(研究者)之各论研究与教学,而系鼓励其作为素材而参照之。因此,参照领域理论为目标之"相互学习过程"模型,其作为素材而具有相互参照以上之意义。明确化相互学习过程之意义,检讨应以何种参照领域、何种方法为参照。

第三,行政法学中"政策"之处理。在行政法各论不要论中,政策问题从行政法解释学体系中被放逐,被视为个别法之问题。相对于此,从1990年代渐为有力说之制度设计行政法学(Verwaltungsrechtswissenschaft als. Steuerungswissenschaft ⇒ 用语)立场,政策或实现政策之手法问题,也放

〔8〕 中川丈久「消费者」公法研究75号(2013年)188—203页。共通想法,请参照,原田大樹『自主規制の公法学的研究』(有斐閣,2007年)263页。

〔9〕 塩野宏『行政法Ⅰ〔第5版补订版〕』(有斐阁,2013年)13页,行政法各论成立可能性之参照领域理论,评价其为"问题意识及处理方式,与前述日本行政法学相同"。

入行政法学体系中,参照领域理论也可在此一脉络中定位之。此时,行政法学应如何处理政策问题呢?行政法总论与参照领域理论之任务分担,应如何展望之?

【用语】制度设计论之行政法学

传统行政法学其主要系将行政之意思决定以类似法官判决之方式掌握之(对于规范事实为涵摄=法的三段论法),其合法性仅以事后统制(主要为裁判之情形)为之。此一想法系基于德国行政法学黎明期时所采用之法学方法为其方法论。

相对于此,以行政法学现实上是否实现其功能为观点,对于此一方法论提出批判。例如:日本在1960年代以来,关于“行政指导”之研究,1980年代以来“行政之实效性确保”或“法执行体系”等之研究,渐为有力之研究。基于非正式之行政活动或合意之行政活动,或关于欠缺执行手段之相关研究,渐为大家所关心。

主要1990年代以来,所谓的“制度设计论之行政法学”想法,在德日两国之学说上渐为有力。在此一背景因素之影响下,提出超越法解释论之框架,对于一定之社会问题应设计何种法制度,以谋求将来得以解决问题之观点。以此一观点为基础,对于一直以来之法学方法中,被切离放弃之行政活动目的或政策要素,从正面切入之,而非仅止于合法与违法之次元,摸索出一个较好之制度设计方向性。

一、从行政法各论到参照领域理论

(一)行政法各论与各论不要论

1.行政法各论之构成

传统行政法各论,一般而言,从法律学观点,把国家作用(除了军政以外)区分为警察法、公物法、财政法、公用负担法四种来说明[5]。二战前虽有各论否定论者[6],学界之大部分仍以总论与各论为体系,其中也有以"编别论"[7]为关心之重点。

2. 行政法各论之批判

对于此一总论与各论体系之反省,则有"特殊法论"[8]与"作用法论"[9]之提出。

特殊法论对于传统行政法总论与各论中,纯化总论部分为关于权力性之程序法,各论部分则从行政法学独立,而以特殊法定位之。此处之"特殊法"将其定义为"现代各种特殊之社会关系中,各有其固有之体系法理论之法"[10]。显示出对于部分社会关系之关心。推荐此一社会关系分析之社会学解释,并指出考虑特殊条理之条理解释的重要性[11]。行政法学不应该妨碍特殊社会关系之法发展,强调行政法学与特殊法学之分离。

行政作用法论也对于传统行政作用法各论提出以下三点批判[12]:(1)各论体系为前提之行政目的与行政手段之调和预定发生崩坏;(2)公法私法二元论为前提之总论与各论体系,对于各论概括性之否定评价;(3)轻视法律对于行政授权之侧面。行政作用法论作为法解释学,追究行政法学之意

---

〔5〕 作为法律上之性质分类,有"警察"、"保护及统制"、"保育(公企业与公物)"、"公用负担"、"财政"、"军政"等编,参照美浓部达吉『日本行政法下卷』(有斐阁,1940 年)6－7 页。着眼于目的与性质,共通解释原理所支配之领域而作分类,而提出警察法、规制法、公企业法(给付行政法)、公用负担法、财政法等各论领域,田中二郎『新版行政法下卷　全订第 2 版』(弘文堂,1983 年)15 页参照。

〔6〕 例如:如讨论意思表示之界限为法律学之任务,则行政法学应仅讨论国家作用,但是在行政法总论(泛论)发展尚不充分之现状下,各论之价值尚未失去,上杉慎吉『行政法各论』(法政大学 39 年度第 3 年级讲义録,1906 年)1 页参照。再者,把行政组织及行政诉讼作为各论处理,织田万『行政法各论讲义』(和仏法律学校出版部,1897 年)参照;相对于此,作为行政主体主动之权利而举出组织权、警察权、保育权、军备权、财政权,织田万『日本行政法原理』(有斐阁,1934 年)49 页参照;作为行政活动而举出"警察""保育""军备""财政"四种,但是并未定位其为总论与各论,同书第 259 页以下参照。

〔7〕 概观当时的讨论,柳瀬良幹「行政法の編別に就て」同『行政法の基礎理論第 1 巻』(弘文堂書房,1940 年)3－42 页〔初出 1938 年〕。

〔8〕 兼子仁「特殊法の概念と行政法」同『行政法と特殊法の理論』(有斐閣,1989 年)266－306 页〔初出 1974 年〕,为特殊法论最完整说明之论文。

〔9〕 塩野宏「行政作用法論」同『公法と私法』(有斐閣,1989 年)197－236 页〔初出 1972 年〕。

〔10〕 兼子仁『教育法学と教育裁判』(勁草書房,1969 年)202 页。

〔11〕 兼子仁『行政法事例研究』(学阳书房,1971 年)6 页。

〔12〕 塩野,前揭注〔9〕书 218－221 页。

义,传统各论体系无法形成法解释上较好之道具概念,未来也不能期待其形成。以此为前提,否定了夹层式(中二阶)行政法各论之理论存在意义。换言之,作为法解释学之行政法学,行政法总论与个别行政法规即已足够〔13〕,媒介二者之行政法各论为无实益。

(二)传统各论与参照领域理论之不同点

参照领域理论基于此一行政法各论不要论之批判,以下述三点,与传统各论采取不同立场。

第一,变更总论与各论对象范围之区分线。传统行政法各论偏重于作用法论,行政组织法作为各论领域而处理之〔14〕。相对于此,在参照领域理论中,行政组织及行政手段之问题,被吸收于行政法总论,总论系以组织法、作用法论及救济法三大支柱组成之,与处理个别法制度之参照领域相结合。日本行政法学界中,"行政之法体系论"〔15〕为行政法总论内容提供了丰富飞跃之契机。其理论之成果之一,以行政法各论所处理之内容中,不论领域,在法制度之法评价上,有利用可能要素者,即放入行政法总论中,大幅强化使用法制度分析方法。参照领域理论在以此种法理论发展为前提下,提出了各论领域与总论进行相互学习之信息。

第二,对象领域的选择之点。传统行政法各论中,对于包括所有行政法规,毫无遗漏之说明,被视为相当重要〔16〕。相对于此,在参照领域理论中,方法论意义中,在公私法二元论逐渐式微的情况下,为了相互学习而参照想参照之领域〔17〕。

朝向制度设计指向或问题发现概念(参照⇒用语)之转变。参照领域理

〔13〕 藤田宙靖「警察行政法学の課題」同『行政法学の基礎理論上巻』(有斐閣,2005年)329—350(335)页〔初出1999年〕显示出此一见解。

〔14〕 远藤博也『行政法Ⅱ(各论)』(青林书院,1977年)19页,积极地将组织法定位于各论领域。该书把社会管理功能及公共性内容分析定位为各论中心,同时把社会管理功能之内容及承担实现该功能之多样性,作为重要构成要素。

〔15〕 阿部泰隆「行政法学の課題と体系」同『政策法学の基本方針』(弘文堂,1996年)29—54页〔初出1981年〕。同『行政法の法システム(上)〔新版〕』(有斐閣,1977年)56页。

〔16〕 所谓的各论体系书应将所有行政作用体系化,作个别之说明,小高刚『行政法各论』(有斐阁,1984年)序2页参照。

〔17〕 山田洋「学界展望」公法研究75号(2013年)322—331(328)页。

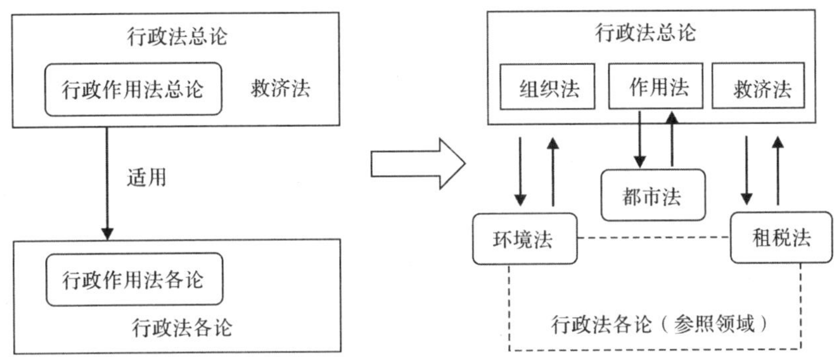

论中，行政领域与政策方法不采取预定调和之对应方式，系以多样方法分析为前提，检讨采取适当之法手段，以此为定位参照领域。行政法学者之任务不限定于法解释论，制度设计论也应包含之。不应追求解释论上锐利之道具概念〔18〕，系以问题发现概念〔19〕为体系构筑。

【用语】问题发现概念

论也包含此一观点，不仅是从法概念对于具体法效力导引出一定结论，整理其问题状况，而且具有导出新观点或理论之线索机能，作为法概念而定位其意义。所谓问题发现之概念，系指具有此一特性之法概念。以多数法令等为考察对象之行政法学，其作为考察之起点或作为考察之结论，而构筑一定之法概念。例如：行政指导有学说上提出之“概念”，也有作为法令上之概念，法律中所规定者(行政程序法第 2 条第 6 项)。

换言之，法解释论中，对于法概念，期待其能将事情明确区分其机能。着眼于此一法概念机能者，为一种“道具概念”之用语。所谓法概念：“以复杂多歧之法规及法现象为对象，作整理建立秩序，且对于规定具体法效力之情形，为其媒介之工作”(塩野宏『オットー? マイヤー行政法学の構造』(有斐閣，1962 年)296 页)。

相对于此，制度设计论也包含此一观点，不仅是从法概念对于具体法效力导引出一定结论，整理其问题状况，而且具有导出新观点或理论之线索机能，作为法概念而定位其意义。所谓问题发现之概念，系指具有此一特性之法概念。

〔18〕 对于警察法法理之内容明确性，也提出疑问，遠藤博也「戦後 30 年における行政法理論の再検討」同『行政法学の方法と対象』(信山社，2011 年)45－68(61)页〔初出 1978 年〕参照。

〔19〕 最早指出此点之业绩，可参照高木光「警察行政法論の可能性」警察政策 2 卷 1 号(2000 年)17－32(27)页。问题发现概念之意义，参照原田前揭注〔3〕书，7 页。

二、从提供素材到相互学习过程

(一)行政作用类型论考察之意义

1."素材"与"相互学习"

行政法各论不要论并非否定行政法学研究者之各论研究或教学〔20〕,也推荐以个别法作为行政法总论之素材〔21〕。成为问题者系把个别行政法令类型化,并放入行政法理论中,其相互学习过程之设定,是否具有意义,为其问题点。

行政法各论不要论系把其作为"素材",作为具体例参照〔22〕之想法。换言之,其并不要求将个别行政法令分组化检讨,依行政法理论作定位。相对于此,参照领域理论迫使行政法总论之理论构造发生转变,相反地,行政法总论对于参照领域得提出制度改革之建议。此一动态及紧密之相互学习,参照领域预先存在于行政法学之理论框架上。换言之,参照领域系以独立学问领域为前提,行政法与其具有紧密之连接〔23〕。

2.类型论考察之意义

更进一步,个别行政法令分组化之理论意义,抽象地说,其在于中间水

---

〔20〕 其也承认与特殊法并行之行政法各论类型之存在,参照兼子,前揭注〔8〕书,300页。

〔21〕 一般性制度与个别行为形式之构筑,有必要活用于个别行政领域(参照领域)之检讨成果,塩野、前揭注〔4〕书,88—89页参照。塩野宏「放送事業と行政介入」同『放送法制の課題』(有斐閣,1989年)50—85页〔初出1970年〕。

〔22〕 金子宏「租税法学の体系」同『租税法理論の形成と解明　上巻』(有斐閣,2010年)181—195(193)页〔初出1972年〕中,所谓"把租税程序法上之制度或问题,以行政过程或行政程序来掌握,只要落入该范围者,将其举出作为素材,不间断还原于行政法一般理论中,而定位其于行政过程乃至行政程序之理论体系中",之工作,即此处所指。

〔23〕 如同以前就指出过,"承认租税法及经济法等之独立性,并非从行政法领域将其除外",[「シンポジウム行政作用法論」公法研究34号(1972年)278—289(281)页,〔田中二郎发言〕],作为独立之学问领域,及与行政法学切断关联,理论尚为完全不同之问题。

平原理原则之必要性〔24〕。使用个别行政法令之政策方法与规范构造，具有类似政策目的而分组化法令，而将其特色明确化。此一相互比较，在个别法制度之制度设计时，有可能开启修正改良之可能性。此时，成为有利之工具者为各参照领域之一般原则（基本原则）〔25〕（见表1）。对于各参照领域之一般原则，如违反时，并不具备马上认定其为违法之性质。毋宁谓，此系该领域之解释或制度设计之方针，宪法上各种价值或相邻接之科学知识作结合，成为制度内在批判之中间规范〔26〕。此一，各参照领域之一般原则，表现出各领域之偏差特色，在行政法总论为理论回馈时，可作为考虑要素而有其功能〔27〕。同时，此一偏差特色，与其他领域比较而是否能将其正当化，应作相关之检讨〔28〕。

---

〔24〕 山本隆司「行政法総論の改革」成田頼明他編『行政法の変容と公法の展望』（有斐閣学術センター，1999年）446－453（448）页。相同意见，参照 Eberhard Schmidt-Aβmann（Anm1），S. 10. Rn. 16. 更进一步，仲野武志『国家作用の本質と体系Ⅰ』（有斐閣，2014年）5页，也提出「因为个别法之解释，容易陷于诡辩（Kasuistik），因此利用行政法各论作为补充，有必要从比较广泛视野来确定其方向性。

〔25〕 表1主要参照法领域，系从原田大树『例解　行政法』（东京大学出版会，2013年）第2编所举出之四种法领域，从其各自之第一节中，所整理出之内容。此外，如信息作为参照领域，其基本原则：①“信息自由流通原则”：对于信息流通管制，必须个别要求其正当化根据；②“权利主义原则”：使信息流通于社会之价值，不赋予国家判断余地原则；③“信息目的外利用限制原则”：以信息搜集之目的相关联，限制行政之信息管理；④“信息多样化确保原则”：国家应整备及协助，使多样化信息流通于社会之环境；⑤“确保普遍服务（universal service）原则”：国家应完备与协助，使信息到达于全体国民。

〔26〕 勢一智子「法原則の中間的規範性」法学論集（西南学院大学）33卷4号（2001年）53－93（53－621）页；原田大樹「立法者制御の法理論」同『公共制度設計の基礎理論』（弘文堂，2014年）178－234（211）页〔初出2010年〕。也有，对于制度内在理论提出严重批判，在制度批判检讨中，寻找行政法理论之任务，遠藤博也「行政過程論の意義」同『行政過程論・計画行政法』（信山社，2001年）109－139（112）页〔初出1977年〕参照。进一步言之，着眼于实定法中之共通目的而作区分，仅以个别法制度之相互比较，得以确保与制度内在理论之距离。例如：“资讯法”具有独自之种类特性，强调以贯通各媒体之现代法制度，以“规范内容龃龉，具可视化与整序化之可能性”作为理论打开点，曽我部真裕「『情報法』の成立可能性」長谷部恭男編『岩波講座　現代法の動態1　法の生成/創設』（岩波書店，2014年）123－144（129）页参照。

〔27〕 斉藤誠「金融行政システムの法的考察」日本銀行金融研究所ディスカッション・ペーパー 2002-J-31号（2002年）1-51(28)页，同「セーフガード措置と行政法」三辺夏雄他编、原田尚彦先生古稀記念『法治国家と行政訴訟』（有斐閣，2004年）551—576（554）页。

〔28〕 原田大樹「国際的行政法の発展可能性」同『公共制設計の基礎理論』（弘文堂，2014年）95-113(109)页〔初出2012年〕。

表1 主要参照领域

法领域	特 色	内部构造	基本概念	基本原则
租税法	行政决定之极小化 否定要件裁量 邻接科学之成果采用	【单线接续型】 课税要件形成过程 纳税义务确定过程 租税征收过程	课税主体 税之分类 借用概念、固有概念 所得概念 课税标准、税率、税额	租税法律主义 量能课税原则 税制中立性维持原则 要件裁量否定原则 申报纳税原则
社会保障法	给付与负担 多面法律关系 与经济活动之关系	【分歧型】 费用征收过程 金钱给付过程 服务给付过程	给付主体 应能负担、应益负担 给付、负担的单位给付决定 受给权之性质	最低生活保障原则 应需给付原则 自己决定支持原则 参加机会确保原则 持续可能性确保原则
环境法	将来世代之利益 与经济活动之关系 多层次环境管理	【独立型】 环境负荷物质管制过程 废弃物处理过程 生态系保护过程	外部不经济 关于环境之权利 环境利益 政策方法 关于环境之基准	环境考虑原则 预防原则 原因者责任原则 市民参与规划原则 多层次任务分担原则
都市法	多样行为形式 政策目标不确定性 共通利益与私权调整	【收敛型】 土地利用管制过程 都市完备过程 小区营造过程	都市计划 空间管理 型态管制 单体管制及集团规定 征收、换地及权利变换	计划行政原则 私有财产尊重原则 民间主导开发原则 补充性原则 对流原则

但是,以上所表现出之各参照领域一般原则,可能有将各参照领域封闭化之虞〔29〕。因此,形成各参照领域一般原则时,应与行政法总论、宪法人权规定及国家目的等各种价值相结合,而其一般原则正当化之可能性,也必须常常在行政法总论中检讨之,为具有相当重要性。

〔29〕 堀勝洋他「社会保障法研究の道程と展望」社会保障法研究2号(2013年)105－157(121)页〔太田匡彦發言〕,在对于堀勝洋他教授社会保障总论之评论中,认为领域内之总论形成,将有导致比较或相互反省之观点(perspective)缩小之危险。

(二)相互学习过程

1.总论、参照领域论相互学习过程

总论及参照领域之二层构造,学说编纂(Pandectae)体系也是如此,具有谋求减轻参照领域负担之功能[30]。共通要素由总论担当,在参照领域中则讨论其与政策目的之关系,集中于需要特别处理之点,减轻参照领域之负担。以上所论之节能化功能,其重要之处在于,设定相互检讨反省之机会。作为行政法总论,其是否欠缺实定法之理论框架,或者对于实定法所渐渐产生新方法得为对应之理论框架,此可在参照领域讨论中检测得知[31]。相反地,参照领域之各领域中,该领域中之法解释或法政策之结果,是否为仅通用于该领域之理论,也要常常去检测[32]。

---

〔30〕 Eberhard Schmidt-Aβmann, besonderes Verwaltungsrecht und Allgemeines Verwaltungsrecht, Zusammenwirken und Lerneffkte, in: Friedrich Schoch Hrsg.), Besonderes Verwaltungsrecht, 15. Aufl. 2013. S. 1-7,2, Rn. 4.

〔31〕 原田、前揭注〔25〕书中,所举出之具体例,如以下:租税法律主义(174页)、租税中立性原则与诱导奖励行政之紧张关系(176页)、租税条约(181页)、错误缴纳返还请求与处分性(196页)、税务调查程序(202页)、明白性补充要件说(207页)、自己决定支持原则(248页)、保险者自治(250页)、指导指示之法性质(273页)、对于年金不信之对应处理(281页)、不正受给之更正(293页)、全国健康保险协会及日本年金机构(298页)、现物给付之现金化(314页)、媒介行政作用(325页)、社会福祉计划(327页)、行政契约与选择权保障(336页)、福祉与照护契约之统制方法(340页)、经济之手段(353页)、环境管理(354页)、预防原则(357页)、原因者责任原则及扩大生产者责任原则(359页)、框架条约(362页)、核能管制委员会(371页)、措置命令与金钱不利益担保(386页)、公害防止协议(391页)、环境影响评估(398页)、横断领域条款(399页)、性能规定(426页)、土地区化整理组合(429页)、计划担保责任(430页)、使用容积率等为诱导(433页)、要纲行政指导行政(434页)、相对行政处分论(440页)、开发许可同意(452页)、指定确认检察机关(459页)、既存不适格(464页)、土地区划整理事业计划之处分性(477页)、景观行政团体(488页)。

〔32〕 原田,前揭注〔25〕书,所举出之具体例,如以下:租税通达(函释)之处理(186页),白色申报与理由提示(203页)、更正与再更正之关系(204页)、课税处分理由之变更(211页)、守密义务与告发义务(220页)、社会福祉之必置规制(237页)、受给权之确定行为与受给权之形成行为(243页)、生活保护基准与裁量统制手法(246页)、对价性与牵连性(254页)、社会保险费支付义务之确定方法(257页)、生活保护基准之法形式与程序之统制(265页)、生活保护申请阻害边防作战之违法性(269页)、资产调查之统制(270页)、生活保护开始决定与给付之始期(272页)、保护变更与废止之司法审查(275页)、儿童津贴财源与租税法律主义(287页)、学生无年金问题(289页)、给付主体之广域联合利用(300页)、保险医疗机关指定与医疗法(309页)、混合诊疗禁止原则(312页)、能力负担与所得保障(321页)、利用者负担减轻措置与法律根据(323页)、核能损害赔偿支持机构(378页)、义务之撤销规定(388页)、都市计划策定程序(421页)、开发许可同意之处分性(454页)、开发许可之法效力(456页)、都市计划决定之裁量统制(469页)、综合设计许可(498页)等。

此一关系，作为制度设计之观察者或建设性之批评者，有必要明确化行政法总论之任务。行政法总论如仅以特定参照领域为讨论的话，对于提供多样化观点将有疑虑，因此使各参照领域讨论活性化，将具有其功能。参照领域与法制度之距离过于接近，被制度设计担当者(官僚)所执笔之逐条释义所牵引，制度理解或解释之磁场将过于强烈。行政法总论与此一制度设计担当者之想法，保持一定距离，期待其从制度间比较，而获得批判性观点。更进一步，与宪法原理相承接〔33〕，体现公法学固有价值与评价基准，完成将其导入制度设计中之功能。所谓与宪法原理相承接，与其说是将宪法内容具体化之行政法，亦即宪法具体化法之印象〔34〕。毋宁谓是，肯定立法者制度设计之余地下，其范围应系在宪法中所重视之各种价值范围内而确定之，称为“作为省察层之宪法”〔35〕。

2. 参照领域理论间相互学习过程

参照领域理论间相互学习过程中，尚有一个特色，以行政法总论作为媒介，而使参照领域间相互学习。行政法总论作为参照领域间之接线生(connector)或翻译者，把参照领域固有之概念或想法概念抽象化，达成其目标将其移转于别的参照领域。遵循此一过程，例如：环境法上之地区指定(自然公园)与都市计划地域地区之比较可能性，可以大幅获得法制度理论评价素材。又，例如：租税债务之确定方法的讨论(参照第二章)，也可以放入社会保险费之确定方式中，参照领域中发现之新论点，具有提高讨论水平之问题发现机能〔36〕。

---

〔33〕 指出与宪法原理之链接及从个别行政实务归纳考察二者之重要性，Eberhard Schmidt-Aβmann, Verwaltungsrecht für den Europäschen Verwaltungsverbund, in: Wolfgang Hoffmann-Riem u a. Hrsg.), Grundlagen des Verwaltungsrechts Bd. 2. 2. Aufl. 2012, S. 261－340,266, Rn. 6参照。

〔34〕 在此一印象下，与现在所讨论之参照领域理论相类似之框架，有「行政領域論」，室井力「補論・行政法学方法論議について」同『行政改革の法理』(学陽書房，1982年)178－206(199)页〔初出1978年〕。

〔35〕 ハンス・クリスティアン・レール(大橋洋一訳)「多層的システムにおける行政法学」新世代法政策学研究(北海道大学)6号(2010年)87-114(91)页，则使用「监视层」一语。

〔36〕 藤谷武史「《多元分散型統御》とは何か?」新世代法政策学研究(北海道大学)20号(2013年)113-170(168)页。

(三)参照领域之理论化策略

1. 参照领域之选择基准

参照领域确定方法与传统行政法各论相同，以政策目的共通性为主要基准〔37〕。如同前述，参照领域理论中，参考何种领域，依论者之目的，自由决定之。或者，不以一直以来之行政法各论框架为参考对象范围〔38〕。在『例解　行政法』一书中，作为行政法主要参考领域，将租税法、社会保障法、环境法、都市法等四领域作为检讨对象。其选择基准为规制与给付、金钱征收与分配等，以是否显现出其典型之领域者为之。把规范构造与资金筹措作为相互作用之分析〔39〕，而定位行政法学，此一选择在行政法总论上，具有相当高可能性，有形成结果之可能性。而该法领域与生活之密接性〔40〕，在教学便宜上有考虑之必要，但在学术研究上则不须重视。

相对于此，传统行政法各论所包含之公物法、公用负担法整合于总论及个别参照领域中，关于营造物法、财政法可在租税法及社会保障法中，采取说明之方法。警察法在今日作为行政法参照领域，仍未失去其价值，但是传统很多之警察作用应分离出来，作为另外一个领域来讨论(营业警察、卫生警察)。警察法之概念，考虑其法理很多在行政法总论中(比例原则、实时强制执行)〔41〕已放入讨论了，因此不作为主要参照领域。

---

〔37〕 各论之成立，不限于此种理论方法。仲野、前揭注〔24〕书 6 页，构想行政法各论时，「以行政处分为单位，以其各自之法效力及正当化根据之法概念与法理论为基准」。关于此点，可进一步参照角松生史「学界展望」公法研究 76 号(2014 年)275－286(283)页。

〔38〕 关于参照领域之选择基准，Eberhard Schmidt-Aβmann, VerwaltungsrechtLliche Dogmatik, 2013, S. 9，举出领域之重要性、法手段之利用状况、各种利害关系之对立程度、该领域之革新能力等，并率直提出「适切参照领域之选择与评价与分析能力并列，也要求必须以直觉为判断」。

〔39〕 原田，前揭注〔3〕书 264 页。

〔40〕 作为与生活紧密关系之各论编成之先驱业绩，远藤，前揭注〔14〕书，19－21 页(把警察法、公企业法、经济行政法、社会保障法等定位为「生活行政法」；把公共设施法、都市计划法、开发行政法、环境保全法等定位为「生活环境行政法」)。再者，大橋洋一「新世紀の行政法理論」同『都市空間制御の法理論』(有斐閣，2008 年)326－345(337)页〔初出 2001 年〕，作为新参照领域，提出都市法、福祉法、环境法、地方自治法，这些具有市民自律、参加、对话、对人服务、促进信息流通以及动态试行之必要性等特色。

〔41〕 作为代表性研究，参照須藤陽子『比例原則の現代的意義と課題』(有斐閣，2010 年)同『行政強制と行政調査』(法律文化社，2014 年)。

2. 参照领域之理论化策略

参照领域论内部理论化，可认为其系着眼于行政过程构造之共通性。换言之，使用共通政策手法(行政手法)、规范构造(法之机制)〔42〕为方法而分组说明之。例如：社会保障法可区分为，以保险费方式所进行之金钱给付义务过程，及其作为其资本所为给付之过程(金钱给付过程、社会给付过程)。如此思考的话，比起行政法总论中具有主角地位之行为形式论〔43〕(⇒用语)，政策方法、规范构造论在参照领域中，反而具有较高之有用性。规范构造论在总论与参照领域双方，以利用可能之理论框架，丰富其内容而相互学习。

【用语】行为形式论

传统行政法学系以法律→行政处分→强制执行作为“三段论构造模型”[藤田宙靖『行政法总论』(青林书院，2013年)21页]作为行政过程之骨干。在行政法总论中，以行政处分论为其中心理论。相对于此，仅以行政处分之概念，不足以精确掌握存在于行政过程中各式各样行政活动之批判，着眼于行政处分以外之行政活动形式之“行为形式论”，为现代行政法学中，最有力之理论构成。很多行政法学教科书，行政为形式论之具体构成要素，可举行政立法(行政基准)、行政计划、行政处分、行政契约、行政指导等五种类。

相对于此，也有认为以外之构成单位也应整序于行政过程之见解。应着眼于行政机关或关系者之各式各样行为所组合之法律关系之成立、变动及消灭等要素，把此一“行政作用之机制”作为构成单位，而整序行政过程之立场，称为法之机制。更进一步，把行为形式论之框架，独立于政策目的或行政目的之关系，区分实现之各种各式各样法手段之“行政手法论”(行政之体制论)者，亦有之。

---

〔42〕 政策手法、规范构造之概念，参照原田、前揭注〔26〕书，204－206页。中川丈久「行政法における法の実現」佐伯仁志編『岩波講座　現代法の動態2　法の実現の手法』(岩波書店，2014年)111－115页，相当于本章所谓之政策方法「施策(政策过程)」，租税赋课、公共财提供、所有权调整、援助、诱导助成及规制等六类型。

〔43〕 行为形式论之意义，参照高木光「行政手法論」同『技術基準と行政手続』(弘文堂，1995年)85－113(94)页〔初出1986年〕。

把行政法令分组化而观察之，具有一定之意义，接下来要讨论之问题为，参照领域论是否应包含于行政法学之一部分呢？行政法总论与参照领域论为了维持相互学习，期望可以组成一个体系〔44〕。最初，参照领域论为关于行政法理论之讨论，参照领域各有其固有之方法，而展开其固有之讨论。因此，是否包含于行政法学，应为专就行政法学理论做理论性与体系性考虑而做决定之事项。其应考虑以下两点：

第一，行政法总论为学问研究之创造物〔45〕。具体之法令几乎全部存在于参照领域，此为行政法学之特殊构造。参照领域不包含于行政法学之体系，欠缺讨论之素材，即会成为不安定之构造。但是，行政法各论不要论把各论从体系中排除之理由，乃是惧怕如果行政法总论抱持着政策要素，将会使解释论体系不纯正。因此，第二，政策问题是否超越个别参照领域而有讨论之必要性或可能性，将于以下检讨之。

三、从解释论到制度设计论

（一）行政法学与政策论

1. 政策之工具箱模型

行政法学与政策之关系，大约可用以下两种方式来掌握整理之〔46〕：

其一，政策为前提条件之想法，其实现方法应在行政法学议论，亦即“政策之工具箱模型”。“行政法各论不要论”之一，即把行政法定义为“在宪法

〔44〕 曾和俊文他「『重要な判例とともに読み解く個別行政法』を語る」書斎の窓 628 号(2013 年)2-11(9)页。

〔45〕 芝池義一「行政法理論の回顧と展望」公法研究 65 号(2003 年)50－73(52)页，“行政法总论之任务系为了认识行政法秩序之理论框架”。一并参照，同「ドイツにおける公法学的公用収用法理論の確立(1)」法学論叢(京都大学)92 卷 1 号(1972 年)62-84(63)页，也指出行政法各论研究之必要性。

〔46〕 「政策之工具箱模型」「政策之内在化模型」之概念，参照藤谷武史「『法政策学』の再定位・試論」新世代法政策学研究(北海道大学)9 号(2010 年)181－215(196)页。

规范框架内,为了实现立法者所选择具体法目的的技术之法”〔47〕。

其二,此一见解,亦为主张维持行政法各论之论者所共有,例如:把基本权作为基础而提倡各领域确定之必要性见解〔48〕;或者,认为行政法学之固有理论(法治主义)所显示出行政法各论之固有任务见解〔49〕。

其三,此一见解,又强烈批判仅以总论之行政法为发展,无视各论=实体法之政策议论,此在采取制度设计论,或受到公共政策法〔50〕构想强烈刺激之行政法学中也可见到。此一想法,把国家目的定义为“公共服务(public service)之提供”〔51〕,政策本身为其外在之行政过程。

2. 政策之内在化模型

相对于此,使政策问题内在化于行政过程中之行政过程论,不应忽视其在1970年代即被主张。此系认为,行政法并非是利害调整之结果,而系提供利害调整的场域〔52〕,行政过程具有其独自之意义〔53〕。其正是行政过程中之公共性,亦即形成之政策内容。制度设计论之行政法学也是传承解释论与立法论相对化之状态〔54〕。如仅以对于实验法律〔55〕之重视或政策基准阶段形成〔56〕之场面为素材,也无法引起与“政策之工具箱模型”之紧张关

〔47〕 塩野,前揭注〔9〕,228页。

〔48〕 高田敏「現代行政の展開と警察法」公法研究34号(1972年)219－236页。室井力「現代行政法の課題」同『現代行政法の原理』(勁草書房,1973年)3－25页(14页)〔初出1970年〕,也提出行政领域固有行政价值之再评价必要性,为类似之方向性讨论。

〔49〕 藤田、前揭注〔13〕,338页、同『行政総论』(青林书院,2013年)360页。

〔50〕 中里実「誘導的手法による公共政策」『岩波講座　現代の法4　政策と法』(岩波書店,1998年)277－303(284)页。

〔51〕 中里実「国家実現のための手法」南博方他編市原昌三郎先生古稀記念『行政紛争処理の法理と課題』(法学書院,1993年)47－67(57)页。

〔52〕 远藤博也『计划行政法』(学洋书房,1976年)48页。

〔53〕 遠藤,前揭注〔26〕书,138页。阿部泰隆教授之行政法学系为了实现公共性之目的纲领而构筑,参照棟居快行「憲法と行政法」序説」高木光編阿部泰隆先生古稀記念『行政法学の未来に向けて』(有斐閣,2012年)129－151(138)页。

〔54〕 大橋洋一「法政策学について」新世代法政策研究(北海道大学)7号(2010年)1－24(4)页。

〔55〕 大橋洋一「実験法学の法構造」同『対話型行政法学の創造』(弘文堂,1999年)280－300页。

〔56〕 原田大樹「政策実現家庭の多層化」同『公共制度設計の基礎理論』(弘文堂,2014年)319－350(327)页〔初出2010年〕。

系。但是,此种废除"法律及其具体化"之框架,更聚焦于政策与法制度之相互规定性[57],则此两种模型间,行政过程或行政法学之自我理解也将产生不同[58]。在此,为了定焦于参照领域论之功能,此一问题就不再讨论。对于政策过程之法规范,也会影响政策决定之质量,确认此一关系下,以下讨论参照领域论与政策论之关系。

(二)参照领域论与政策论

1.作为保育箱(incubator)之行政法

以上所示政策与法之动态关系,可以获得"作为保育箱之行政法"[59]之想法。行政法经过错误试行之过程,在明确且安定其政策目的或价值后,而有独立法领域之想法。把租税法与经济法定位,可作为其具体例。把政策之试行错误情形,作为"行政法学"从各论领域分离之契机,什么样的东西是可以想到的呢? 一、要件效果构造之典型,对于租税法为民事法律[60],对于经济法为刑事法律[61],其各提供要件效果构造之模型,此为其从行政法学独立之契机。二、在这样状况下,来自于利益状况定型性而有定型处理之可能性,如此一来,政策与法之问题中,行政法总论长年以来讨论之行政裁量论,也必须重新检讨[62]。

做成得为裁量之决定时,应课予行政对于考虑事项有发现之义务。换言之,行政有义务考虑除了禁止考虑事项以外之所有事项[63]。除条文上明

〔57〕 藤谷,前揭注〔46〕文,197 页。

〔58〕 藤田,前揭注〔49〕书,137—140 页,仲野武志「行政過程による〈統合〉の瑕疵」稲葉馨=亘理格編藤田宙靖博士東北大学退職記念『行政法の思考様式』(青林書院,2008 年)99—139(127—128)页。

〔59〕 藤谷武史「租税法と行政法」金子宏編『租税法の発展』(有斐閣,2010 年)71—95(91)页。

〔60〕 須貝脩一「税法学の誕生」税法学 2 号(1951 年)7—12(9)页。

〔61〕 丹宗昭信「経済法と行政法」公法研究会 34 号(1972 年)262—277(270)頁。

〔62〕 作为代表研究书,参照高橋滋『現代型訴訟と行政裁量』(弘文堂,1990 年)、亘理格『公益と行政裁量』(弘文堂,2002 年)、深沢龍一郎『裁量統制の法理と展開』(信山社,2013 年)。

〔63〕 小早川光郎「基準・法律・条例」小早川光郎=宇賀克也編塩野宏先生古稀記念『行政法の発展と変革　下巻』(有斐閣,2001 年)381—400(392)页、原田大樹『演習　行政法』(东京大学出版会,2014 年)68。

确表示之要件规定外,也有其他应考虑之事项。此一想法,在以要件效果为原型之民、刑事法中,为很少见之特色。行政裁量中,特别是权限分配规定、程序规范、考虑事项之规定,并非应实现之政策内容本身,而系广义之确定方法之规定。亦即所谓second order(二阶)之问题〔64〕,行政法学中之政策问题,一直以来,很多并非内容本身而系讨论如何作成决定之决定方式问题。包含立法裁量问题之制度设计论而开展,并非作为前提要件之政策目的,而系讨论以"何种方法"决定〔65〕。

2.政策论之参照领域与行政法总论之任务分担

特别是政策之工具箱模型中,实体之政策内容与个别法之问题整理,行政法总论中,讨论其广泛意义之程序、方法之静态性任务分担为其默示之前提。相对于此,在政策内在化模型中,政策内容与实现方法之双方面,行政法总论与参照领域应放在一起讨论,相互比较参考其动态关系。

参照领域之任务在于获得跨领域所产生之知识。参照领域中之政策论中心为观察实体而定位最好之政策为何[first order(一阶)问题],或者对于立法事实为绵密之讨论〔66〕。相对于此,行政法总论之任务,在于探究调控(制御)立法者之法理论。意思决定过程(立法过程论〔67〕、立法程序论),国家目标规定、人权规定、软法原则等现在正在讨论之道具原则,应该是second-order(二阶)才要处理之问题。行政法总论应确保与邻接科学领域、立法实务之距离,摸索出其对于行政法理论之固有制度设计论之贡献可能

〔64〕 藤谷武史「公法における『法と経済学』の可能性?」法学教室365号(2011年)16－24(23)页。

〔65〕 藤谷武史「プロセス・時間・制度」新世代政策学研究(北海道大学)1号(2009年)29－64(45)页。

〔66〕 立法事实论与在公开场合议论之结合,为重点。此一见解,参照川崎政司「立法における法・政策・政治の交錯とその『質』をめぐる対応のあり方」井田良＝松原芳博编『立法実践の改革』(ナカニシャ出版,2014年)42－72 60)页。

〔67〕 关于立法过程之跨领域研究,可参考井上達夫编『立法学の哲学的再编』(ナカニシャ出版,2014年);西原博史编『立法システムの再構築』(ナカニシャ出版,2014年);井田良＝松原芳博编『立法実践の改革』(ナカニシャ出版,2014年)。

性〔68〕。例如:已经开始尝试着把立法过程问题作行政法学分析〔69〕,再者,文化艺术政策〔70〕、财政政策〔71〕、核能政策〔72〕等领域中,政策决定之间接诱导方法,亦即超越规则(meta rule)之检讨也应为之。今后,也应使此一方向性发展,政策论之行政法总论与参照领域之相互学习发展也有其必要。

结论:参照领域理论之发展可能性

本章中进行了参照领域理论之理论基础明确化作业。结论将提出两点在本书中可以进一步展开讨论之课题。

第一,构筑全球化对应之行政法理论与参照领域对话。租税法、社会保障法、环境法等独立之法领域,因全球化而使得问题有易于明显化之倾向〔73〕,以此倾向为前提,一直以来为放入行政法各论框架中之各式各样素材,有必要尝试继续相互学习。第二,行政法理论与意识到时间轴关系之参照领域对话。到目前为止之参照领域理论系偏向于作用法,较少议论与救济法之关系。在参照领域理论中与救济法关系也有必要适用之〔74〕。换言

〔68〕 興津征雄「行政作用としての特許権発生と特許無効」知的財産法政策学研究(北海道大学)38号(2012年)13－75(26-29)页。

〔69〕 作为先驱之重要研究业绩,阿部泰隆「日本の立法過程の管見」同『政策法学の基本指針』(弘文堂,1996年)275－313页〔初出1993年〕。具备行政法学观点之分析立法过程之业绩,参照中岛诚『立法学〔第3版〕』(法律文化社,2014年)。

〔70〕 小島立「著作権と表現の自由」新世代法政策学研究(北海道大学)8号(2010年)1－56(35－44)页;原田大樹「政策形成過程の構造化」同『公共制度設計の基礎理論』(弘文堂,2014年)257－272页〔初出2011年〕。

〔71〕 神山弘行「財政赤字への対応」ジュリスト1397号(2010年)12－20页;藤谷武史「政府調達における財政法的規律の意義」フィナンシャル・レビュー104号(2011年)57－76(74)页;原田大樹「財政への法的規律」同『公共制度設計の基礎理論』(弘文堂,2014年)273－280页〔初出2012年〕。

〔72〕 Hiroki Harada, Atomenergie-Freund oder Feind des Genmeiwohls? DÖV 2014, S. 74－78.

〔73〕 大橋洋一「グローバル化と行政法」行政法研究1号(2012年)90－113(111)页。

〔74〕 例如:社会保障中行政不服审查之特殊性检讨,应注目之业绩,参照山下慎一「社会保障領域における不服審査」法政研究(九州大学)80卷1号(2013年)61－141页。

之,讨论各参照领域之行政过程与司法过程之任务分担问题[75],为重大之课题。例如:研究都市计划诉讼[76]或团体诉讼[77]等参照领域特有之救济规则为其第一步。

(特约编辑:刘雪鹂)

---

〔75〕 興津征雄『違法是正と判決効』(弘文堂,2010年)346頁;角松生史「『景観利益』概念の位相」新世代法政策学研究(北海道大学)20号(2013年)273－306(302)页。

〔76〕 大橋洋一「都市計画争訟制度の発展可能性」新都市63卷8号(2009年)90－115页。

〔77〕 島村健「環境団体訴訟の正統性について」高木光他編阿部泰隆先生古稀記念『行政法学の未来に向けて』(有斐閣,2012年)503－541页;原田大樹「政策実現過程の複線化」同『公共制度設計の基礎理論』(弘文堂,2014年)281－318页〔初出2011年〕;同「団体訴訟の制度設計——特定商取引法を具体例として」論究ジュリスト12号(2015年)150－155页。

行政法中的“法学外”知识、日常理论与启示学

[德]Wolfgang Hoffmann-Riem* 著　李　剑** 译

本文所要探讨的法学是一门关于法律适用之科学。法律的适用以行为和效果为其目的。法学以标准的、准确的法律规范为其研究对象;但这种规范性却是基于与规范性事实无关的各种方式。关于法律与非法律之关系问题,就法律角度而言显然是要在下文详加以讨论的主题。

一、对法律与事实的结构性把握

虽然我缺乏确定的前提——“确定前提”的任务首先并不是由法学家来承担。但在论题形式上可做如下申明:[1]

法律(同样也有法学)是一种社会结构,所以在它的形成以及适用中有语境依赖以及原则性的成分。相关语境与成分也是以理性作为基准点的,这些是在多极的以及碎片化的社会中以一种理性的方式来加以应用的。知识的普遍化(也包括实际知识)并不是一种预先给定的认知,而是一种在社会相互理解的过程中被承认的知识。

---

* Wolfgang Hoffmann-Riem(沃尔夫冈·霍夫曼-印),德国汉堡大学公法教习教授,原联邦德国宪法法院大法官,著名公法手册《行政法的基础》一书的主编之一,德国新行政法学代表人物。本文刊登于 Die Verwaltung 49 2016), S. 1-23,原文题目是“Ausserjuridisches” Wissen, Alltagstheorien und Heuristiken im Verwaltungsrecht.

** 李剑,德国慕尼黑大学法学博士候选人。

〔1〕 本文所表达之主要观点在我的专著中已有所表述。详见于“Innovation und Recht - Recht und innovation. Recht im Ensemble seiner Kontext”, 2016, näher ausgeführt und mit Literaturhinweisen versehen, s. dort insbesondere die §§4 bis 9.

对于形成相应社会结构之实际效果,这有关于在法律适用程序中对内容、规范以及它所涉及的事实的预先接受。特别是对前理解,但也包括了(主体间的)合意在内。具有影响的是今后行为的框架条件会有所改变。它将由建制化的标准组织及其相关权限,以及可供使用的程序和其中安排的相关人员所构成。重要的是在具体的判决中,尤其是对那些可使用的文本知识以及经验知识而言,那些意愿的、直觉的以及动机性的判决因素之间彼此并列且共同发挥着作用。但有可能也会出现一些反常的影响。作为一种修正,它需要从法的规范性关系上进行具有法律约束力的审查,即在多大程度上法律之外的事实效力符合法律上的规定或者与之冲突。这就可能导致相关规范条文与非法律事实之间的"目光之循环流转"。

从一开始人们就有义务把这种带有适度建构性的思考放入视野中,〔2〕它已经对一般的法学以及以适用为定位的部门法学之理解产生了影响。一般性表述要获得支持当然还有许多"琐碎的工作"要做,比如如何在以下步骤中发生作用:即具体进行法律适用的主体在处理法律问题时也有必要处理非法律问题,〔3〕以及明确这些非法律问题需要在多大范围内产生作用。

二、裁判规范的具体化

规范程序需要在法律适用的各个流程中基于一定目的来加以具体化,这些目的在具体的案件中作为绝对需要加以考虑的规范内容而被确定下来。它构建起了裁判规范,〔4〕这对法律适用活动具有决定性意义,特别对

---

〔2〕 关于结构性之端绪的具有重大意义的研究可见于 Berger/Luckmann, Die gesellschaftliche Konstruktion der Wirklichkeit. Eine Theorie der Wissenssoziologie, 1969. Aus der unübersehbaren Literatur zum Konstruktivismus s. statt vieler Knorr-Cetina, Spielarten des Konstruktivismus, Soziale Welt 40 (1989), S. 86 ff.; von Foerster u. a., Einführung in den Konstruktivismus, 1992.

〔3〕 相关步骤以及处理问题的层级参见 Hoffmann-Riem, in: Schmidt-Aßmann/ Hoffmann-Riem (Hrsg.), Methoden der Verwaltungsrechtswissenschaft, 2004, S. 9, 31 ff., weiter ausgebaut in der in FN 1 erwähnten Monograpie, dort in § 8 A.

〔4〕 参见 Müller/Christensen, Juristische Methodik, Bd. I, 11. Aufl. 2013, Rn. 233.

涵摄更是如此。裁判规范的形成需要面对大量的开放性活动或者说几乎是面对所有规范性程序的前提性活动。[5]通常规范的制定者并不能一劳永逸地用单一方法处理所有的问题。这也适用于不断强化的生存照顾领域,并且关系到法律"面向未来"的转化。

具体化的规范作为裁判规范(以及法律适用中大量使用的方式)是社会进程的一个部分,这些是以判决为导向的。此外,口头上的规范文本以及交互形式的语言都要广泛地与规范相关联,尤其是在规范适用之结果的合法性类型方面,总的来看也要考虑法律之外的事实。程序与结果应当具有合法性能力与可证明性。这一要求也适用于(如德国《行政程序法》第 39 条第 1 款之规定)判决的程序与"事实理由"上具有决定性意义的结论,并且"进一步的观点"已经导向了对裁量的执行。基本的想法通常是与开始时的"事实理由"和"观点"有关,它不是又或者仅仅只是在规范的文本中对其界限加以描述,直到通过判决而转化为具有显著性的事实。

首先确定判决中的法律适用程序仍是一个建构层面的事情。[6]它绝不是法学中的主要部分。德国法学理论上可资证明的部分,特别是在法学方法论上,这涉及程序合法性与判决形成之结论这一核心领域,特别是作为合法律性的规范解释。此外还需要在描述的层面根据假设来确定中心,证成之必要性与必要之判决证成也是对建构程序中的理性确保之保障。[7]顺便

〔5〕 规范之开放性的其他论述参见 Jestaedt, in: Erichsen/Ehlers (Hrsg.), Allgemeines Verwaltungsrecht, 14. Aufl. 2010, § 11; Neumann, in: Gabriel/Gröschner (Hrsg.), Subsumtion. Schlüsselbegriff der juristischen Methodenlehre, 2012, S. 311 ff.; Pfefferl, Die Dichotomie konditionaler und finaler Normen. Kritische Analyse der Dichotomie als Modell der Verwaltungssteuerung und Entwirklung eines materiellen Modells rechtlicher Determination, 2014, S. 30 ff. m. w. N. in Fn. 55.

〔6〕 接下来所考虑的关于描述与建构之间的重要区别参见 Statt Vieler Trute, in: Schmidt-Aßmann/ Hoffmann-Riem (Hrsg.), Mcthoden der Verwaltungsrechtswissenschaft, 2004, S. 293 ff.; Jestaedt, in: Engel/Schön (Hrsg.), Das Proprium der Rechtswissenschaft, 2007, S. 241 (274 ff.); Gräfin von Schlieffen, in: Gabriel/Gröschner (Hrsg.), Subsumtion. Schlüsselbegriff der juristischen Methodenlehre, 2012, S. 379 ff.

〔7〕 参见 Rupp, NJW 1969, S. 1273 ff.; Engisch, Einführung in das juristische Denken, 11. Aufl. 2010, S. 226 ff.; Gräfin von Schlieffen, in: Gabriel/Gröschner (FN 6), S. 384 ff., 425 betont allerdings den fiktiven Charakter der Annahme, die Begründung (Darstellung) als Wiedergabe der Entscheidungsfindung zu verstehen.

说明,这是一种带有启示性的简化的说法。

三、现实领域、事实领域、结果领域

从规范文本到形成裁判规范,再到对其进行适用以便解决问题并获得结论,必须经历许多的步骤。而我在此只是需要集中探讨那些法律之外的不同的因素。所以这涉及基于确定的理性部分的规范控制流程,在这一典型的问题中,彼此协调下的规范得以被掌握。这对于我而言就是被标示为理性部分的规范之现实领域〔8〕——Friedrich Müller 与 Ralph Christensen 则称之为事实领域〔9〕——在此领域中规范总是遇到各种技术的、自然科学的、社会的、政治的、经济的、文化的、生态的以及其他的“真实性”。规范是一种关于一般经验结果之假设(虚拟)的转换器,它涉及规范设定中重要的理性成分。这些经验的结构一部分会归为“一般的事实”或者被归为“法律事实”。〔10〕英语的名称对此带来了具有特殊意义的表达,这种经验上的假设在立法上具有重大意义。没有这些规范设定中所包含的理性假设就很难适当地解释规范的内容。

现实领域包括的不仅是来自于历史上的立法者所经历到的初始状况,也包括了当时关于社会以及社会经济初始条件下的具有决定性意义的假设,这些规范都体现在了文本中。这种记录充当了对曾经的规范制定者所基于的关联性与效果之设定进行查明的角色。立法者的相关设定可以改变(规范)适用历史的进程,并在变化着的方式中对具体的法律适用产生决定性的影响。这里还要关注在对规范进行解释与适用时的事实变迁。〔11〕

因为法律应当为解决具体问题作出贡献,必须基于规范所处的现实领

---

〔8〕 参见 Hoffmann-Riem, in: Schmidt-Aßmann/ Hoffmann-Riem (FN 3), S. 36 ff.

〔9〕 参见 Müller/Christensen, Juristische Methodik I (FN 4), z. B. Rn. 235a.

〔10〕 参见 Kluth, NJW 1999, S. 3513 (3515); Bryde, in: Badura/Dreier (Hrsg.), FS 50 Jahre Bundesverfassungsgericht, Bd. I., 2001, S. 531 (533); Sanders, DÖV 2015, S. 761 m. v. N. in FN. 3.

〔11〕 另外关于方法论上的行为可分为三个步骤,对此参见 Hoffmann-Riem, in: Schmidt-Aßmann/ Hoffmann-Riem (FN 3), S. 53 ff.

域对问题的实际情况加以掌握。众所周知“法律情势”的概念涉及解决法律问题所要掌握的事实，并且这些事实仅仅只是与具体裁判问题相关的事实。它还包括单一事实或者预测。但只要还在经验命题范围内，法律情势就能解释单一事件或者是成为必要的预测。〔12〕

法律规范是以实现目的〔13〕以及建立目标为定位的一种标准。所以规范程序也有必要关注裁判中可能出现的错误。这种必要的澄清包括，哪些结果及后果（Folgesfolgen）是必须加以考虑的或者任何情况下都是允许的，〔14〕但也包括引起后果的方式以及与之相关的优缺点。

与结果层面相关的是输出、影响和后果。〔15〕在此，后果就是直接的裁判结果，它有时候是行政行为，大部分则是追求法律目标的中间步骤。具有决定意义的首先是它作为针对规范对象的有效措施而产生的影响，即在遵守规范或者考虑到规范的激励效果时。还有就是对间接相关人的效果，比如邻居。规范性重要的方面还在于其结果；还要考虑到由此产生的广泛的影响，以及对社会相关领域与社会本身所产生的总体性的长期效果。比如相关结果之效果要考虑到对市场功能的分配，或者考虑到实现能源效率之可能性，又或者是基于实现或避免技术上的风险，就像在克隆技术以及类似的对社会有重大影响的技术上的风险。

规范在表达上越是具有开放性就越是具有多样化的详尽而含蓄的目标，法律适用的结果层面之具体化也就越是重要。对许多行政法而言，特别

---

〔12〕 参见 Rehbinder，Rechtssoziologie. Ein Studienbuch，8. Aufl. 2014，Rn. 9.；Bryde，in FS Bundesverfassungsgericht（FN 10），S. 533.

〔13〕 有关法律之目的的进一步阐述参见 Wischmeyer，Zwecke im Recht des Verfassungsstaates，2015.

〔14〕 在此可参考长期以来法学上关于这个问题的争论，即在多大程度上以结果为导向的论证能够被引入决策程序之中。其他观点另参见 Wälde，Juristische Folgenorientierung，1979；Lübbe-Wolff，Rechtsfolgen und Realfolgen，1981；Deckert，Folgenorientierung in der Rechtsanwendung，1995；Zhang，Juristische Argumentation durch Folgenorientierung，2010，S. 29 ff.，85 ff.；此外还可参见 Wischmeyer（FN 3），S. 217 ff. m. w. N. in Fn. 141 sowie S. 366 ff. m. w. N. in Fn. 198 ff.

〔15〕 关于适用社会学上的概念，其他观点参见 Nullmeier，in：Blanke/Nullmeier/Reichard/Wewer（Hrsg.），Handbuch zur Verwaltungsreform，4. Aufl. 2010，S. 357（360 ff.）以及许多来自法学文献中的观点参见 Franzius，in：Hoffmann-Riem/Schmidt-Aßmann/ Voßkuhle（Hrsg.），Grundlagen des Verwaltungsrechts，Bd. I，2. Aufl. 2012，§ 4 Rn. 70 ff.

是规制类法律，[16]它们在影响与结果的维度上拓展了法律的重大意义。特别是对一些欧盟法规也有着高密度的适用，其所考虑的理由(不再是简单的彼此兼容)被赋予相应的指导目标。比如(欧盟的)基因技术和通信类法律同样也适用于部分的国家法中。[17]法院在其论证中也要考虑到影响和可能的结果，所以这也包括了联邦宪法法院，尤其当出现法律上可以预见到的过度负担以及要对社会领域中的效果进行审查时。曾经的例子有，国家的监管措施可能通过干预产生威吓效果，这种方式对于保障公民们的自由权也是适当的。[18]

对于法律行为的合法性而言重要的是，是否设定了目标并且目标合适，即达到规范制定者所预期的效果。并且对于目标的达成而言是否还存在或者是否要创建其他的决定性的条件。对于合法性而言当然没有前提，预期的结果事实上也会被实现，相关的预期也会得到适当的证明。以下情况是不是不属于现有的原因，即对更好的执行或决断进行审查——属于对灵活性保留与动态保留之运用。并且这些结果决策显然要以实际情况为前提。

四、知识的一般化与处理

因此许多(但绝非全部)基于法律规范的显著的事实被看作必须的或可能的干涉(法律适用的)棱角。这种干涉在广义上指明了事实性知识，并为知识的一般化提供了可能性。于是我为了探讨“知识问题”(Wissensproblem)，需要在越来越新的现代维度上考虑这一问题的影响，并且在法学理

〔16〕 其他观点的大量文献参见 Müller/Christensen, Juristische Methodik I (FN 4), S. 541 ff. und passim; Jestaedt, in: Erichsen/Ehlers (FN 5); Neumann, in: Gabriel/Gröschner (FN 5), S. 311 (312 ff.); Pfefferl (FN 5), S. 30 ff. m. w. N. in Fn. 55. Kritisch zu dieser Entwicklung -statt vieler-Gärditz, NVwZ 2009, S. 1005 ff.

〔17〕 另参见 Wollenschläger, Wissensgenerierung im Verfahren, 2009, S. 79 ff., 116 ff., 122 ff.

〔18〕 参见 z. B. BVerfGE 125, 260 318—320).

论上将其转化为命题。[19]在这里我使用的是最广义的知识概念。[20]它包括的仅仅是那些对鉴定事实最为重要的信息。在此意义上的信息是有关法律适用之起始状况的认知，或者是关于先前判决的经过与经验。另一方面是狭义上的知识。知识的构成会倾向于知识在其一般化与使用过程中的不同的社会语境，这基于不同的解释模式和适用经验，这些被充分维护的条件是众所周知的或被认可的。[21]

狭义上的知识是可以直接运用的吗？并且对于法律适用而言这种运用是可理解的吗？在法律适用的过程中运用那些大部分没有获得进一步的以及附带的证明的知识来作为法律适用的基础，这样做是合适的吗？这涉及“去上下文（语境）”（dekontextualisierte）的问题，即承认那些关于结构与模式的有效的“改良”信息。[22]这种“知识”并不像真理那么众所周知，或者完全是一种与“客观超时间性”的真理相混合的东西。这涉及对一定的社会背景的区分与承认，或者就此而言对于（或多或少）真正所坚信的知识的确认。这种知识也是社会交互行为的产品。

对于信息的入口——以及具有真实结构的行为——法律有着自己的规则，[23]有些是关于证明与证明负担的调查证据的规则，但也有被禁止的证明主题（比如证明排除权），证明方式的禁止（比如关于清除前科）或者是对已知的证明方式的禁止（比如非法听证）。这种基于法律决断程序的要求要通过已经确定的规范来加以说明，而这些规范要屈从于对事实条件的理解，但这些理解对于科学而言并非那么有效。[24] 对此每种不同的认知方式与

---

〔19〕 其他观点可参见以下论文 in：Spiecker gen. Döhmann/Collien（Hrsg.），Generierung und Transfer staatlichen Wissens im System des Verwaltungsrechts，2008；Schuppert/Voßkuhle（Hrsg.），Governance von und durch Wissen，2008；H. C. Röhl，Die Verwaltung 43（2010），Beiheft 9；Masing，in FS Rainer Wahl，2011，S. 147 ff.

〔20〕 另可参见本人的论述 in der in FN 1 erwähnten Untersuchung，§ 20.

〔21〕 在这里绝不仅仅只是涉及以科学之方法所获得的知识。

〔22〕 另参见 Kaiser，Die Kommunikation der Verwaltung，2009，S. 218，220；也可参见 Vesting，in：Hoffmann-Riem/Schmidt-Aßmann/Voßkuhle（Hrsg.），Grundlagen des Verwaltungsrechts，Bd. II.，2. Aufl. 2012，§ 20 Rn. 2.

〔23〕 其他观点参见 Würtenberger，Verwaltungsprozessrecht，3. Aufl. 2011，Rn. 573 ff.；Vierhaus，Beweisrecht im Verwaltungsprozess，2011.

〔24〕 相反观点参见 Upmeier，Fakten im Recht（2010），S. 147 ff.

交流方式都被使用过。规范性知识的普遍化有时候与在社会科学或者是自然科学中其他的效果描述一样,但对此通常没有追索权。

所涉及的程序法或证据法规则,对于事实的查明以及对事物关系之理解显然只是法外知识的一个部分而已。这种法外知识是开放的,在某种程度上这些规则也是一种预测性的知识,或者在真实知识领域具有可适用性。〔25〕基于规范之经验前提的知识或者是在明显社会经济条件框架或管理模式下所进行的规范解释——就像在某些相关的市场或网络中的功能方式——以及基于明显带有预测性的经验规则,这些规则与传统上所理解的规则无关。这些一般化的知识对于规范的解释和具体化而言当然是不可或缺的。

查明这些是高权法律适用者的职责所在——参看这句话:法院才知道法律(iura novit curia),——这一观点无须教导——或者对于相关规范全部的证明负担都已获得论证。较好的想法也只是在证据的调查与使用上对现有规则进行类推适用,某些规则是关于经验性证明的可能性。但也有可能不会如此广泛地适用。比如不可能强迫司法程序的参与者承担为了查明对重要的规范知识之理解而支出的成本。关于如何通过类推适用现有的针对事实知识的有效规则来规范化地运用这些实际知识,这个问题并没有获得广泛的解决。

此外,法院在程序上设定了许多法律规则作为预防措施来处理法外知识。在此(尤其是在风险法方面)需要高度注意的是那些活跃的机构、经验老道的委员会以及或多或少具有独立性的机构及其特别的程序——比如商谈安排。

在某种意义上"法外"信息与"法外"知识对于法律适用的工作来说具有十分重要的意义,它使得人们无须为了法规的一般化和对法规的加工而进

---

〔25〕 Dass die Problematik von legislative facts/Realbereichswissen in der Literatur nicht näher diskutiert wird, stellt Wollenschläger, Wissensgenerierung im Verfahren, 2009, S. 8, Fn. 3 fest. 另可见于 Bryde, in: FS Bundesverfassungsgericht (FN 10), S. 583, "methodisch am wenigsten geklärt". Zur Erfassung von Realbereichswissen bzw. "legislative facts" in der Verfassungsgerichtsbarkeit s. Philippi, Tatsachenfeststellungen des Bundesverfassungsgerichts, 1971; Ossenbühl, in: Starck (Hrsg.), Bundesverfassungsgericht und Grundgesetz. Festgabe aus Anlaß des 25 jährigen Bestehens des Bundesverfassungsgerichts, Bd. I,1976,S. 458 (466 und passim), sowie Gräditz, NVwZ 2009, S. 1005 ff.; ders., in: FS Puppe,2011,S. 1557 ff.

行特殊调整。传统的方法论在此也并无助益。它仅仅包括界分那些过去是偶尔需要的，而现在是常常需要的对产生妨碍的具体事实之法外知识的查明。毕竟对各种不同的法学方法的运用——比如说 Larenz/Canaris〔26〕他们都有一些关于如何进行事实判断的论述——当然大部分内容并不是为了查明和处理实际的知识。但也是为了对事实知识加以理解，但并不会只是依靠“从抽象到具体”的方法规则，这种方法并不是之前 canons(准则)的比较方法。由于文本解释和要素概括在性质上的差异，这种方法也不能成立。

Friedrich Müller 的结构化法律学说中〔27〕，Müller/Christensen〔28〕认为在方法论之形式转变过程中，规范范围减少的最佳理由不是可供运用的条文的减少，而是“在规范程序方面对实际数据为定位和界限的查明”被视为规范的组成部分。〔29〕在处理事实问题时一种“后实证法的方法”发展起来。〔30〕在这种方法论中可以发现许多直观的例子——首先是来自于宪法法院的司法判决——当然仅仅是针对获取这类知识的方式的一般陈述，特别是在运用相邻学科的知识时。

五、对多元学科与交叉学科的讨论

特别是在 1968 年之后关于法学与相邻学科之关系的前沿性讨论中，〔31〕关于对事实的查明以及知识的可利用性方面，以及法外学科的行为

---

〔26〕 Larenz/Canaris, Methodenlehre der Rechtswissenschaft, 3. Aufl. 1995, S. 104 ff.

〔27〕 Müller, Strukturierende Rechtslehre, 2. Aufl. 1994.

〔28〕 Müller/Christensen, Juristische Methodik I(FN 4); Müller/Christensen, Juristische Methodik, Bd. II, 3. Aufl. 2012.

〔29〕 Müller/Christensen, Juristische Methodik I (FN 4), Rn. 235a.; Müller/Christensen, Juristische Methodik II (FN 28), Rn. 468 ff.

〔30〕 Müller/Christensen, Juristische Methodik I (FN 4), Rn. 235a.; Müller/Christensen, Juristische Methodik II (FN 28), Rn. 467 ff. betonten die Rückkoppelung des Gesetzes an reale Entwirklungen, sind aber ebenfalls zurückhaltend mit Anleitungen für die konkrete Bewältigung der Aufgabe-s. aber z. B. Rn. 504 ff.

〔31〕 另可参见以下论文 in: Grimm (Hrsg.), Rechtswissenschaft und Nachbarwissenschaften, Bd. I, 2. Aufl. 1976 und Bd. II, 1976 sowie in den im Verlag C. H. Beck 1977 und 1978 erschienenen vier Bänden: Sozialwissenschaften im Studium des Rechts.

方式及其跨学科之可能性等都成为讨论的主题。一个来自法学立场上的核心的问题是,是否以及在多大程度上社会学、经济学或者技术类科学中关于事实基础的一般性知识在法律关系中是具有重大意义的?此外也包括利用这些理论对事实加以查明和解释的方法是否以及在多大程度上具有重大意义?是否能利用其他学科的“财富”来保障法律规范的优先性?

在今天的法律教育中,甚至连法官法意义上的立法者(§ 5a)对于跨学科性的问题(但也是在有限的范围内)也有着权威性的决断:法学教育中的重点课程被充作“法律跨学科路径”的中介;这一中介就像所有的法学教育是以培养够资格的法官一样,从法律的角度来看它意味着这是针对全部的法律人。

通过对多元学科及跨学科性长达十年之久的讨论,那些不断增多的关于不能忽视法外知识的观点使得更多的非法律学科中的概念与方法被引入到法学问题的讨论中来。〔32〕当然,那些法律之外的概念比如交易成本、网络、控制或者甚至于治理这样的概念今天都大量地在法学论著中被使用,〔33〕这些概念有一部分被作者本人赋予定义,但大部分概念则是遵循其“来源学科”的固有定义。利用法学之外的概念可以带来以下贡献:它有利于横向地解决法律问题并扩充法学上的反射知识(Reflexionswissen),并改变论证的方式。这些新的发展也包含在了法律适用的实践中。增强立法者的立法技术这一方式得到了支持,相邻学科的基础概念在规范化的仓库中被接受。比如在电信法中有关市场界定与市场分析(§ 10 f. TKG),或者关于制定补偿计划(§ § 27ff., 30 ff. TKG),以及“有效的给付成本”之概念(§ 32 TKG)。在学科上也尝试着在核心概念与桥接概念〔34〕的帮助下

---

〔32〕 部分可另参见 Hoffmann-Riem, in: Giehring/Haag/Hoffmann-Riem/Ott (Hrsg.), Juristenausbildung - erneut überdacht, 1990, S. 75 (88 ff.). Skeptisch demgegenüber Lepsius, in: Hilgendorf/Schulze-Fielitz (Hrsg.), Selbstreflexion der Rechtswissenschaft, 2015, S. 53 (56).

〔33〕 关于法外术语与概念的变迁结果参见 Kaiser, in: Augsberg Hrsg.), Extrajuridisches Wissen im Verwaltungsrecht, 2013, S. 99 (102 ff.).

〔34〕 相关论述参见 Voßkuhle, in: Hoffmann-Riem/Schmidt-Aßmann/Voßkuhle (Hrsg.), Grundlagen des Verwaltungsrechts, Bd. I, 2. Aufl. 2012, § 1 Rn. 40 ff. m. w. N. in Fn. 216 f.; Baer, in: Schmidt-Aßmann/Hoffmann-Riem (Hrsg.), Methoden der Verwaltungsrechtswissenschaft, 2004, S. 223 (225 ff.).

简化未来的(概念之间的)连接与相互的交流。但在此我们不做深入的讨论。

六、在可应用知识中的漏洞

通常对立法中的真实事件的认可或接受需要追溯到法律适用的实践或者基于法外知识在法学上的结论,由此这些被认可的理由的可信度才会被强化,而这种可能性是成倍增加的。[35]过去与现在所保留着的许多漏洞,其原因在于:根据学科规范所提升的法外知识通常是不具备直接的可用性的,或者说很难融入司法判决之中。对于法学而言它也适用于科学上对一般命题的表达:科学早先作为大部分可被说明的活动——它被用于扩展防御性的知识,[36]现在必须依靠对法外知识领域的学习与分析来强化(法律知识)自身,从而使得社会可以由此形成交流。[37]对于不同类型的知识所进行的普遍观察之结果也是有待处理的。可以确定的是,对于一种逐步增强的体验,在考虑不同的专业知识时也需要考虑那些非专业的知识。[38]

---

〔35〕 在科学上也尝试着给出有助于分析的方法。举个例子:Kaufhold, in: Augsberg (Hrsg.), Extrajuridisches Wissen im Verwaltungsrecht, 2013, S. 151 (162): “sie empfiehlt mit Blick auf die Verwendung ökonomischen Wissens folgende Fragen zu stellen:”1. Welche Quellen des ökonomischen Systems werden nach ihren Wissensbeständen befragt? Wem gegenüber öffnet sich das juristische System? —Andockstellen) im ökonomischen System. 2. Nach welcher Art von Wissen werden diese Quellen befragt (z. B. Erfahrungs-oder explizites Wissen)? Für welche Art von Wissen öffnet sich das Juristische System - Qualität des transferierten Wissens. 3. Wer rezipiert das Fremdwissen, welche Stelle speist das ökonomische Wissen in das juristische System ein und ist also für die Transformation verantwortlich? —Andockstelle(n) im juristische System. 4. Wie wird das extrajuridische Wissen transformiert? 5. Wie ist das Verfahren ausgestaltet, in dem eine Auswahl aus verschiedenen (kontingenten) Wissensageboten getroffen wird (z. B. Formalisierungs-und Institutionalisierungsgrad, Nähe zur abschließenden staatlichen Entscheidung)? —Prozess der Transformation. ”

〔36〕 Merton, Sociology of Science, 1973, S. 267, 270.

〔37〕 另参见 Wehling, in: Peter/Funcke (Hrsg.), Wissen an der Grenze, 2013, S. 43 ff.; Voßkuhle, in: Trute/Groß/ Röhl/Möllers (Hrsg.), Allgemeines Verwaltungsrecht - zur Tragfähigkeit eines Konzepts, 2008, S. 637 (652 ff.)

〔38〕 Rüb, in: Schubert/Bandelow Hrsg.), Lehrbuch der Politikfeldanalyse 2. 0, 3. Aufl. 2014, S. 373 ff.

在证明行政或司法方面的决定时(也包括高等法院法官的判决),在相关的论证中会查明法学文献,指出法学体系中可能附带出现的漏洞,以及预防性的知识。运用专业知识的可能界限对于进行预测而言有着特别重要的意义,比如在风险法领域。法学家们想要尝试的是必须让人们屈服于以下过程,即对于所有的可接受的事实以及可预测的证明都有其相应的科学方法,并能从经验研究中提炼出相应的知识。[39]在这篇文章中我并没有对此加以举例说明,但在许多教科书以及专著中则有着许多说明。对此并没有留下什么其他的概述方式。

运用知识的好处在不同的学科中是不同的,并且对于其他学科的学者而言也没有理由需要依靠别的学科来进行自己的工作,这些交流的方式以及运用知识的好处受到法学家的偏爱——此外可能也反映了撰写有利可图的专家建议书时的要求。1970年代的一些法学家所表述的"法学家提问,社会学家回答"的说法在今天看来体现出一种无知的傲慢。法学之外的学者们既不是法学家的仆人,也不是法学家的跟班。

当然在法律上也不存在容许如此做的理由,即不能从法学之外的学科中吸收那些具有明显可用性的规范化知识。对于这一点当然是很好理解的,并且在法规范领域这些法外知识也被纳入进来,并在必要时在内容上被规范地转化。[40]但其目标必须是相邻学科所知悉的法学及法律适用。

七、保留可能性

总的来看,这些(法外)知识是不可用的或者在法律语境中是无用的,法律对相关问题的反映或者完全拒绝行政或司法上的决定都不能放弃合法性审查的立场,大部分时候不能偏离这一目标,接下来的(任务)才是根据知识去寻找合法性基础。面对这种受到限制的可接受性,科学上的可保障性的

〔39〕 另参见 Huster, Zs. f. Rechtssoz. 35 (2015), S. 143 (144).

〔40〕 对这一过程的观察参见 Beck/Bonß, Weder Sozialtechnologie noch Aufklärung?, 1989, S. 140.

知识自身实现了对一般之可能性的保留，[41]并且这对于法学与法律适用是十分重要的，同时也可以适用以不确定性为基础的策略，所以会在不确定性中遇到对行为的预防性措施。[42]

有关证据讨论和证据负担以及证据价值标准的法律规定——这也为法律适用者所承认——使得原则上可能的判决并不是一种完善的知识。就像所提到的那样，它们(判决)所涉及的首先只是与事实有关的知识，广义地解释为一种真实领域之知识，通常相关的证明方式是严肃的。[43]但是这些法律规定的适用是受到限制的；它们通常是以立法者在经验上的认可为其界限，并且在此期间不用考虑它的持续的决定性意义。对于法定的相关机构(比如市场、医院和媒体)而言，其功能性条件也并不复杂。就此而言，在证据法上以及其他特别法律政策下的没有退路的法律适用者必须将“知识”加以一般化。

八、日常知识/理论，理性推测与启示学

法治国诫命下的理性判决包括了无疑义之需求，以及在可能性框架内对特别法律知识的运用；但它并不排除对作为其他学科之经验的知识形式的应用，虽然事实相关的知识也被视为现实领域的知识和预测性的知识。

这些知识被认为是来自日常世界的经验知识。[44]日常知识中保存着经验以及实践中对这些知识加以运用的潜在能力；经验通常是对日常理论的浓缩。许多日常知识中所包含的假设不是或者至少在广泛的意义上不是能被科学所审查的，尽管其效力是可信的。并且以此为基础，大部分情况下都可以体会到它的真实性。日常知识以及日常理论将作为辅助性知识，在关

---

〔41〕 另参见 in der in FN 1 zitierten Monographie，§ 21.

〔42〕 参见 Magen，in：Engel/Schön (Hrsg.)，Das Proprium der Rechtswissenschaft，2007，S. 303 (309 f.).

〔43〕 另参见 Gärditz，in：FS Puppe (FN 26).

〔44〕 另参见 Matthes/Schütze，Alltagswissen，Interaktion und gesellschaftliche Wirklichkeit，5. Aufl. 1981，S. 11 ff.，17 f.

于“世界之意义”的交互影响中发挥作用。

在对判决进行减负方面也存在着其他的操作方式，所以基于主体间性的部分类型与日常惯例(这些主体通常是从事科学研究的人员)，作为“理性的虚构”被描述和被接受为以降低复杂性为目的的活动。[45]我倾向于将这一概念称为“理性的推测”。通常在一定程度上“一项判决”只是作为消除复杂性与判决可能性之鸿沟的辅助手段。对彼此的期待之保障要通过判决活动中所认可的标准化加以创设。

类似的活动是基于启示学。这种启发式的知识是基于一种“经验法则”[46]、日常惯例以及处理复杂性问题时的策略，特别是在处理具有未知性的活动时。在启示学的帮助下，通过简化假设或者通过隐去部分的现实情况，人们能克服决策的复杂性与困难性。启示学对信息搜集与选择有着特殊的作用，以至于对问题的提出所进行的限制(也许是基于对整体复杂性的预见)能够被轻松地化解。[47]

不少启示学的研究者认为，在许多情形下都应当尝试考虑通过对特别重要的单一要素(所谓的暗示)进行简要的查明，那些与问题有关的信息很可能都包含在其中。[48]启示学的采用就是基于这样的认知，在不确定情形下的判决质量是通过放弃一切可能之信息的一般化才能获得的。甚至有一部分人相信，启示学作为介绍重要信息的尝试(能够)带来更好的预测：“如果少一些信息，则时间与知识都能增加。”[49]

在启示学看来，它不仅能够从事信息搜集与预测的实践活动，并且有可

---

〔45〕 参见 Schimank, Die Entscheidungsgesellschaft, 2005, S. 62 ff., 76 ff.

〔46〕 Zu ihnen s. etwa Kahneman, Schnelles Denken, langsames Denken, 15. Aufl. 2014, S. 127 ff.

〔47〕 另参见 Goldstein u. a., in: Gigerenzer/Selten (Hrsg.), Bounded Rationality, 2002, S. 173 ff.；也可见于 Betsch/Funke/Plessner, Denken-Urteilen, Entscheiden, Problemlösen, 2011, S. 18, 38 f., 186, 以及以下论文 in: Engel/Gigerenzer (Hrsg.), Heuristics and the Law, 2006; Englerth, in: Petersen/Towfigh, Ökonomische Methoden im Recht, 2010, S. 165 (198) formuliert: “Heuristiken mögen uns in Einzelfällen zu falschen Einschätzungen verleiten, helfen uns aber, durch eine Welt zu navigieren, deren Komplexität uns ansonsten lähmen würde.”

〔48〕 参见 Gigerenzer, in: Engel/Gigerenzer (Hrsg.), Heuritics and the Law, 2006, S. 17 (18 ff.)

〔49〕 Gigerenzer, in: Engel/Gigerenzer (FN 48), S. 21.

能能够强化规则，也许甚至可能强化法律上具有拘束力的规则。[50]启示学可能表现在对法律的预测中、[51]标准化中、[52]统计中[53]，或者是对信息收集的整理中。在法秩序中这种启示学所公认的表现形式通常以简化和减少复杂性为基础。其前提条件为，针对不同的情形应给予不同的适用，排除那些个别情况中的已经意识到的已知特征。但是它首先需要填补的是知识中的漏洞，从而使得知识能够得以应用，但这不是来自于科学所提供的方法，并且另一方面也不是基于专家的经验。

在制定无罪判决时当然也必须尽可能地对此作出最低限度的考虑。所以日常知识、真实性的推测或者启示学可以通过前判断、对理性的曲解、政治的偏好或者有选择性地观察与加工而变得具有“感染性”，这种“感染性”（特别是在使用或未经规范化地处理时）从法律规范的视角来看是有问题的，或者是必须被排除掉的。一种启示学意义上的对事实的简化尽管有助于减轻判决时的负担，但却有可能损害判决的质量。这就是为什么结论中明显的规范性信息没有被处理，或者不能进行法律上所需要之权衡的情况。此外还要把特殊行为的风险考虑在内。[54] 这些风险有的来自于对行为激励控制与规范行为刺激时启示学规则上的不确定性。[55]比如某些反常情况

---

〔50〕 此外也值得关注的界限参见 Spieckergen，Döhmann，Staatliche Entscheidungen unter Unsicherheit，2016 (i. E.)，3. Teil，1. Kap. D II.

〔51〕 举例而言：§ 42 Abs. 2 TKG. Aus deer Literatur s. Eifert，in：Hoffmann-Riem / Schmidt-Aßmann/ Voßkuhle (Hrsg.)，Grundlagen des Verwaltungsrechts，Bd. II，2. Aufl. 2012，§ 21 Rn. 47，55；Klindt/Schucht，in：Ehlers/Fehling/Pünder (Hrsg.)，Besonderes Verwaltungsrecht，Bd. I，3. Aufl. 2012，§ 36 Rn. 35，41，136，221，225，230.

〔52〕 一般论述参见 Müller-Foell，Die Bedeutung technischer Normen für die Konkretisierung von Rechtsvorschriften，1987；Kloepfer，in：Schulte/Schröder (Hrsg.)，Handbuch des Technikrechts，2. Aufl. 2011，S. 151 (182 ff.)；Ruffert，in：Hoffmann-Riem / Schmidt-Aßmann/ Voßkuhle (Hrsg.)，Grundlagen des Verwaltungsrechts，Bd. I，2. Aufl. 2012，§ 17 Rn. 86 ff.

〔53〕 相关事例另参见 Augsberg，in：I. Augsberg (Hrsg.)，Extrajuridisches Wissen im Verwaltungsrecht 2013，S. 216 (217，222 ff.，226，237).

〔54〕 对于这些反常的论述参见 Schäfer/Ott，Lehrbuch der ökonomischen Analyse des Zivilrechts，5. Aufl. 2012，S. 103 ff. Wegweisend bei der Anomalieforschung waren Daniel Kahneman und Amos Tversky. Siehe dazu die Darstellung bei Kahneman (FN 46)，inbesondere Teil II，III.

〔55〕 另参见 Die Erwägungen über Anreize zur selbststeuerung im Bereich der Krankenversicherung bei Spiecker gen. Döhmann，in：Albers (Hrsg.)，Risikoregulierung im Bio-，Gesundheits－und Medizinrecht，2011，S. 219 ff.

就属于对自身能力过于高估的情况。通过反复的观察,我们发现不同的行为会带来不同的收益与损失:许多人期待着以那种有惊无险的方式规避风险并获得盈利。

运用日常知识、理性的推测以及启示学的好处在于其使得判决成为可能,否则就不可能产生判决或者就必须依据那些尚存疑问的猜想来作出判决。并且它可以通过将生活世界不断科学化的方式使得对判决的减负外部化。科学上所获得的公开的知识能够使得广泛个体的和集体的经验被固化。对此不用惊讶,对日常知识、理性的推测以及启示学的运用不仅仅是一种私人行为,而且也是行政机关、检察官以及法官的职业活动。[56]比如对判决的预期要立足于有效的形势界定,但同时也要以评估为基础。这种操作模式也服务于对特殊情形下的("有益的")交互策略的制定以及行为惯例的发展。

所有学科的学者在科学的运作中也都要利用到日常世界中的可期待的类型。[57]所以法学家及法律实务者会以经验性的惯例、熟悉的实践活动来补充其特殊专业的知识,从法律人的角度来看这些都是可欲的有效的分类与类型化,以及基于真实事件而来的收获所进行的明智的调整。[58]如无意

〔56〕 另参见 Arbeiten von Lautmann, Justiz - die stille Gewalt, 1972, sowie die Anmerkungen von Bender, in: Harenburg/Podlech/Schlink (Hrsg.), Rechtlicher Wandel durch richterliche Entscheidung, 1980, S. 323 (324 ff.); Bürkle, Richterliche Alltagstheorie im Bereich des Zilvilrechts, 1984; Lüdemann, in: Engel/Englerth/Lüdemann/Spiecker gen. Dähmann (Hrsg.), Recht und Verhalten, 2007, S. 7 (29 ff.); Wolf, Richterliche Entscheidungsroutinen als Gegenstand und Leitfaden der juristischen Methodenlehre: zivilrechtliche Perspektive, in: Reimer (Hrsg.), Juristische Methodenlehr aus dem Geist der Praxis? (2016, i. E.). Die Nutzung von Heuristiken in der richterlichen Praxis wird etwa in der Literatur zur Justizpsychologie betont, s. etwa Baum, in: Klein/Mitchell (Hrsg.), The Psychology of Judical Decision-Marking, 2010, S. 3 (14 ff.). Zur Verwendung von Heuristiken in der Rechtsordnung s. auch Spieckergen. Döhmann, Staatliche Entscheidungen(FN 50), Teil, 1. Kap. D II, III. Zur Vorgehensweise von Wissenschaftlern s. die sogenannten sozialen Studien der Wissenschaft (studies of work), etwa Latour, Science in Action, 11. Aufl. 2003; Mondada/Schütze, Zeitschrift für qualitative Bildungs-, Beratungs-und Sozialforschung, 2. Aufl. 2006, S. 640 ff.

〔57〕 参见 Matthes/Schütze (Fn 44), S. 49.

〔58〕 特别是关于理智规则可参见 Beiträge in Scherzberg (Hrsg.), Klugheit. Begriff-Konzepte-Anwendungen, 2008; Scherzberg u. a. (Hrsg.), Kluges Entscheiden. Disziplinäre Grundlagen und interdisziplinäre Verknüpfungen, 2006.

外，我们需要参照的是 Larenz 与 Canaris 在其方法论中所提及的“通过社会经验”来调节对案件的判决这一方法。[59]法官发现“通过自身的社会经验”对于法律适用而言是一种重要的经验原理，所以这一点是需要加以补充的。在“司法注释著作”中——这一点当然也不会被遗漏——法律人能够在这些著作中获得何种依据？

无争议的是在法学理论中也应该为日常生活经验、理性的推测或者启示学留有一席之地，所以认识到一般化并不是方法论和理论上对科学知识的要求或者是与理论上成果相符，并且对这种一般化的运用也许并不是来自于科学性上的广泛要求，所以这里会暴露出一种持续怀疑的倾向。[60]

考虑事实情况，这对于相关规范与实际案件之间的冲突而言是十分重要的，并且会被经常地提及，日常理论是通过科学检验过的理论，而日常知识则是通过科学所保障的经验知识，由此两者被区分开来。[61]如果是可控的，那么具有科学保障的知识就当然会具有优先性。但大多数时候不是这样的(就像上文第 4 节所讨论过的那样)。此外还必须对那些被冠以科学之名却不经思索的想法给予提醒。同样不妥的是，缺乏对知识之一致性的描述，以及多元化的知识形式及专业知识的消失。[62]同样还必须考虑的是，在科学中(这是就其本质而言的)经常有着关于正确性的争论。它的理论模式与经验性质的构成方法也存在着弱点，其对结论的解释也同样存在着价值预设。

此外还需要考虑的是，新的问题域或者对问题的新的观察方式都对专业的判断与预测有着不断增长的需求。比如一个典型的领域是为了发展“照顾型国家”，则必须在风险成为现实之前就承担起相关的预防任务。这就导致了以下方面的不确定性，比如对准入情况的查明、对可期待之结果的预测以及法律手段的适当性。这种不确定性增加了依靠辅助性判断的必要性。

---

〔59〕 Larenz/Canaris (FN 26), S. 106, 109.

〔60〕 另可参见 Matthes/Schütze (FN 44), S. 50.

〔61〕 部分可参见 Albert, Rechtswissenschaft als Realwissenschaft, 1993, S. 27; Popper, Logik der Forschung, 10. Aufl. 2013; s. 另参见 Morlok, Soziologie der Verfassung, 2014, S. 75 f. m. Hinw. zur Diskussion des Problems in Fn. 159.

〔62〕 补充论述参见 Vesting, Computernetzwerke, 2015, S. 69.

所以在环保技术类风险法规中反复出现的不是要与科学性上所要求的因果假设相关联,尤其不是与动态的因果联系及网络化的不同的因果联系相关联。如果对风险的查明与评估会涉及特殊的专业机构、专家委员会或者伦理委员会,或者(像是在基因技术立法中那样[63])需要预先附上"消费者保护与食品安全局"的决议(《基因技术法》第31条第2款)以及所参加的欧盟委员会的决议(《基因技术法》第16条第3款,该条款为欧盟开放指令第15条及18条所约束),那么对于分散不确定性风险的责任,以及考虑不同利益的可能性也会在程序上加以拓宽。在这里很可能还需要处理启示学上的认同问题。

只能归结于以下所提到的原因,即除了查明事实之外还存在许多简化的策略,而这些都得到了法律的认可。所以Winfried Brohm在他那篇1971年撰写的此后被反复引用的国家法学报告中,将法教义学称为启示学的意义之所在。[64]更多的实践也证明,大量法官判例中的非成文法的语句以及在实践中[65]从法律评论文本中抽取的类型使得启示学上的简化成为现实。可想而知,举证规则与责任也能归于这一主题之下。作为启示学上的方法我已指出了,通过对判决理由的必要性之描述充分保障了对建构流程的法律上的推导。

九、事实性知识与预测性知识的教义化

通常而言,对于蕴含在法律概念与机制之下的"法学知识",其在规范上与经验上已经失效的前提被教义化,并且作为法教义学上通常是可以变化

---

〔63〕 其他观点参见Schulte/Apel, in: Schulte/Schröder (Hrsg.), Handbuch des Technikrechts, 2. Aufl. 2011, S. 505 ff.; Appel, in: Ehlers/Fehling/Pünder (Hrsg.), Besonderes Verwaltungsrecht, Bd. II, 3. Aufl. 2013, § 51 sowie die Gentechnik-Anhörungsverordnung.

〔64〕 参见Brohm, VVDStRL 30 (1972), S. 194 (247, Fn. 3).

〔65〕 另参见Wolf FN 56). Kritisch dazu auch Lepsius, in: Hilgendorf/Schulze-Fieltz (FN 32), S. 74.

的部分。[66] 原则上可以同样地将其适用于结构性的程序性知识的经验与“事实-预测性知识”的经验。这种类型的知识甚至于可以典型地被法典化。比如更多的是在技术性的法律框架/标准化中发现这类知识(比如质量认证规范、基因技术规范以及数据采集规范),[67]对于这些法令有时候需要由特别的决策者来作出决定。这种决定的适用领域还包括了技术、环境、经济、媒体以及社会等相关专业法律领域。这种类型的标准化一方面要回溯到经验上的检测结果,但这些结构也有着明确的价值依据,这些依据或者用于判断经验结论的明确性,或者用于判断与相关结果的关联性。这些结构还需要适应在与国家的法规与法律实践进行比较后不一致时的限制,当然,这些国家的法规和法律实践也要考虑到众所周知的技术规范、技术标准或者科学技术准则,并且还要参考“最理性技术”(BVT)之标准。[68]所有这些标准都要运用到教义学上的风险知识或者至少是一般的知识。这就会涉及功能性的启示学。

为保证在不可知的未来对标准化形态的强化(同样也是在法教义学上),相关的技术标准需要通过不断的观察而加以经常地调整。标准化通常也会保留一定的灵活性。这也是基于以下情形,即基于标准对法秩序的维持关涉到预期的效果[69]并且因此为法律的经验提供了一种启示学上的简化方式。比如这一方式出现在欧盟委员会关于“技术性统一标准和规范领域的新概念上”以及“新的立法框架”的转变过程中。[70]在高权立法者之要求进行维护的预期之中(特别是在产品法方面),它特别需要由私法性质的明

〔66〕 所以 Magen 强调，in：Engel/Schön（FN 42），S. 310，dass Rechtsdogmatik ein Weg der Rechtswissenschaft sei，explizites und implizites Wissen aufeinander zu beziehen；Grzeszick，in：Kirchhof/Magen/Schneider（Hrsg.），Was weiß Dogmatik? Was leistet und wie steuert die Dogmatik des Öffentlichen Rechts?，2012，S. 97（107），hebt hervor，dass Rechtsdogmatik auch ein Speicher von Erfahrungswissen ist.

〔67〕 参见 Kloepfer，in：Schulte/Schröder（Hrsg.）Handbuch des Technikrechts，2. Aufl. 2011，S. 151（178 ff.，182 ff.）；Müller-Foell（FN 52）；Ruffert，in：Hoffmann-Riem/Schmidt-Aßmann/Voßkuhle（FN 52），§ 17 Rn 86 ff.

〔68〕 另参见 BVT-Merkblätter sowie Röthel，in：Schulte/Schröder（Hrsg.），Handbuch des Technikrechts，2. Aufl. 2011，S. 201（219 f.）.

〔69〕 关于处理预期效果之难题可参见 Eifert，in：Hoffmann-Riem/ Schmidt-Aßmann/Voßkuhle（FN 51），§ 19 Rn. 65.

〔70〕 另参见 Kapoor/Klindt，EuZW 2008，S. 649 ff.

确的(公认的)委员会来加以遵守。[71] 因为私法性质的委员会所制定的标准也有可能被改变,此外也存在有完全不受国家影响的灵活性的减震装置。

十、对跨学科知识的审查

这里还存在着更为重要的科学维度。在法律框架内解决问题并不能受制于专业知识的运用。也存在着对其他潜在的社会知识加以应用的动机。比如充当作为针对相关人、第三人和普通人的可能的预防性措施。这也是人们应用"社会知识"的一种方式,但它不是由专家来支配的。它不仅服务于知识的一般化,还服务于前景与目标的扩大,比如保障可接受性或者合作与履行准备。认识到市民们的动机、希望、关心、担忧甚至是愤怒,这些都是有意义的,但这些也都是运用法外知识,而不是学科或跨学科的"知识"。[72] 比如以基因技术为例,为了它人们成功地创设了伦理委员会这样的机构,[73]特别是允许医学之外的"门外汉"参加这样的机构,来表达立法者们的努力,并设法使来自跨学科的利益获得听证的机会。跨学科的警惕性与坦诚在于从广义上查明那些对于成功立法和适用法律十分重要的法外知识。

十一、规则结构的复杂性

对于知识的一般化及其加工处理而言,特别的困难还来自于需要面对现代管制方式不断增长的复杂性与多样性。规范存在于规制性法律中,而

〔71〕 参见 Eifert, in: Hoffmann-Riem/Schmidt-Aßmann/Voßkuhle (FN 51), § 19 Rn. 64, Fn. 165; Ruffert, in: Hoffmann-Riem/Schmidt-Aßmann/Voßkuhle(FN 52), § 17 Rn. 412 ff.

〔72〕 我倾向于使用"transfachlich"这一概念而不是"transdisziplinär"这一概念来表述"跨学科的"的含义。因为在关于违反学科界限的讨论中使用"transdisziplinär"这一概念表述,可能存在有概念混淆的危险。

〔73〕 其他观点参见 Kersten, in: Ehlers/Fehling/Pünder (Hrsg.), Besonderes Verwaltungsrecht, Bd. 2, 3. Aufl. 2013, § 54 Rn. 38 ff.

并非是孤立存在的，它更多的是需要与不同的管控要素相融合。在结果上的特征要适应于规范结构的概念。[74]这当然就包括了与解决问题有关的规范。这种概念获得了来自理性形式的证明，也在非型化程序（交往行为形式）以及规范的具体化方面获得应用，还在克服问题的相关组织形式及其决策文化中得到证明。同样有意义的是关于可支配资源（财力、时间、知识、人力）的一般性预防措施，它决定了事实要素的感知和克服法律问题的可能性空间。同时它还涉及合作的可能性以及私人、机构之间的连接的可能性。此外还包括已经采取的措施及其行为形式和效果形式，以及对灵活性的预防性措施，也许还有审计。在这些经常出现的复杂的规则结构中要素的种类与显著性扩大了，其一般化的可能性以及可利用的方法的范围也扩大了。这里也会涉及各种各样的日常知识与被用到的启示学知识。

也许不会有人坚信，法律的具体化及其适用在这类规范结构中针对的是传统的法学方法论，并且最有可能的是通过值得信赖的涵摄模式进行全面的调整。

十二、描述与建构[75]

此外在这里我们还需要作最后的强调，程序理性与问题得以解决的结果只有在规范的要件要素对公正性的描述结果的帮助下才能加以保证。判决的理性更多的时候首先必须是在建构的层面上加以保证。对规范之公正

---

〔74〕 关于这一概念参见 Trute, in: Schuppert (Hrsg.), Jenseits von Privatisierung und schlankem Staat. Verantwortungsteilung als Schlüsselbegriff eines sich verändernden Verhältnisses von öffentlichem und privatem Sektor, 1999, S. 13 (22 ff.); Trute/Kühlers/Pilniok, in: Schuppert/Zürn (Hrsg.), Governance in einer sich wandelnden Welt, PVS-Sonderheft 41/2008, S. 173 (175 ff.); Schuppert, in: Hoffmann-Riem/Schmidt-Aßmann /Voßkuhle (Hrsg.), Grundlagen des Verwaltungsrechts. Bd. I, 2. Aufl. 2012, § 16 Rn 26 ff.; Hoffmann-Riem, Austrian Law Journal 1 (2014), S. 3 (7 f.).

〔75〕 对建构（判决的发现）与描述（作为规范正义的合法性）在术语与分析上的差别之强调参见 Luhmann, Recht und Automation in der öffentlichen Verwaltung, 1966, S. 50 ff. 另参见现在的观点 Trute, in: Schmidt-Aßmann/Hoffmann-Riem (FN 6); Jestaedt, in: Engel/Schön (FN 6), S. 274 ff.; Gräfin von Schlieffen, in: Gabriel/ Gröschner (FN 6).

性的描述是一种以补充性的、可理解的明确性为指向的，所以在个案中绝不会让不重要的要素来保障规范性——至少不会太多。因此它所针对的并不是去减少那些基于对判决的可能性进行描述的方法论的合法性，而是一种纯粹的合法性理论。以下方面是否合适？即从各种不同的重要法律控制因素中推导出端绪与效力，并由此对法律适用加以理性化，对于建构程序而言判决理论必须是概念化的。同样特别重要的是在处理法外知识时需要一般化。

十三、法治国标准的决定性意义

科学所保障的知识(当然这只是相对的)，也有来自于专业的和日常世界中的经验知识以及可能的跨学科知识，这些知识对于规范的具体化和适用而言是否被认可？但以下这一点是不会改变的，那就是只要规范具有拘束力它就必须被遵守。此外，法治国标准也具有决定性的意义。

法治国原则属于一种可实现的关联性的活动，借此可以避免在查明和应用法外知识时的片面性，[76]但同时也要确保(至少是一般的)可证明性，以及对活动方式与结论的可证明性。通常对一般决策的认可“仅仅”是基于日常世界的经验知识，这些知识必须是可以被认知的，并且对它们的运用(总的来看这也是需要论证的)至少在多元性与可替代性上是合法的。相类似的这也会运用“简化的”解释学。

对于在这一环境下的是非对错问题，也需要广泛地被视为一种特殊的重要语境问题。就像决策职权与相关程序一样，管控要素(就像法治国一样)要被赋予更重要的意义。要保持理性就需要激活决策参与者在运用法外知识以及日常理论时的潜在的激励、批判与审查。决策理论包括了以下方面的努力：运用相应的社会学观点来处理问题，并考虑这些知识对法官或

〔76〕 另可参见我在下文中的相关论述，polizei－und kriminalsoziologische Untersuchungen aus dem Umfeld des “Labelling Approach”bezogenen Beitrag：Rechtsanwendung und Selektion，JZ 1972，S. 307 ff.

者行政官员在其各自角色和各自的组织中的活动所造成的影响。

可能的审查也是很重要的。这就带来了关于“正确的”审查者与审查密度的问题。就此而言，必要时也要对传统的假设进行检验。比如，在缺乏法规约束的范围内，法官对事实及未来决策的日常经验知识，以及他所运用的日常理论、启示学和来自法律角度的明智规则是否也值得行政机关考虑？这里是否还需要考虑那些有着长期的行政部门的工作经验的法律适用者？基于法律拘束的提示以及法官对法律的审查特权，这些问题肯定不能得到满意的答案，总的来看法律的空间得以保留。毋宁说这种判断空间学说与基于规范技术与内容之可能转变以及其他的规范结构要素最终决策责任性将被再次地置于检验台之上。

十四、结　论

具有共识性的问题是：法外知识以及日常知识还有那些具有广泛现实意义的非法律的（柔性的）决策要素在多大范围内能够对法律适用及法学理论产生影响，并融合到方法论之中？当然目前这些还无法达到。早期的区分与调整，以及在此期间不再算是高要求的关于法学与社会学相互融合的主张，曾遭到了绝大多数法学家的拒绝，而在过去的讨论中这些并没有被视为对法学的一种威胁。人们对他们当时的要求也有着其他的考虑：作为对来自法外知识的建构性意义的获知，一方面要知道法律是如何在实际中以通常的方式进行建构，对此并不能排除法外知识；[77]另一方面对于存在问题的具体的事实关系以及可能的效果而言，法外知识具有决定性的意义。

早先培养社会学、经济学等，对于增加法学的跨学科性所存在的争议有着明显的结果导向。这涉及在法学理论和法律实践活动中嵌入或“融入”以及建构其他学科知识的问题。法律及其适用（就像上文所指出的）也需要依靠知识，而这些知识不仅是由科学的方法或者完全由相关的学科知识来加以一般化的知识。就此而言仍然需要一个对法学的反馈与理论构建以及法

〔77〕 因此在本文的标题中我以“法外知识”这个词来加以标示。

律适用中对其他学科进行融合的过程。

即使在与其他学科相融合时,这种法律规范的独立性也会被强调。立法者、法律适用者以及法学家要对不同类型的法外结论进行审查——但大部分不会成为命题。虽然对于法律工作而言重要的是确保法学方法的运用,并致力于以此为基础来取得效果上的一致。但这样还不够。需要补充的是,运用这些制度与理智规则或者启示学上的活动方式,并在日常经验知识的帮助下让法学方法变得可控,并能作为明确的决策而被加以规整。

这些知识来源以及行为方式长期在法律领域内得以运用,同样在行政法领域也被大量地加以应用。到目前为止这仍是一个开放的命题,并且在法学方法论上这一主题已有了自己的一席之地。

(特约编辑:刘雪鹂)

平等性原则对积极性歧视行为的释义

——以法国公共服务法为例

徐　琳*

内容提要　党的十九大对我国特色社会主义新时代中存在的主要社会矛盾重新作出定义，即人民日益增长的美好生活需要和不平衡不充分发展之间的矛盾。这可理解为，在法制化、现代化、市场化与城镇化逐步强化的今天〔1〕，广大人民群众对公共服务均等化〔2〕存在着强烈与迫切的需求。为此以法国公共服务法为例，重新对其中的平等性原则提出新的观点和诠释，指出客观存在的积极性歧视行为，它存在的缘由、内容、条件、手段和因果关系。以及强调为实现公共服务领域中最大范围的实质性平等，必须实施有效的积极性歧视行为，也可理解为实施积极性歧视行为就是为了平等性原则。

关键词　公共服务；平等性原则；积极性歧视；机会平等权；法国

---

*　徐琳：法国尼斯大学公法学博士，湖南大学法学院副教授，湖南大学公共服务法律研究中心主任，长沙市仲裁委员会仲裁员。本文系国家社科基金一般项目“公共服务中 PPP 模式行政法律制度研究”（项目编号 16BFX052）阶段性成果；司法部法治建设与法学理论研究部级科研项目成果“行政法范畴下 PPP 和政府特许经营模式统一立法体系研究”（项目编号 16SFB3014）阶段性成果；湖南省自然科学基金软科学项目“湖南省基础设施建设 PPP 模式运营与风险防范研究”（项目编号 2016JJ4023）阶段性成果；湖南省社会科学基金一般项目“我省推进 PPP 模式法律规范性问题研究”（项目编号 15YBA076）阶段性成果；2017 年中国法学会部级法学研究一般课题“行政法治理下公共服务法律制度体系研究”：法治湖南建设与区域社会治理协同创新中心平台建设的阶段性研究成果。

〔1〕　高俊杰：《政府特许经营项目运行中的行政纠纷及其解决机制——一种框架性分析》，《当代法学》2016 年第 2 期。

〔2〕　丛中笑：《经济法公平观在当代中国的现实阐释——以基本公共服务均等化为对象的解读》，《当代法学》2009 年第 4 期。

引 言

“公共服务”该词发源地在法国[3],法国是较早对公共服务全行业全领域进行统一立法的国家之一,也是全球最早创设公共服务法法典的国家。在此方面,有必要参考与借鉴法国公共服务基本模式理念。通过分析研究法国公共服务法中最为精华的部分,即平等性原则的普遍适用性,来解剖法国公共服务法中体系与框架的基本精神。

一、平等性原则包含积极性歧视行为

法国学者曾经认为,当今传统意义上的平等性原则已经不复存在,在包含统一性原则的法律体系内,规定不须强制性适用同一模式的条款来对待不同个体的标准之时,其实平等性原则已经被视为非歧视性原则的一个组成部分,它主要职责就是禁止一切不合法的差异性和裁决程序,以及非合适理由状况下所支持的差异性判决[4]。其实平等性原则的内涵本身也在不断地发展与改变,同时公共服务各领域的内容也在不断地改革与创新,它们构建了公共服务的根本逻辑理念:在国家实际控制范围内,满足各社会层面的需要,同时保持社会各阶层的和谐度与紧密性。经济社会发展中公权力的扩张,已经引起部分学者的关注,他们的关注点涉及公共服务领域中的每一个用户,希望通过最优化的模式来满足集体用户和个体用户的需求,同时禁止一切形式的歧视性和非法性的行为。

平等性原则的理念正在不断拓展:“法律性质上的平等权是指规定所有正式的用户有权在获得和享用公共服务权利面前处于一样的位置或者份

---

〔3〕 马英娟:《公共服务:概念溯源与标准厘定》,《河北大学学报》2012年第2期。

〔4〕 徐琳:《法国公共服务立法的基本原则性问题研究》,《国家行政学院学报》2017年第5期。

额。”然而，现实社会中我们所关注的重点，聚焦鉴于不平等性所造成的结果，更为具体则是关注在物质层面上的不平等性对待。不论经济状况、社会阶层与收入水平，所有的公民都有权享受相应的公共服务内容。平等性原则在公共服务履行过程中也在逐步完善和发展，通过履行公共服务活动职能，其实可以减少或者减轻不平等现象，从而最终体现平等性原则。

通过重建公共服务平等性原则，出台具有特殊性质的法律政策，当中也包括部分积极性歧视因素。从研究无歧视性原则和不平等性原则开始，到公共服务法在积极性歧视行为中存在着间接开放性的因素。法国国务院一直认为，在不同的境况下，可以以内部一致性的形式来体现平等性原则的存在。因而规定禁止差异性的观念，这样就会在面对不同事实与结果时，适用有显著区别类型的法律法规。同理，平等性状况需要相应的平等性权利〔5〕。两个相同的状况都应该承认权利平等。然而根据所发现的差异性状况，其实在法律法规的执行中存在或可能存在一定程度的差异性。

在公共服务各领域实施平等性原则，必然会需要多种类型的操作步骤：在确定用户类型之后，还需要考虑到相关联人群。这样的新趋势，也在法国公共服务法中多有体现，其中的焦点问题集中在“个性化需求”中。参照标准不是向以往的非个性化与普遍化系数看齐，而是往个性和个体方向靠拢。因为考虑到非确定性、非稳定性和非固定性的特征，实际上这些特征已经成了一个焦点问题，需要研究找到一种缩小或改善不平等性现象的方法或策略。〔6〕在这种新趋势内，当然包括公共服务个性化发展的方向。今天它们已经被认同是一种私人订制式的服务，其实它们也可以转变为一种公共性质的服务，逐步趋向于构建围绕个体与个性的服务，并总结或归纳出公共个性化服务的理念。该理念事实上已整合了所有类型服务，特别指社会服务领域，它们的范围包括普遍自由竞争的服务行业范畴，比如医疗护理、社会服务和社会援助（看管婴幼儿，照看高龄人士或者伤残人士，帮助移民和帮助迁移人群适宜当地环境）。这些社会服务领域，最终都会“皈依至公共服

---

〔5〕《Sur le principe d'égalité》, EDCE, 1996, n°48, p. 43.

〔6〕 CE sect., 29 décembre 1997, Communes de Gennevilliers et de Nanterre 2 espèces), précité, RDP 1998, p. 899, note Borgetto ; AJDA 1998, p. 102, chron. ; LPA 1998, n°59, p. 12, note Alloiteau ; Rev. Adm., 1998, p. 406, note Pontier.

务法的门下”[7]。

依靠对平等性原则的执行层面的督促和排查,希冀消除社会中诸多不平等和社会排斥性[8]现象。即使会有平等性原则被非公共服务法领域内的其他部门法引用的风险,但最终都是为了遏制社会排斥性。无可厚非,公权力也开始质疑自身的方法论能否有效地降低,乃至于能否彻底消除社会中的不平等现象。谈及公共服务的普惠性,假设不存在平等,但至少需要有最小部分的相同之处,来保证提供公共服务的供应商和分配者在合理的模式下统筹安排,让所有的相关人群都享有或者使用公共服务。

当今法国公共服务理念的内涵,也包括积极性歧视概念的实质,它已经被理解为当今法国社会意识形态中的普遍平等性。其实在处理与对待不平等现象时,肯定会面对服务再次分配中的平等性概念。公权力早就意识到不平等现象的客观存在。众人皆知,公共服务的群众性和普惠性已经明确,虽然法国公权力已经接受客观事实,但是没有正式地叙述积极性歧视概念就存在于公共服务的基本原则里。然而差异性概念由此成为衡量积极性歧视原则的具体标准。积极性歧视原则的价值,从开始就一直强调存在的不平等性,也提出应该要完善和改正。差异性现象常常凸显于普通的社会群体中,当今社会中的一个专有名词“弱势群体”,有力地证明了存在价格歧视的可能与实质,这也是差异性的体现。

在现实情况中,公权力通常会采取一些有针对性的措施,来补正实际生活中存在的不平等现象,但是这些措施暂时还没有触及平等性原则和非歧视性原则之间的逻辑关系。“积极性歧视原则”的概念,主要关注方向是不平等性现象,而不是在于法律原则的本身。通常认定“一种积极的歧视行为,视同是不同种类的法律处理模式,在当今社会,一些权威机构指出,积极性歧视概念的目的就是增强自然人或法人这些特定类群的活力,通过让一

〔7〕 Sur ce point, v. L. n°2005—841 du 26 juillet 2005 relative au développement des services à la personne et portant diverses mesures en faveur de la cohésion sociale, JO 27 juillet 2005, p. 12152.

〔8〕 V. Entre autres, H. RIHAL,《Exclus et égalité》, in M. LONG dir.) Egalité et services publics territoriaux, LFDJ, 2005, p. 175.

方受损的模式，来抵消它们之间前期客观上已存的不平等事实"[9]。这种概念的解释，无法避免地接受了积极性歧视行为的构成要素，从而已经违反之前对平等性原则的规定。

二、平等性原则导致差异性与差异性存在

囿于现代经济社会的发展，我们对平等性原则有再认识和再定义的需求，可以理解为：在不必损害特定类型人群的前提下，实现积极的歧视行为。然而，相对于需要支持援助的类型人群，他们并不能够充分满足给对方提供相关服务的全部需求。因此存在着一种另类的逻辑关系，例如：构建社会稳定和谐的大环境，其潜意识也是满足公共服务的基本需求。我们可就两个方面进行讨论，第一是在司法框架内的平等性原则附带差异性的法律法规，第二是遵循"机会平等权"的模式来规范对待平等性原则。

（一）平等性是导致差异性的起源

假设公共服务领域中平等性原则的实质，仅仅就是指在相类似或可比较的情况下，如何处理与对待其相关用户的行为与效果。然而随着法律判例实践的丰富，我们开始怀疑该原则内在的含义和性质。例如，市政议会为设立一个政府补助项目，以"最困难学生"的名义发布，其目的是方便本市、镇适龄儿童就读附近的高等学校，原先行政法院的法官认为，"设立该服务项目是合法的，完全符合平等性原则的要求，就好像是一种非常规性社会原则项目，其目的是能够保障机会平等权的实现，而由高等学校负责硬件的配套服务"。然而，其申请者仅面向本市的纳税人群，在受理关于该项案件之后，行政法院法官改变了原有的观点，否决了市议会的决议，认为缺乏合法性，认为该决议存在不合理的歧视行为[10]。同样，就非常规性行政公共服

〔9〕 F. MELIN-SOUCRAMANIEN ,《les adaptation du principe d'égalité à la diversité des territoires》,RFDA 1991, p. 911.

〔10〕 CE,11 décembre 1996, CCAS Saint-André-les-Vergers, Rec, p. 480m LPA 1997, n°36, p. 7, concl. Bonichot.

务而言，根据长期用户们之间的家庭年平均收入而产生的价格歧视行为，法国行政法院在1985年之前都认为违反了平等性原则。由于对不同类型用户状况差异性处理的缺位，依照公共利益的原则，根据公共服务供应机构而设立的价格体系没有获得普遍认同〔11〕。但是，在面对日益增长和繁杂地方行政事务和需要处理的争议性判例的情况下，法国国务院最终还是于1997年12月29日，就南特和GENNEVILLIERS两市政府依照行政法规规定而颁布实施的两项行政决议内容，正式公开承认之后可依据各家庭用户年均收入确定歧视性价格体系。由此产生一个事实判例理由“公共利益应该体现于履行申请入读音乐学院具体学生的需求，而不必区分他们的财务承受能力”〔12〕。公法学者M. Borgetto认为，存在着一种解决方案，他认为“法国国务院出台很多方案，其实不如在法理上作出突破性改变：他同时指出这种突破性的改变在操作层面，需要严格遵守法律本身所包含的平等性和随后所附带的需求性，最终实现所有实际需求方获得和享用公共服务，同时考虑到个体的不同需求和特殊需要。换言之，目标就是构建真正意义上的机会平等权”。法国立法者们都迫不及待地公布这种解决方案，随后于1998年7月29日正式出现在法国宪法章节中，增加内容为面向所有的公民，他们都拥有获得和享有教育和文化的机会平等权，这个权利是法律明文授权的〔13〕。今天机会平等权已经获得大众的足够重视，它包含不同模式的法律法规，机会平等权中所包含的平等性原则，在其实施过程中也同样会包括传统意义上的价格体系和服务成本等问题。此外，部分法律法规保证机会平等权的实现，可让大众获得相关服务。1999年7月27日通过的n°99－651法律建立的“全民医疗保障计划”〔14〕含前置性规定，法条中明确“设

〔11〕 CE sect. 26 avril 1985, Ville de Tarbes, Rec. p. 119, concl . contr. Lasserre, AJDA 1985, p. 409, chron.

〔12〕 《Droit du service public》, 2e edition Montechrestien, p. 409 Gilles J Guglielmi.

〔13〕 M. BORGETTO ,《Equité, égalité de chances et politiques de lutte contre les exclusion, Dr. Soc. 1999, n°3, p. 221. L'article 147 de la loi posait en principe général que《les tarifs des services publics administratif à caractère facultatif peuvent être fixés en fonciton du revenu des usagers et du nombre de personnes vivant au foyer》 en défínssant cependant la limite selon laquelle《les taux ainsi fixés ne font pas obstacle à l'égal accès de tous les usagers au service》; v. aussi in G. KOUBI et G. J. GUGLIEMI dir.), L'égalité des chances, op, cit. p. 115.

〔14〕 V. Aussi CC. n°99－416 DC, du 23 uillet 1999, Rec. p. 100.

立目标，使所有法国本土地、法国海外省居住生活的人民，可以通过参与全民健康保险计划，参与法国社会保险制度，由相关保险公司来承担所有的医疗支出与成本，尤其是针对年收入最低人群，可以获得全额保险理赔和免除提前支付医疗费的优惠”。相关性质内容也在1999年7月9日颁布的n°99—477号法律中体现出来，面对急需姑息治疗的人群，公共卫生法典序言第一款中得到证实，“包括所有合理合法的介入渠道和方式，主要是指患者和陪同人员〔15〕”。至于公共服务法的执行效力问题，关键还是价格体系问题，由于公共服务中平等性原则的重要性，因此吸引了大量民众的关注。回顾以上问题，我们注意到一个颇具争议与富有改革意义的行政判决（L'arrêt Denoyez et Chorques〔16〕），该判例让我们再次陷入思考。

（二）机会平等权，合法区分差异性？

1996年，法国国务院颁布了关于平等性原则〔17〕的解释性文件，曾经提出一个疑惑，就是“一个真正意义上的机会平等权，不可能完全回应现代经济社会中各领域存在的诸多难点问题，得出一个完美和公平的解决方案”。该段内容诠释法国政府、立法与学界对平等性原则的再认识与再理解，其实可以认为这就是对差异性问题的区别对待。另一位学者 G. Pellissier 以前也意识到，“平等性是机会平等权的表现，从要求法律面前人人平等开始，到排斥自然平等性所带来的后果与影响”〔18〕。新近出现的机会平等权在公共服务的大框架内和自由主义的市场观念重新发生碰撞与交汇，因此在这种情况下，我们注意到现今国民社会中存在着日益严重的贫富收入不均的现象，以及收入水平和生活水平不断下滑的趋势。

然而创建机会平等权，法律层面上的意义和目的，并不是全部消除社会不平等现象，而是提出一些客观有效的步骤，来回应造成不平等现象的缘由

---

〔15〕 JO 10 juin 1999, p. 8487. Sur l'ensemble des questions relatives à l'aide sociale, v. M. BORGETTO, R. LAFPRE, Droit de l'aide et de l'action sociales, Montchrestien, 2006.

〔16〕 AJDA 1974, p. 298, chron., RDP 1975, p. 467, note Waline.

〔17〕 EDCE 1996, n°48, p. 17.

〔18〕 G. PELLISSIER, Le principe d'égalité en droit public, LGDJ, coll. Systèmes, 1996, p. 28.

和境况。机会平等权实际上是科学客观地认可不平等性的存在，我们可理解为在全球范围内所呈现的不平等性现象，迄今为止是任何公共机构或者政府无法或者不能消除的现象。

机会平等权的用语已经被转变为法律法规的常用词语，现在已经广泛地应用到土地确权[19]、公民居住权[20]和公民受教育权[21]的等多项部门的立法活动中。在拟定相关法律条文时多有参照。我们有必要强调机会平等权的概念，其实并不是反对平等性原则的指导精神；相反，在法律实施层面上，机会平等权一直在维护平等性原则。其核心理论基础就是建立相应的补偿机制。机会平等权的指导思想建立在一部分盎格鲁-撒克逊哲学理论所阐述的观点上。第一位学者 John Rawls[22] 先生，在其研究的法律基本原则中，认为“一个自由和理性的人，都会乐意或有意增强自身的利益，同时会乐于推广和实施平等性原则，并接受和确认他们自身的参与程度”。他最

---

〔19〕 V. Par ex. Art. 1er de la loi n° 95 — 115 du 4 février 1995 d'orientation pour l'aménagement et le développement du territoire modifié parla loi n°99—533 du 25 juin 1999 JO 29 juin 1999 p. 9515）:《La politique naitonale d'aménagement et de développement durable du territoire concourt à l'unité de la nation, aux solidarités entre citoyens et à l'intégration des populations. /...)/ Elle assure l'égalité des chances entre les citoyens en garantissant en particulier à chacun d'entre eux un égal accès au savoir et aux services publics sur l'ensemble du territoire et réduit les écarts de richesses entre les collectivités territoriales par une péréquation de leurs ressources en fonction de leurs charges et par une modulation des aides publiques. / ... 》. h.

〔20〕 V. Art. L. 441 du Code de la construction et de l'habitation issu de la loi n°98—657 du 29 juillet 1998 d'orientation relative à la lutte contre les exclusions mod. Par la loi n°2006—872 du 13 juillet 2006 portant engagement national pour le logement）:《L'attribution des logements locatifs sociaux participe à la mise en oeuvre du droit au logement, afin de satisfaire les besoins des perosnnes de ressources modestes et des personnes défavorisées. /L'attibution des logements locatifs sociaux doit notamment prendre en compte la diversité de la demande constatée localement ;elle doit favoriser l'égalité des chances des demandeurs et la mixité sociale des villes et des quartiers. / Les collectivités terrritoriales concourent, en fonction de leurs compétences , à la réalisation des objectifs mentionnés aux alinéas précédents》.

〔21〕 Le droit à l'éducation étant garanti à chacun,《Pour garantir ce droit dans le respect de l'égalité des chances, des aides sont attribuées aux élèves et aux étudiant selon leurs ressources et leurs mérites,La répartition des moyens du service public de l'éducation tient compte des différences de situation, notamment en matière économique et sociale》: art. L. 111-1 al. 7 du Code de l'éducaton.

〔22〕 J. RAWLS, A Theory of justice, Harvard University Press, 1971 trad. , Théorie de la justice, Fayard, 1987).

终整合两种原则的观点，形成所谓的司法理论体系中的公平性原则。第一指“一个完美的社会制度，每个公民都应该拥有最大限度的平等权，体现基本权利人人平等，同样的制度适用于所有的公民”。这个定义是建立在传统的民事习俗和政治基础上的。第二则指合理清晰的机会平等权原则也是构建法律社会的基础。John Rawls〔23〕先生也说：“即使客观存在不平等的社会经济体制，但是也必须保障最优化社会福利提供给社会最弱势群体，根据机会平等原则要求，实现所有的职务和岗位面向所有的公民。”在理论上，美国哲学家希望为基本原则建立严格的比例关系和明晰的权重结构，即：第一项平等自由原则超过第二项原则。但是，在内部执行层面，第二项机会平等权的重要性应该超过差异性原则。可通过对现实存在的不平等的承认，鉴于不平等性与不公正性的传统划分与继承，有目的性地限制一定程度的自由度和弱化机会绝对平等性，从而改善与优化劣势人群与阶层的地位与状况，这是一个重要预防措施。机会平等权政策的目的就是加强社会各阶层的紧密度和融合度，促进和增强公民的国家和个体认同感，让他们关注自身的现实问题。

第二位哲学家 Ronald Dworkin 教授，首先从理论上剖析辨别合法性处置行为的内容，可理解为一个位于不同阶层或地位的个体，可以在同等的条件和状况下合法获得同等数量的资源和财物，其处置与处理行为都是合法的。须以法律形式确认，明确以同样的方式尊重与对待每一位公民，无论是涉及自身还是他人的利益。其次最为重要的是：审议权与确认权，比如自我尊重权，超过一切其他权利，合法性处置行为的权限，不是仅涉及一部分特定的情景与特殊的情况。在《认真对待自己的权利》一书〔24〕中，着重讨论了如何严肃对待自身的权利的问题，探究了我们是否应该再次拾起传统的自由主义思想，它反对在商品分配中的自由平等权，其秩序是第一要素，第二则是公正合理的分配理念，尤其是侧重于不同社会经济领域和阶层。2006年3月31日第2006－396号关于机会平等权概念的法令颁布，之后陆续又

---

〔23〕 J. RAWLS, A Theory of justice, Harvard University Press, 1971 trad., Théorie de la justice, Fayard, 1987).

〔24〕 R. DWORKIN, Prendre les droits au sérieux, trad.) PUF, coll. Léviathan, 1955.

有几部相关法律出台,都是为保障后续执行层面的落实。社会家庭法典第121款14条规定建立一个"全国性机构其宗旨是增进社会团结与紧密,充分体现机会平等权",定性为"具有行政性质的国家公共机构"。〔25〕该机构"通过积极有建设性的行动来扶助部分在社会生活和就业实施过程中存在困难的人群"。在公共服务各领域的框架内,明细该部门的业务范围与领域,最为重要的活动概况为:反对歧视行为〔26〕、扫除文盲〔27〕、推广民事服务志愿者等活动。其间产生一些代表性案例,比如在公共服务涉及就业领域,法国劳动法典第322-4-17-3款针对"16～25岁的青少年人群在社会融入和就业的过程中所面临的困难和问题",有可能通过申请获得"由国家财政承担的,融入社会生活合同,目的是扶助不同个体的需求〔28〕"。另外,在公共教育服务领域中,机会平等权的理念也获得强大的支撑。1998年7月29日颁布的n°98－657号法规关于消除社会排斥现象,"在公共教育服务领域资源分配机制的构成,是根据不同客观目的与用途所构成,尤其是考虑到经济社会层面"〔29〕,在此情况影响下,2005年1月18日又出台n°2005－32法令,旨在促进社会各界的凝聚力,第128款规定:"一个完善优越的教育配套

---

〔25〕 Cette agence est substituée au Fonds d'action et de soutien pour l'intégration et la lutte contre les discriminations.

〔26〕 L. n°2004－1486 du 30 décembre 2004 portant création de la haute autorité de lutte contre les discriminaiton et pour l'égalité, JO 31 décembre 2004 p. 22567.

〔27〕 Selon l'article L. 121-é du Code de l'éducation :《La lutte contre l'illettrisme constitue une priorité nationale. Cette priorité est prise en compte par le service public de l'éducation ainsi que par les personnes publique et privés qui assurent une mission de formation ou d'action sociale. Tous les service publics contribuent de manière coordonnée à la lutte contre l'illettrisme dans leurs domaines d'action respectifs》.

〔28〕 Ce qui n'est pas sans lien avec l'apprentissage, pris en charge par les institutions publique de formation professionnelle. L'art. L. 214－14 du Code de l'éducation, issu de la loi n°2002－276 du 27 février 2002 relative à la démocratie de proximité, prévoyait :《Le comité de coordinaiton des programmes régionaux d'apprentissage et de formaiton professionnelle continue[...] tend en particuier à assurer une égalité de chances d'accès à l'apprentissage et à la formation professionnelle continue pour tous les intéressés quelle que soit la région considérée》. Désormais, il invite à considérer l'existence d'Ecoles de la deuxième chance qui《proposent une formation à des personnes de dix-huit à vingt-cinq ans dépourvues de qualification professionnelle ou de diplôme. Chacune d'entre elles bénéficie d'un parcours de formaiton personnalité...》.

〔29〕 Art. 142, modifiant l'aritcle ler de la loi n°89－486 du 10 juillet 1989 d'orientation sur l'éducation.

设施,可以提供一系列有针对性的支持活动,可以使初级和高级年级的学生,以及他们的家庭成员,在课堂教育,课外活动,文化、社会事务与卫生健康方面都同时受益。法国公共教育一般从幼儿园阶段开始,通过法规公布具体的模式,由当地公共教育服务机构、学校基金会、代表公共利益的组织或者团体和其他由公共财政支持的社会组织团体或者企业负责具体管理和运作。该法令还硬性规定完善优越的教育配套设施,必须优先或者有侧重性地投入到贫困或棚户区,或者落后地区的教育机构和组织。"该规定所考虑的层面关系到"积极歧视"的概念,遗憾的是这种概念至今还没有正式被大众所接受,一些研究机构[30]除外(法国巴黎政治学院)。2006 年 3 月 31 日通过的 n°2006－396 号法令,为了实现机会平等权,需要结合公共教育服务和公共就业服务,《教育法典》第 337-3 款也有规定,建立职业教育中的学徒制体系,称为"青年学徒职业教育模式",为 14 岁以上 25 岁以下的青少年们尚未进入正式就业岗位之前建立的一种特殊的职业准入许可。《教育法典》第 111-1 章第 5 款:受教育权的内容保证每个人都能够自由地培育和发展个性,提高自己的基本知识水平和持续学习能力,顺利融入当地社会工作环境,合法与合理使用公民权。在《教育法典》的后续章节里,我们注意到与 2005 年 4 月 23 日出台的 n°2005－380 法令有逻辑关系,谈及未来学校的规划问题,也关系到 2006 年 3 月 31 日出台 n°2006－396 法令关于机会平等权的问题,其内容就是"根据每个学员或学生收入和贡献水平,来决定具体扶助金额,这是为了尊重该权利,保障机会平等权的真正实现。公共教育服务资源再分配根据不同情况而定,主要从经济和社会层面上考虑。核心宗旨是改善和提高所驻教育机构在自然与社会环境困难地区以及偏远荒乱地带的软硬件设施,同时资助有困难的学生,不管由其出生家庭原因所致,还是自身健康问题,都可以受益该项体性、量身定制式援助行动"。然而有时对这些法条的解释,会让人们觉得难以理解,即使在本法令的最后一节还是清晰表明回归传统平等性原则的理念:"不管他们的出身、文化习惯或者所在地域如何,所有的年轻人都有获得通识文化以及相关领域资格许可的

〔30〕 Art. L 612-3 du Code de l'éducation. VB. TOULLEMONDE,《La discriminaiton positive dans l'éducation:des ZEP à Sciences po》, Pouvoirs 2004, n°111, p. 87.

权利。”

此外,2005 年 2 月 11 日法国司法部颁布的以保障机会平等权为目的的 n°2005－102 法令,表明残疾人士参与权与公民权都是被国家赋予和认可的,这就是建立在平等权基础上的逻辑,“保障在其国土范围内平等对待每位残疾人士”,在涉及机会平等权外延内涵扩张的问题上,作出了新的解释,例如:无论是囿于先天的原因,还是由于年龄衰老或者生活环境而导致的残疾客观后事实,都可以获得残疾人士独有的补偿机制,这种补偿机制的建立满足了残疾人士的不同需求,涉及诸如婴儿监护、幼儿早期教育、义务教育、就业准入、为了工作或者学习,或者自我空间发展以及充分履行公民资格权利所导致的必要的迁徙与移居需要,允许并鼓励残疾人士利用有效空闲时间,建立自助团体或者特殊的组织机构,援助对象为所有在社会生活中处于主流或者边缘的个体和机构。此外,法国《民法典》第 11 款第 1 条具体规定,一些需要申请的程序,或者是保障残疾人士的特殊机构,以及必须附加的服务都应该包含在内。该一系列的内容都牵涉公共服务的活动,包含多种方式的补偿措施,这些都是经过完善补充而具体实施的平等性原则的体现。平等性原则的抽象理念,视同今天已经被平等性原则的实质性和具体性所取代,其原则中最为重要的一点,就是如何获得和享用各类型的服务。机会平等权的理念的诞生,改变了原有的法律内容中的平等性原则的概念。假如具体规定平等性原则之统一标准,则可能会失去其自身的特性〔31〕和创设的目的〔32〕。平等性原则,已经成为当今社会发展与各阶层变迁一个重要的区分标准和核心要素,特别是侧重考虑硬件基础条件。排除常规定性,从具体执行层面来谈,平等性原则通常关注的焦点问题,主要亦

〔31〕 Ainsi, la loi du 11 février 2005 pour l'égalité des droits et des chances et la loi du 23 avril 2005 d'orientation et de programme pour l'égalité des droits et des chances et la loi du 23 avril 2005 d'orientation et de programme pour l'avenir de l'école ne contiennent aucun principe imposant d'inclure, dans les arrêtés attaqués, les heures de soutien de scolaire de mise à niveau dans les enseignements obligatoires :CE, 14 juin 2006, Synd. Nat. de l'enseingnement technique agricole, req. n°284933.

〔32〕 Consacré par le juge administratif,《l'objectif d'égalité des chances entre les demandeurs doit être pris en compte pour l'attribution des logement sociaux》:CE,15 décembre 2000, Féd. Nat. des familles de France, req. n°213439.

集中在提供服务本身的价格与提供相应设施的成本上，通过关注价格和成本构成的主要指标参数，从而保证其必要的参与性和使用度。但是，必须阐明机会平等权的概念存在于公共服务法律体系框架内，因此有必要对公共社会服务理念作出实质性调整或变革。根据个体不同状况设定，通过转移平等性原则的焦点问题，让一些特定机构以公共服务项目的方式承接。其实它已经成为一种法国公共服务新型管理方式，尤其是针对一些不发达区域，其中包括一些农村地区和城市贫民区，建立、设立和取消相关公共服务的步骤与内容。它已经成为在本区域设立或实施相关公共服务活动的重要参考依据，成为政治层面决定构建"本地化服务或者便民化服务"模式首要标准之一，这包括特大型城市群中的城郊接合部和一部分偏远农村地区。关于新型模式的公共服务管理机构，可以设立"地区公共服务之家"，整合当地的资源，服务当地的居民，在该机构设立一个公共服务窗口，满足当地居民公共服务的基础需要和日常生活中的公共服务必需品。"地区公共服务之家"工作的重点应该是团结和联系当地公共服务用户。该机构是全方位开放的模式，来实现和促进本国领土内各种族、阶层、地域的和睦与融合，保持社会经济发展大环境下的合理的平衡态势。依托该机构来降低公共服务供给的成本和费用，同时建立该机构也满足了人民的根本需求，保证必要的公共服务内容与保障公共服务的持续性与连续性。在实施执行机会平等权原则的期间，一些社会团体〔33〕提出仍然长期存在一些不平等现象。我们知道的就业机会非平等性或者政治参与度性别机会不平等性现象，仍不能运用直接积极歧视原则加以解决。机会平等权的概念已经成为代表自由激进主义的常用词，从传统规定领域逐步扩展，其核心原则也获得高层次政治社会〔34〕的认同，但不是简单地视为履行平等性原则所附带的法律或者法律平等性。一些学者〔35〕指出现阶段一些欧美国家的问题，福利国家随着国际经济社会环境的逐步恶化而凸显危机，社会阶层的流动性正在下滑，会产生新的贫困人口和加剧强化社会、经济、文化等方面的不平等性。该发展阶段中

〔33〕 Y. POIRMEUR ,《Le double jeu de la notion d'égalité des chances》, in G. KOUBI et G. J. GUGIELLU dir.), L'égalité des chances, op. Cit. p. 91.

〔34〕 X. GREFFE, La politique sociale. Etude critique, PUF, 1975.

〔35〕 J.-P. Fitoussi et P. Rosanvallon, Le nouvel âge des inégalités, Seuil, 1996.

的不平等性不仅会影响一些公民的人均收入,同样也会波及被管理的公共服务用户,它所带来的作用力会影响到每个人在社会生活中的方方面面,诸如:工作、住房、教育或者文化等。

随着机会平等性原则领域与范围的拓展,它自身也会随之发生具有深刻意义的变革,会带来不确定性和不稳定性的变化。这种情况解释为公平性的关联因素,有的时候在公共服务领域中,一部分人认为公平性原则应该优先于机会平等性原则:通过积极性歧视概念来重新构建新型体系[36]。分析机会平等性原则不仅应该联系到平等性原则,还需要考虑到现今欧盟各国不平等的管理模式仍然普遍存在,以及所带来的不稳定性和局部贫困性现象。

三、无歧视性原则倡导的全方位服务理念

积极性歧视原则所涉及的问题,第一是指使用模式,即实现全方位服务,今天这种观念已经被法国制度完全接纳。全方位服务的观念和发展,参照标准以欧洲现今的水准为依据。在公共服务领域中引申出一些碎片化的学术观点,如公民平等权等。这些观点也可以代表为共同观点,源自公共服务普遍性原则理念,同时兼顾平等性原则、持续性原则和接受性原则。今天实施普遍性服务,是指公共服务项目框架内,依靠网络状的服务提供保障,比如电力系统、邮政系统、国营通信和网络系统。在邮政和通信法典第一款第四条:全民邮政服务有助于增强社会凝聚力和各地区之间的协同与平衡发展。它维护平等性、持续性和接受性原则的实施,探求一种既遵从经济效率,又侧重社会发展的模式。为此还规定,邮政服务即在本国领土范围内,必须提供持续不间断的服务,以保障所有用户的需求,同时又是在国家统一

〔36〕 A. MINC, La France de l'an 2000, Rapport《Les défis économiques et sociaux de l'an 2000》, Odile Jacob - La Doc. Fr., 1994, p. 92.

规定模式下履行任务。这些服务为所有的用户[37]提供了可接受价格。第二款第一条中也作了具体规定："邮政业务应该是属于全方位全覆盖的普遍性服务，服务项目含内容以及完整的流程，并为所发生毁损、盗窃、变质或者不符合服务质量要求的行为或结果提供担保和赔偿，它的义务是能够提供合格质量的服务，同时可以直接参与和受理具体的服务内容，承揽用户的赔偿或质疑，当然也受到财务和特殊信息部门内部规定的管束。"此外，电子通信领域中的特殊服务，对供应商的要求没有明确规定。根据法国《电信法典》第三十四款内容：公共服务必须遵从的义务，就是保障和遵守平等性原则、持续性原则与可接受性原则的实现。它具体包括：提供全方位普遍性的电子通信服务，第三十五款第一和四条明确规定提供和资助的硬性条件；第三十五款第五条指出一些硬性条件，以及须提供电子通信服务项目的内容；电子通信中提供公共利益的项目内容，在国防和安全领域中，涉及产品研发和人才培养的领域，是由第三十五款第六条规定需要保障所需硬件。之后在第三十二款第一条指出，关于电子通信领域的公共服务，在维护和拓展项目上，必须包括所有受益于电子通信服务的人群，它们应该获得应有的保障。第三十五款第一条指明，电子通信领域的公共服务将向所有人群提供，其具体内容涵盖：可以接受的价格与通话质量。这种服务可确保用电话呼叫，交流模式是通过传真、数据通信或者大功率路由器来接入互联网，在紧急情况下依靠接挂自如的免费呼叫。以正式印刷和电子表格的方式，提供年度用户咨询目录的服务；保证可在公共区域内使用已建的公共电话亭；另外，法国政府还出台有针对性的措施便利残疾用户使用公共服务项目，一方面，保障残疾人士享用和参与之前本文提及过的公共服务项目，从而保障公共服务的同质性。另一方面，也要顾及服务项目对于残疾人士的可承受性与可接受性。这些特殊的措施，需要考虑与兼顾到全方位服务和积极性歧

〔37〕 Comp. Avec l'ancien article L. 1 du Code de la Poste et des télécommunications :《[Le servicd universel postal] est assuré dans le respect des principes d'égalité, de continuité et d'adaptabilité en recherchant la meilleure efficacité éocnomique et soicale. Il garantit à tous les usagers, de manière permanente et sur l'ensemble du territoire national, des services postaux répondant à des normes de qualité déterminées. Ces services sont offerts à des prix abordables pour tous les utilisateurs》v. L. n°90-_ du 2 juillet 1990 art. 41, JO 8 juillet 1990 ; L. n°99－533 du 25 juin 1999 art. 19 JO 29 juin 1999).

视这两种模式的关联性。需要同时指出的是,全方位服务提供一部分规定的价格体系以及技术条件,充分考虑到一部分类型人群在使用和参与电信服务的时候,所会遇见或面临的困难和不便之处。特别是需要考虑到他们的经济收入水平,取消一切基于用户〔38〕居住地理位置而判断所造成的歧视。尽管参照之前的全方位服务理念,可能存在着反对的声音,但是可以通过公共服务活动来展现新模式,让大众了解公共服务理念的重要性,就是构建和谐稳定与互助的社会。它的目标就是增强社会的凝聚力,这也是公共服务理念的一个基础支撑点。如果我们总结保障性公共服务提供的模式,可以发现公共服务的供应商在〔39〕确保合格的质量与可接受的价格的问题上,并不能满足全方位服务中特殊项目的需求,相对我们熟知的平等性原则,需要做重新调整。但是,可以接受价格的概念都是围绕全方位服务(普遍性服务)的意义本身,因此有必要进行特定审查和特别研究,方可推断出客观科学的建议。假设未刻意强调说明,那注定是难接受的建议,因为它具体运行模式是建立在深入了解和掌握各个行业与领域的特征上的。普遍性服务观念,根本性原理理解为,不仅包含一个最低基本服务内容或项目,还可作为对一部分群体或者区域的补偿性或补救性方案,其中会涉及一些经济社会发展而产生的不平等性现象所引起一系列的因果关系,尤其是鉴于地缘差异导致市场经济逻辑关系和非纯市场经济领域之分,如同所谓的盈利性项目和非盈利性项目。在此背景下,积极性歧视原则的构成要件逐渐显现出来。然而,关于积极性歧视原则的问题,公共服务法明文规定,应该根据客观标准来制定,参考各个地区之间的现实状况,以区分盈利的领域和

〔38〕 Comp. Avec l'ancien article L :35-1 :《Le service universel des télécommunication fournit à tous un service téléphonique de qualité à un prix abordable. Il assure l'acheminement des communications téléphonique en provenance ou à destination des points d'abonnement, ainsi que l'acheminement gratuit des appels d'urgence, la fourniture d'un service de renseignements et d'un annaire d'abonnés, sous formes imprimée et électronique, et la desserte du territoire national en cabinets téléphoniques installées sur le domaine public. 》. Il est fourni dans des conditions tarifaires et techniques par certaines catégories de personnes en raison notamments de leur niveau du revenu ou de leur handicap .

〔39〕 Directive 2002 /22/CE du Parlement européen et du Conseil du 7 mars 2002, dite《service universel》, JOCE 24 avril 2002, considérant n°4 ;déc. A. R. T n°97－272 du 22 septembre 1997, JO 23 novembre 1997, p. 16992.

非盈利领域，同时根据社会经济各阶层的用户类型来区分。比如：邮政和电子通信法典中 L. R20-30-1 规定，一部分运营商不能放弃或必须履行普遍性服务的义务，根据人均收入，当特定人群遭遇无法连接电话服务的困难与窘境时，应该提供优惠价格服务。之后在 L. 20-34 I. 解释为非普遍性的特定人群，普遍性公共服务硬性规定，有权获得优惠价格体系：最低收入自然人有资格和权利，获得或申请特殊互助补贴，以及给成年残疾人津贴，这些人群同时能够和电信经营商签订固定电话服务项目长期协议。根据申请者具体情况，从中可以获得优惠，首先是依据他们产生的电话账单直接减扣，也可以获得每月不超过 4 欧元的电话费减免。由于战争引起的残疾人群同时享受《电信法典》和《军队伤残津贴》、《战争受害者法典》、《军队伤残津贴》、《战争受害者法典》中第 16 款所规定的抚恤金，他们的养老金比正常标准提高 10%，战争致盲人群受益于该法典第 18 款，第 189 款也规定安置战争致盲人群公寓也享受相关福利。一部分法律法规指出，当遇到出乎意料的情景时，应该对一些特定的人群提供援助，同理，可以帮助他们支付所欠的电话账单。

（特约编辑：刘雪鹂）

名作书评

自由派宪法学的雄心与困境

——读桑斯坦《罗斯福宪法：第二权利法案的历史与未来》[*]

阎 天[**]

美国公法学家凯斯·R.桑斯坦(Cass R. Sunstein)的专著《罗斯福宪法：第二权利法案的历史与未来》(以下简称《罗斯福宪法》)，原系根本书局(Basic Books)于2006年出版。2016年经毕竟悦、高瞰两位学者翻译，列入《雅理译丛》，由中国政法大学出版社印行中文版。本文以该书为例，讨论自由派宪法学的宏大愿景，或曰"雄心"，以及当下困境。

一、第二权利法案：自由派宪法学的雄心

《罗斯福宪法》一书原题"第二权利法案：罗斯福的未竟革命与当务之急"。这个题目准确地揭示了全书的核心观点：罗斯福提出的《第二权利法案》建立了一种新的权利观；这种权利观实乃当下急需，应该获得继承和张扬。具体来说，新权利观包括四方面的含义：

一是权利的内容。在传统上，美国宪法主要保护消极自由，消极自由中又偏重政治自由，经济自由里主要保护财产权。桑斯坦说：这都不对。在新权利观之下，消极自由和积极自由的区分是虚假的，因为即使消极自由也需

---

* Cass R. Sunstein, *The Second Bill of Rights: FDR's Unfinished Revolution—And Why We Need It More Than Ever*, New York: Basic Books, 2006;凯斯·R.桑斯坦著:《罗斯福宪法:第二权利法案的历史与未来》,毕竟悦、高瞰译,中国政法大学出版社2016年版。

** 阎天:北京大学法学院助理教授。

要国家的保障;政治自由和经济自由的区分是有害的,因为它们之间相互依存和促进;财产权和再分配权都是经济自由的重要内容,再分配里应当更注重以工代赈(workfare),而不是福利(welfare)。[3]

二是权利的依据。这里的依据,是指法律(legal)依据以外的正当性(legitimate)依据。为什么要把穷人获得扶助的特权包容到"权利"概念之中呢?桑斯坦断然宣称,这只是为了一个非常有限的目标——安全。所谓安全,一是消解内忧——穷人造反,二是打击外患——纳粹侵略。这两个任务是一体两面,都指向资本主义制度的长治久安。权利是实现安全的工具,给穷人"社会保障"的权利,就等于维护资本主义的"社会安全"。[4] 这也就解释了为什么 social security 这个词会有两种翻译:社会保障和社会安全——它们是同一件事的两个方面。

三是权利的地位。桑斯坦认为,第二权利法案之下的各项权利具有宪法地位,与第一权利法案相比并不逊色。第二权利法案既没有通过修宪而成为宪法的一部分,也没有通过释宪而附入宪定权利之中,但是经过两百年的实践,已经具备所谓"宪法承诺"的地位,理应得到发扬光大。宪法承诺(constitutive commitment)也可以翻译成"构成性约束"。根据桑斯坦的解释,这里的 constitutive 就是 constitutional。[5] 他之所以不使用 constitutional 这个词,大概是想和正式的宪法修正(constitutional amendment)、宪法解释(constitutional interpretation)做个区分。

四是权利的实现。在传统上,美国宪法体制强调横向分权,主要通过司法制衡立法和行政来执行宪法;还强调权力重心下移,严格限制联邦政府权力。桑斯坦认为,这种权力结构远不足以落实第二权利法案。他倡导三权协调,淡化三权分立;倡导通过立法来行宪,淡化司法行宪;倡导通过规制机关凝聚专业行宪技能,在三权之外建立第四分支;倡导上移权力重心,实现

---

〔3〕 凯斯·R.桑斯坦著:《罗斯福宪法:第二权利法案的历史与未来》,毕竞悦、高瞰译,中国政法大学出版社 2016 年版,第 182—189 页。

〔4〕 凯斯·R.桑斯坦著:《罗斯福宪法:第二权利法案的历史与未来》,毕竞悦、高瞰译,中国政法大学出版社 2016 年版,第 84—88 页。

〔5〕 Cass R. Sunstein & Randy E. Barnett, *Constitutive Commitments and Roosevelt's Second Bill of Rights: A Dialogue*, 53 Drake L. Rev. 205, 217 (2005).

联邦扩权。[6]

以上就是《罗斯福宪法》新权利观的四方面含义。串联起来,就是战后自由派宪法学的经典议程:以某种正义理论为后盾,为《第二权利法案》争取宪法地位,并通过行宪机制加以落实。从这个角度来看,桑斯坦无疑是积极进取的,他要求继承罗斯福未竟的宪法事业,革新自由主义宪制的根基——权利观。这无异于一场宪法革命。桑斯坦的呼吁力透纸背,远在地球另一端的读者仍然能够感受余温。

二、权利依据之困:守不住的"正义论"

虽然桑斯坦的诉求很有进取心,但是如果把《罗斯福宪法》放到桑斯坦自己的思想脉络里,放到自由派的宪法思想谱系里,就会发现:桑斯坦其实已经后退了很多、保守了很多。单看一本书,桑斯坦是进取的;如果把背景补充上,桑斯坦又是退缩的。这个悖论,反映了桑斯坦教授的纠结,更折射出自由派宪法理论的深刻困境。

先看权利的依据。长期以来,第二权利法案之中的各项权利都面临着保守派,特别是自由放任主义者的攻击,他们也是桑斯坦乃至整个自由派的首要论敌。受罗尔斯的影响,好几位自由派宪法学家都曾提出自己的"正义论",力图为第二权利法案所罗列的各项权利提供坚实的依据,对保守派进行全面的、整体的反击。例如,布鲁斯・A.阿克曼写了《自由国家的社会正义》,迈克尔・沃尔泽写了《正义诸领域:为多元主义与平等一辩》,桑斯坦则写了《自由市场与社会正义》,连书名都和阿克曼的差不多。[7] 阿克曼甚至在耶鲁开了一门课,就叫作"正义"。他一本一本地讲这些书,并且坚持认为自己的正义论比罗尔斯更高明。

---

〔6〕 凯斯・R.桑斯坦著:《罗斯福宪法:第二权利法案的历史与未来》,毕竟悦、高瞰译,中国政法大学出版社2016年版,第53—57页。

〔7〕 布鲁斯・A・阿克曼著:《自由国家的社会正义》,董玉荣译,译林出版社2015年版;迈克尔・沃尔泽著:《正义诸领域:为多元主义与平等一辩》,褚松燕译,译林出版社2009年版;凯斯・R.桑斯坦著:《自由市场与社会正义》,金朝武、胡爱平、乔聪启译,中国政法大学出版社2002年版。

在《罗斯福宪法》里,桑斯坦曾经的理论雄心仍然依稀可辨。他说:"即使是'消极'的财产权也要求政府的出场",[8]这几乎是在复述他另一本书的书名——《权利的成本:为什么自由依赖于税》。[9] 桑斯坦没有忘记从前的自己。但是,他并未继续自己的理论大业,而是退缩了。他不再想要和保守派一争高下,而是希望在存异的基础上求同,与保守派达成共识。就算左右两派势同水火,在确保资本主义制度长治久安这件事上,双方总没有分歧吧!桑斯坦认为,这种共识就足够充当第二权利法案的依据了。至于保守派与自由派的不同意见,完全可以"毫不尴尬地回避"。[10]

毋庸讳言,这种回避本身就是尴尬的。桑斯坦之所以理直气壮,源自对于罗斯福总统的仿效:当年的罗斯福不在乎理论之争的胜负,也随时愿意和解,只要达成思想共识并服务于改革议程,就足够了。但是,罗斯福是政治家,他只关注如何改造世界,这无可厚非;而桑斯坦是理论家,他如果只关注改造世界,却不关注如何认识世界,是无论如何也说不过去的。迎难而上、百折不挠,方才是书生意气、学者职责。

桑斯坦未尝不明白这一点。他之所以宁愿退缩,也不愿和保守派正面交锋,关键原因很简单——打不赢。和保守派缠斗多年,丝毫没能动摇对手的基本盘。新权利观几乎仍然只是校园里的呼声。一旦走出纽黑文或者坎布里奇,真实的宪法世界仍然是传统权利观的天下。桑斯坦"打不赢就走",标志着自由派为第二权利法案寻找正当性依据的努力遭遇了重大挫折。从此以后,临机权宜代替了根本原则,个案处理代替了整体方案。正义论的时代一去不返了。

桑斯坦的权宜之计并不成功。他把落实第二权利法案的希望寄托在关于安全的共识上,而这个共识与"维稳"的逻辑差不多。他无非想要威胁保守派:如果不实行第二权利法案,穷人就会造反,国家就会动乱,资本主义就

---

〔8〕 凯斯·R. 桑斯坦著:《罗斯福宪法:第二权利法案的历史与未来》,毕竟悦、高瞰译,中国政法大学出版社 2016 年版,第 28 页。

〔9〕 史蒂芬·霍尔姆斯、凯斯·R. 桑斯坦著:《权利的成本:为什么自由依赖于税》,毕竟悦译,北京大学出版社 2011 年版。

〔10〕 凯斯·R. 桑斯坦著:《罗斯福宪法:第二权利法案的历史与未来》,毕竟悦、高瞰译,中国政法大学出版社 2016 年,第 190 页。

会动摇，所以只能以权利换安全。这种威胁很难奏效。一方面，保守派并不怕穷人造反，他们可以选择镇压；另一方面，如果实施第二权利法案，就会把资本主义改得面目全非，那妥协还有什么意义呢？正像保守派宪法学家兰迪·巴内特所批评的那样，个人自由才是美国唯一延续下来的构成性约束，在这个问题上并没有太多妥协空间。[11] 在美国维稳不可能压倒一切。

总之，桑斯坦并没有给第二权利法案找到坚实的正当性基础。这个挫败不是他个人的，而是属于整个自由派宪法理论。

三、权利地位之困：不成熟的“构成性约束”

再来看权利的地位。第二权利法案所规定的权利都没有写进宪法，这就导致它们缺乏宪法地位。解决这个问题有三条思路：一是论证这些权利居于宪法之上，二是论证它们居于宪法之内，三是论证它们居于宪法之外。

第一种思路是论证第二权利法案比宪法地位更高，相当于宪法的“高级法”背景。[12] 主要做法是把这些权利说成自然权利，或者普世人权。正像桑斯坦所回顾的，第二权利法案的内容后来确实被国际人权文件所吸收，具有了一定的国际法属性。[13] 但是，美国法律界向来对国际法“不大感冒”，不但拒绝批准很多国际人权公约，而且对按照国际法办案保持警惕。桑斯坦也知道：拿国际公约压美国宪法就范，难上加难。所以他对这个思路没抱什么希望。

第二种思路是论证第二权利法案是宪法文本的要求，处在宪法文义之内。这个思路是自由派学者的主流，而他们选择的文本主要是宪法第十三、第十四修正案。有人说，这些权利是落实（第十四修正案的）宪法公民身份

---

〔11〕 Cass R. Sunstein & Randy E. Barnett, *Constitutive Commitments and Roosevelt's Second Bill of Rights: A Dialogue*, 53 Drake L. Rev. 205, 229 (2005).

〔12〕 爱德华 S. 考文：《美国宪法的“高级法”背景》，强世功译，北京大学出版社2015年版。

〔13〕 玛丽·安·葛兰顿：《美丽新世界：〈世界人权宣言〉诞生记》，刘轶圣译，中国政法大学出版社2016年版。

的条件，这些人往往也赞成 T. H. 马歇尔的社会权利与公民身份理论；[14]有人说，这些权利是(第五、第十四修正案的)宪法正当程序所保护的，这种观点以赖希的“新财产权”理论为代表；[15]有人说，这些权利是(第十四修正案的)宪法平等保护的题中之义，像欧文·费斯就持这种看法；[16]甚至还有人说，这些权利是清除奴隶制残余的必要步骤，持这种观点的学者往往和批判法学关系比较近。[17]

桑斯坦本人曾经也是这种思路的重要代表。他曾论证说，宪法平等要求反对社会种姓制(anticaste principle)，而第二权利法案恰恰是防止阶层固化、打破新种姓的工具。[18] 但是，到了《罗斯福宪法》这本书里，桑斯坦放弃了这个思路。他不再试图把第二权利法案解释成宪法文本的题中之义。因为他发现，这完全是对牛弹琴，最高法院根本听不进去。正像他所追溯的，最高法院曾经有过很开明的时代，甚至把赖希的《新财产论》当成裁判的重要依据；[19]但是之后最高法院就越来越保守，越来越听不进去自由派学者的话。等了几十年，桑斯坦终于灰心了。他转向了第三种思路。

第三种思路是说，第二权利法案虽然不在宪法文本之内，但是具有和宪法文本相当的地位。这是近年来自由派宪法学的流行色。仅以耶鲁大学法学院而论，阿基尔·阿玛尔教授写了《美国不成文宪法》，艾斯康教授提出了“超级立法”和“超级先例”概念。最重要的当然是阿克曼教授，他在新著《我们人民：民权革命》当中，搞了一场“封圣”(canonization)，把布朗诉教育委员会案判决书、《1964 年民权法》等民权革命的成果都提升到了宪法文本的

〔14〕 T. H. 马歇尔等:《公民身份与社会阶级》，郭忠华、刘训练编译，江苏人民出版社 2008 年版。

〔15〕 查尔斯·A. 赖希:《新财产权》，翟小波译，载:《私法》，2006 年第 2 期。

〔16〕 Owen Fiss et al., *A Way Out: America's Ghettos and the Legacy of Racism*, Princeton: Princeton University Press, 2003; Owen Fiss et al., *A Community of Equals: The Constitutional Protection of New Americans*, New York: Beacon Press, 1999.

〔17〕 James Gray Pope, *Labor's Constitution of Freedom*, 106 Yale L. J. 941 (1997).

〔18〕 Cass R. Sunstein, *The Anticaste Principle*, 92 Mich. L. Rev. 2410 (1994).

〔19〕 Goldberg v. Kelly, 397 U.S. 254 (1970).

地位。[20] 桑斯坦也加入了这个行列。他说,第二权利法案是一项重要的构成性约束。

构成性约束是什么呢?桑斯坦在《罗斯福宪法》这本书里并没有讲清楚。后来他澄清说:

构成性约束居于特殊地位,这是因为,除非国家认知发生根本变化,构成性约束是不会磨灭的。这些权利是"构成性"的,因为它们帮助一个社会创造或构建了基本的价值观。它们也是约束,因为它们在一定程度上能够穿越时间而保持稳定。违反约束会构成某种违约——也即背信。[21]

简单地说,所谓构成性约束,就是坚定不移的立国之本。为了论证第二权利法案是构成性约束,桑斯坦回溯了美国的历史。他认为,第二权利法案贯通了美国历史的三个传统:开国、内战和新政。开国时代,某些社会经济权利是联邦党人与反联邦党人的公约数;内战时代,谢尔曼为了实现经济自由,曾经"分田分地真忙";新政感召下的沃伦法院曾经几乎把第二权利法案吸收到宪法文本当中,只是被尼克松总统粗暴地打断了。[22] 有历史为证,后代应该继续把第二权利法案当作立国之本,毫不动摇地坚持下去。

桑斯坦的初衷是很好的:他想从历史中梳理出传统,用传统建构权威,用权威改造宪法,用宪法改良社会。但是,桑斯坦的方案和阿克曼的宪法时刻理论相比,明显很不成熟,也禁不起保守派学者的攻击。

首先,从实证的角度,桑斯坦怎样证明确实存在某个构成性约束?他所提供的历史证据远远谈不上充分:在美国历史上,反对第二权利法案的声音至少和支持的声音一样大,凭什么后者是构成性约束,前者却不是?桑斯坦后来也承认,自己无法总结出构成性约束存在的必要或充分条件。作为补

---

〔20〕 Akhil Reed Amar, *America's Unwritten Constitution: The Precedents and Principles We Live By*, New York: Basic Books, 2015; William N. Eskridge Jr. & John Ferejohn, *A Republic of Statutes: The New American Constitution*, New Haven: Yale University Press, 2013; Bruce Ackerman, *We the People, Volume III: The Civil Right Revolution*, Cambridge: Harvard University Press, 2014.

〔21〕 Cass R. Sunstein & Randy E. Barnett, *Constitutive Commitments and Roosevelt's Second Bill of Rights: A Dialogue*, 53 Drake L. Rev. 205, 217 2005).

〔22〕 凯斯·R.桑斯坦:《罗斯福宪法:第二权利法案的历史与未来》,毕竟悦、高瞰译,中国政法大学出版社2016年版,第144—161页。

充，他掏出了一块试金石："任何总统候选人只要严肃地质疑这一约束，就会从根本上丧失当选资格。"[23]

桑斯坦说这话是在 2005 年，如果他看到去年的大选，估计会重新掂量一下。共和党候选人唐纳德·特朗普不断打破禁忌，忽而质疑宗教平等，鼓吹禁止某教信徒入境；忽而质疑性别平等，发表侮辱歧视女性的言论。这些言论动摇国本，非但没有让他丧失当选资格，反而帮助他一路过关斩将，最终问鼎白宫。这是不是意味着宗教和性别平等不再是构成性约束了呢？桑斯坦肯定不同意，却拿不出新的试金石。相比之下，阿克曼证明宪法时刻存在的方式就可靠得多。他把宪法时刻归结成几个步骤，只要这些步骤顺次发生，就构成宪法时刻。建国、重建、新政和民权革命都符合这个判断标准。[24] 更糟糕的是，桑斯坦的构成性约束还经常改变，比如《1964 年民权法》起初只是纯粹的政策，后来提升为构成性约束；而育儿家庭救助计划(AFDC)起初是构成性约束，后来却降低成普通政策。[25] 改变的标准是什么？桑斯坦也没说。这个问题对于阿克曼就很简单：一个宪法时刻只能用新的宪法时刻来推翻。

其次，从规范的角度，桑斯坦凭什么主张构成性约束具有约束力？他的回答是传统，因为传统可以带来权威。但是，桑斯坦却也主张价值传统是不断变化的，就像构成性约束也不断变化，这等于挖了自己的墙脚。[26] 所以巴内特教授批评说，构成性约束根本毫无规范意义。[27] 相比之下，宪法时刻的成就之所以有约束力，是因为它具备超乎寻常的民主合法性。这不仅体现在大选的压倒性胜利之中，也体现在三大分支对民意的响应之中。美国从 1980 年代以来就是保守派占上风，但是保守派的民意支持始终迈不过

---

〔23〕 Cass R. Sunstein & Randy E. Barnett, *Constitutive Commitments and Roosevelt's Second Bill of Rights: A Dialogue*, 53 *Drake L. Rev.* 205, 221 (2005).

〔24〕 布鲁斯·A.阿克曼，《我们人民：转型》，田雷译，中国政法大学出版社 2014 年版.

〔25〕 Cass R. Sunstein & Randy E. Barnett, *Constitutive Commitments and Roosevelt's Second Bill of Rights: A Dialogue*, 53 Drake L. Rev. 205, 223 (2005).

〔26〕 Cass R. Sunstein & Randy E. Barnett, *Constitutive Commitments and Roosevelt's Second Bill of Rights: A Dialogue*, 53 Drake L. Rev. 205,221(2005).

〔27〕 Cass R. Sunstein & Randy E. Barnett, *Constitutive Commitments and Roosevelt's Second Bill of Rights: A Dialogue*, 53 Drake L. Rev. 205, 225 (2005).

宪法时刻的门槛，所以阿克曼理直气壮地说：美国仍然处在民权革命所建构的时空里。

总之，桑斯坦并没有很好地论证第二权利法案的宪法地位。他放弃了宪法之内的思路，改用宪法之外的思路，却远没有拿出一套成熟的论证来。说到底，宪法之外的思路就是主张某些立法、规章或者先例具有和宪法文本相当的民主合法性，而在美国，第二权利法案的民意基础远远达不到这个水平，所以桑斯坦的努力注定会失败。

四、权利实现之困：靠不住的法院与民众

下面讨论权利的实现问题。美国宪法实施的首要机制是司法释宪。而桑斯坦却认为，第二权利法案的实施指望不上法院。虽然他证明社会经济权利并非不可诉，但是他显然认为保守派当道的最高法院不会听这一套。至于他介绍外国法院的情况，就近乎对于阔邻居的羡慕了——这种羡慕在美国法学界可不多见，背后的心态恐怕接近绝望。诚然，桑斯坦对司法释宪一直不大信任，他在《就事论事：美国最高法院的司法最低限度主义》和《法律推理和政治冲突》这两本书中，都主张法院不要搞涉及面过大的原则性判决，而要尽量从小问题着眼，逐步推进。他认为，自由派的沃伦法院当年如果能够一事一议，就可以避免保守派后来的疯狂反攻倒算；而如今的保守派法院也应该一事一议，这才能尽量保住沃伦法院的遗产。[28] 但是到了《罗斯福宪法》，他连一事一议也信不过最高法院了，直接主张撇开法院。放弃最高法院这块阵地，无疑是重大的退却。

法院靠不住，第二权利法案靠谁来落实呢？如果读过他的《偏颇的宪法》以及《设计民主》，很可能会认为：桑斯坦寄希望于共和体制，认为有公心的代表通过公议协商就会支持第二权利法案，因为那是公共利益所在。作

---

〔28〕 凯斯·R.桑斯坦：《就事论事：美国最高法院的司法最低限度主义》，泮伟江、周武译，北京大学出版社2007年版；凯斯·R.桑斯坦：《法律推理与政治冲突》，金朝武等译，法律出版社2004年版。

为当代共和主义复兴的主要代表之一，桑斯坦鼓吹以公心、公议和公益“三公”为特征的共和主义，希望共和主义可以拯救越来越保守的自由主义。[29]《罗斯福宪法》也确实提到了协商民主。[30] 然而，桑斯坦并没有具体论证怎样通过协商民主来实现第二权利法案。究其原因，大概在于共和主义的通病：学者们实在找不出有公心的代表，找不出公议协商的平台。指望共和体制，不现实。

法院靠不住，共和靠不住，那靠谁？桑斯坦说，第二权利法案的实施主要依靠立法和行政机关。[31] 关注司法以外的行宪机制，也是近年来自由派宪法学的流行色。最典型的代表是所谓大众宪政主义，比如图什奈特的《让宪法远离法院》和克雷默的《人民自己：人民宪政主义与司法审查》。[32] 桑斯坦加入了这个行列，但是浅尝辄止，并没有提出通过立法和行政来落实第二权利法案的具体方略。或许他还没有想好，或许这不是本书的重点，但这无疑削弱了全书的说服力。

总之，在权利实现问题上，桑斯坦放弃了司法行宪，却没有提出具体的替代方案。第二权利法案仍然只是理念，看不到成为现实的希望。

结语：两个桑斯坦

从《罗斯福宪法》这本书中，可以看到积极进取的那个桑斯坦。他试图建立一种新的权利观，扩展自由的疆界，在共识的基础上赢得左右两派的一致支持，从而将新权利观推上宪法地位，并通过权力机制的改革来实现它。这是罗斯福总统的理想，也是几代自由派宪法学家孜孜以求的事业。《罗斯

---

〔29〕 凯斯·R.桑斯坦：《偏颇的宪法》，宋华琳、毕竟悦译，北京大学出版社 2005 年版；凯斯·R.桑斯坦：《设计的民主：论宪法的作用》，金朝武、刘会春译，法律出版社，2006 年版。

〔30〕 凯斯·R.桑斯坦：《罗斯福宪法：第二权利法案的历史与未来》，毕竟悦、高瞰译，中国政法大学出版社 2016 年版，第 30—33 页。

〔31〕 凯斯·R.桑斯坦：《罗斯福宪法：第二权利法案的历史与未来》，毕竟悦、高瞰译，中国政法大学出版社 2016 年版，第 136—138 页。

〔32〕 马克·图什奈特：《让宪法远离法院》，杨智杰译，法律出版社 2009 年版；拉里·克雷默：《人民自己：人民宪政主义与司法审查》，田雷译，译林出版社 2010 年版.

福宪法》无疑是这种努力的一个范本。

而如果把《罗斯福宪法》放到桑斯坦的思想演进之中,放到自由派宪法学的谱系中,就会看到一个截然相反的桑斯坦。他不断退缩,充满焦虑,甚至绝望。为了论证新权利观的依据,他放弃了与保守派的正面对决,退而主张新权利观仅仅是为了实现安全,寻求与保守派达成共识,却并不成功;为了论证新权利观的地位,他放弃了将这些权利解释为宪法内容的尝试,转而在宪法之外赋予它们与宪法相当的地位,却并不成熟;为了论证新权利观的实现路径,他放弃了司法行宪,也不敢寄希望于协商民主,转而主张依靠立法和行政,却没有提出具体方案。

桑斯坦的困境并不是个人的,他无疑是当代杰出的宪法学家之一。他的困境属于整个自由派宪法学。桑斯坦所放弃的一切,综合起来,就是新政-沃伦法院的遗产。遗产守不住,未来在何方?从伦奎斯特法院开始,这个疑问就一直没有解决。《罗斯福宪法》这本书的重要贡献之一,便是全面而典型地揭示了这种困境,尽管这肯定不是桑斯坦的本意。

(特约编辑:黄琳)

“看不见”的权利法案

——读桑斯坦《罗斯福宪法：第二权利法案的历史与未来》

郭富民*

1944年1月11日，美国总统罗斯福以炉边谈话的形式发表了他的年度国情咨文。本次国情咨文发表的六十年后，美国著名法学家凯斯·R.桑斯坦教授于2004年出版了《罗斯福宪法：第二权利法案的历史与未来》（简称《罗斯福宪法》，下同），以揭示罗斯福在此次国情咨文演讲中提出的第二权利法案的理念：自由和安全。事实上，早在1992年，桑斯坦教授就创作了《权利革命之后：重塑规制国》一书，为以罗斯福第二权利法案为先声的权利革命以及规制国家兴起作了辩护。此次，桑斯坦教授就第二权利法案专门撰写专著，再次为第二权利法案发声，既体现了桑斯坦教授一贯的学术研究进路，又彰显了第二权利法案所蕴含的重要时代价值。罗斯福提出第二权利法案迄今已逾六十年，但这部权利法案一直未被美国现行的宪法秩序所接纳，沦为一部看不见的权利法案。罗斯福新政革新了美国自由放任传统下的宪法结构，重新界说了权利，使美国迎来了以安全理念为核心的新政自由主义。作为罗斯福执政理念的最终文字表述，第二权利法案无疑是新政自由主义的结晶。桑斯坦在《罗斯福宪法》中，从历史和宪法的多维视角梳理了第二权利法案“前世”、“今生”和“来世”，详尽地解答了“为什么第二权利法案事实上在宪法中没有容身之地”的谜题，申明“我们比以往更加需要第二权利法案”。

---

* 郭富民：北京航空航天大学法学院2015级博士研究生。

第二权利法案:自由,还是安全?

桑斯坦将罗斯福1944年的国情咨文称为“20世纪最伟大的演讲”。罗斯福在第二次世界大战胜利前夕发表的这次国情咨文演讲中,统筹国内和国外,提出了国家未来的目标是和平与安全。罗斯福强调,随着时间推移,权利法案中的传统权利被证明是并不充分的,因为政治权利必须辅以经济权利,“如果没有经济安全和经济独立,真正的个人自由就不复存在”〔1〕。罗斯福指出,为了达成“为所有人(不论地位、种族和信仰)建立安全和繁荣的新基础”之目标,必须借助包含如下权利的“第二权利法案”:

在我国的工厂、商店、农场或矿山获得有益并有报酬的工作的权利;

赚取工资负担充足的食物、衣服和养育下一代的权利;

所有农场主生产并出售其产品,其盈利能让他和他的家庭过上体面生活的权利;

所有商人无论大小在自由氛围内交易的权利,免于国内外寡头的不公平竞争和控制;

每个家庭得到适当住房的权利;

充分的医疗条件,有机会获得并享受健康的权利;

得到保护,不必在经济上担心年老、疾病、事故和失业的权利;

获得良好教育的权利。〔2〕

桑斯坦教授将第二权利法案看作罗斯福执政理念的终极表述。“罗斯福的第二权利法案演说,试图整合他漫长的总统任期中采用的两大‘医生’”,即复兴经济的“新政医生”和抗击法西斯的“战胜医生”。因此,必须从更广阔的背景中去认识罗斯福宪法。桑斯坦教授将第二权利法案的思想萌芽追溯至罗斯福1932年在共和俱乐部的演讲。1929年经济危机后,美国

〔1〕 [美]凯斯·R.桑斯坦:《罗斯福宪法:第二权利法案的历史和未来》,毕竞悦、高瞰译,中国政法大学出版社2016年版,第12页。

〔2〕 [美]凯斯·R.桑斯坦:《罗斯福宪法:第二权利法案的历史和未来》,毕竞悦、高瞰译,中国政法大学出版社2016年版,第12—13页。

自由放任的神话破产，胡佛总统治理下的美国患上了严重的“胡佛病”。在1933年的总统选举中，美国人民用选票将白宫的主人从胡佛换成了罗斯福。入主白宫的罗斯福，为“身患重病”的美国开出了“新政医生药方”。因此可以把1932年的俱乐部演讲看作罗斯福总统竞选的预演和日后施政的“准大纲”，事实证明也确实如此。桑斯坦教授指出，在同年的竞选演讲中，罗斯福反思并重新构思了美国的权利：在传统自由放任的经济政策下，工业革命造就的金融巨头，成为现代的封建贵族、私人暴君或经济保皇党，威胁到了个人谋生的经济自由。为此，一个新的经济宪法秩序成为必要。罗斯福特地强调了获得舒适生活的权利和储蓄安全的权利，指出“现代社会通过政府运作，具有确定的义务去阻止饥饿，试图防止想要自给却不能的成员陷入悲惨境地”。上任伊始，罗斯福颁布的一系列法案和实施的一系列项目就是为了完成政府的这项义务。

桑斯坦教授将罗斯福于1936年在民主党全国代表大会的演说，看作继共和俱乐部演讲之后，罗斯福走向第二权利法案的“最重要一步”。在本次演讲中，罗斯福将1776年革命和大萧条危机进行了比较，认为二者同等重要，都是为了赢得自由的宪法革命。他指出经济秩序的背后是法律，而非自然。工业革命诞生的经济保皇党人获得了对政府本身的控制，他们“认为政府可以保护公民的选举权，但是否认政府可以保护公民工作和生存的权利”〔3〕。罗斯福主张，“贫困的人不是自由的人”“自由不是对半分的事务”，因此“免于赤贫的自由是政治自由的必要补充”。他在演讲中明确提到并强调了“工作权”和“生存权”。在1937年，罗斯福谈及自己的施政目标时，他列举了一个目标清单。桑斯坦教授认为，这个目标清单中的某些目标，如获得体面工资、更好住宅、防止垄断等，可以从中看到第二权利法案的影子。

随着美国加入二战，罗斯福的精力从国内开始聚焦到国外威胁上。这导致他国内深耕新政的中止，但这也使得关于第二权利法案原初尚算模糊的表述“更为国际化、更富有野心也更具体”。这突出表现为罗斯福于1941年致国会的国情咨文演讲。在演讲中，罗斯福宣布了四种基本的人类自由：

---

〔3〕［美］凯斯·R.桑斯坦：《罗斯福宪法：第二权利法案的历史和未来》，毕竞悦、高瞰译，中国政法大学出版社2016年版，第71—72页。

表达意见的自由、崇拜的自由、免于匮乏的自由、免除恐惧的自由。其中前两种自由还是传统的政治权利,后两种则是日后第二权利法案所强调的社会与经济权利。不过四大自由的演讲和随后的《大西洋宪章》都只是为第二权利法案从理念到成文提供了不可或缺的背景。

桑斯坦教授指出,真正使这些模糊理念或规则具体化为第二权利法案形式的是国家资源规划委员会(NRPB)。据桑斯坦教授考证,这个在新政期间设立并存续十年(1933—1943)的机构,主要负责整合全国的规划,发展新的理念和进行新实验,以促进就业和经济安全。该委员会于 1943 年提交国会的经济权利法案报告,可以看作罗斯福第二权利法案的文稿雏形,因为这份报告提出了保护经济权利的举措。不幸的是,该委员会连同这份报告都在 1943 年被国会废除了。罗斯福深受这份报告的影响,并最终决定将这份报告的主题纳入到他 1944 年的国情咨文中,第二权利法案诞生了。

罗斯福的"新政医生"和"战胜医生",复兴了美国经济,击退了法西斯敌人,挽救了"美国病人"。不过,罗斯福以及新政还是招致了诸多人的批评。正如罗斯福自己在 1943 年的广播讲话中所言:"一些害怕进步、胆小怕事的人,企图给我们正在做的事加上一些陌生的新名词。他们有时把这叫作'法西斯主义',有时叫作'共产主义',有时叫'议会派',有时又叫作'社会主义者'。他们这样做,是企图把一切搞乱,把最简单不过的实际问题变成某种理论性的神秘东西。我相信事实和实际政策。我认为,我们现在所做的这些是执行美国人始终不渝的天职——实现古老的、久经考验的美国式思想。"〔4〕

虽然罗斯福声辩新政实现的是古老的美国式思想,但新政的批评者认为新政偏离了美国的传统道路。这是美国革命时期,建国之父们所开创的道路,即"热爱自由的强烈情感和相伴而生的对政府审慎的不信任感"〔5〕。"自由来自于政府的缺席"是这条道路最核心的权利观,"认可私有财产权和

---

〔4〕 转引自[苏]H. H. 雅科夫列夫:《轮椅总统——罗斯福》,宋竹音、宋逮、王育民译,北京出版社 1997 年版,第 200 页。

〔5〕 *Empire and Nation: Letters from a Farmer in Pennsylvania John Dickinson, Letters from the Federal Farmer Richard Henry Lee*, ed. Forrest McDonald, Indianapolis: Liberty Fund, 1999, Preface.

契约自由，尊重政治自由，但是不信任'政府干预'，坚持认为人们必须照顾自己"。〔6〕美国学者哈茨曾说，美国具有"天然自由主义"传统。这种以个人主义为基础的自由主义，是美国建国以来赖以存在之根基。不过这一根基在20世纪初期的大萧条中遭受怀疑。

1929年的经济大萧条，打破了美国自由放任的伊甸园神话。事实上，早在19世纪中叶，在自由主义的故乡英国，人们已经开始反思、修正传统自由主义的理论。如英国哲学家格林提出的新型自由主义。与格林类似的还有美国哲学家杜威的新个人主义。新型自由主义强调了传统自由主义的一个盲点：只注意自由主义对国家的恐惧，而忽略了自由主义对国家重要性的强调。新型自由主义认为，国家应该在社会发展中扮演积极的角色。国家的存在、法律的存在、秩序的存在是个人自由得以保障的前提，是社会经济得以发展的前提，是维持一个健康社会的基本条件。这种新型自由主义的思潮具体到美国当时的语境，就是美国的法律现实主义。现实主义者罗伯特·黑尔和莫里斯·科恩都主张，政府和法律无处不在，市场和财产权依赖于法律规则。针对自由放任主义，现实主义者批评道，自由放任最严重的问题是，其基本理念只是一个神话，一堆乱麻。……自由放任是一个乌托邦之梦，不曾也不可能实现。现实主义者主张，政府和法律无处不在——如果一些人富有，一些人贫穷，法律和合法强制就是主要原因。〔7〕

诚如桑斯坦所言，"如果只是，一系列观念主张，并不可能推动一个国家。但是大萧条却在国内促使了观念反思。错误的理解是正确的理解之母"〔8〕。面对大萧条的重创，罗斯福敏锐地捕捉到了自由权利观念在20世纪的转变，并将其写入了第二权利法案。"罗斯福的第二权利法案演讲捕捉到了美国和其他地方的权利概念在20世纪的转变。它标志着'自由来自于政府的缺席'这个(荒唐)观念的彻底瓦解。它还阐明了美国政府在1933—

〔6〕［美］凯斯·R.桑斯坦：《罗斯福宪法：第二权利法案的历史和未来》，毕竞悦、高瞰译，中国政法大学出版社2016年版，第3页。

〔7〕［美］凯斯·R.桑斯坦：《罗斯福宪法：第二权利法案的历史和未来》，毕竞悦、高瞰译，中国政法大学出版社2016年版，第20页。

〔8〕［美］凯斯·R.桑斯坦：《罗斯福宪法：第二权利法案的历史和未来》，毕竞悦、高瞰译，中国政法大学出版社2016年版，第19页。

1944年间重大的、具有历史意义的革新——这些革新体现为现代政府的兴起。"〔9〕

罗斯福在第二权利法案中所列举的权利清单大致归为"免于恐惧的自由"和"免于匮乏的自由"两大类,显然这类需要政府积极作为的自由不能归入以赛亚·伯林在《两种自由的概念》一书中所界定的"消极自由"〔10〕之中。桑斯坦在《罗斯福宪法》中将美国第一权利法案中的自由权利归为"消极权利",而将第二权利法案中创设的要求公共协助的权利称为"积极权利"。不论是安全理念,还是积极权利,若是按照"非此即彼"的两分法来看的话,消极权利和积极权利或安全理念无疑都是相对的。反对第二权利法案的人恪守的是政府"无为"的传统道路,而罗斯福第二权利法案则开创的是政府"有为"的新型道路。但是正如桑斯坦所描绘的,罗斯福通过对自由权利观新的发展,破解了这个二律背反的难题。"罗斯福运用法律现实主义的进路,破除了安全与自由之间、政府与自由之间的对立。"〔11〕

随着时间的推移,这些消极权利被证明是并不充分的。法律现实主义,对这种消极权利的自由观进行了反思。罗斯福的第二权利法案,扩大了总统的权力,增设了许多提供安全和工作的规制机构,这些都是现代规制型国家的特征。但传统自由主义者担心,新型自由主义强调国家在社会正义中的作用,势必导致国家权力的扩张、国家机构的膨胀,最终会出现如卡尔·施密特所批评的全能国家。罗斯福在新政期间颁布《紧急银行法令》、《国家工业复兴法》、《紧急救济拨款法案》和《社会保障法案》等一系列法案:设立平民保育团、联邦紧急救济署、民用工程署、公共事业振兴署、农业安全管理局和公共工程管理局等众多联邦机构,确实出现了这种问题。"为了恢复证券市场,保护农业,并在总体上维护银行和金融体系,有必要设立新的机构。因此,就在1933年到1939年间,公务员队伍从572000人增加到920000

〔9〕[美]凯斯·R.桑斯坦:《罗斯福宪法:第二权利法案的历史和未来》,毕竟悦、高瞰译,中国政法大学出版社2016年版,第15页。

〔10〕英国学者以赛亚·伯林在《两种自由的概念》一文中区分了"消极自由"和"积极自由"。其中消极自由是免于他人干涉的自由,"免于……的自由";积极自由是自己去做自己想做的某事或选定做某事,"去做……的自由"。

〔11〕[美]凯斯·R.桑斯坦:《罗斯福宪法:第二权利法案的历史和未来》,毕竟悦、高瞰译,中国政法大学出版社2016年版,导读第2页。

人,而预算则从 46 亿美元剧增到 88 亿美元——与之前的政府相比这是巨大的增加。"[12]

而桑斯坦教授将其解释为权利成本的结果。不论是消极权利,还是积极权利,都需要政府的出场,并且实践证明,欧洲发达国家的福利社会也并未导致暴政的出现。我们必须铭记:以罗斯福为代表的法律现实主义者,"他们没有主张,作为基本原则问题,权利来自于政府;他们主张,在实际生活中,只有法律和政府出面,人们才能拥有并享有权利。我们可以自信地说,我们喜欢自然权利或天赋权利,但是没有政府对财产权的保护,人们的持有物不可避免地存在巨大风险。无论原则上权利的来源如何,法律保护对于权利在现实世界中的实现是必不可少的"[13]。

所以给罗斯福扣上"社会主义者""平均主义者"帽子,反对第二权利法案的人,显然误解了罗斯福的"新政自由主义"。新政中的法案或规制机构,使得罗斯福看起来重视安全。但实际上,罗斯福同样重视自由。他是一个个人主义者,他只是重新界定、推进了美国传统理解下的权利观念。正是自由,而不是平等,激发了第二权利法案的诞生。

第二权利法案:反对,还是接受?

由"新政自由主义"激发出来的第二权利法案,可谓是"墙里开花墙外香"。"在宪法中没有容身之地"[14]的第二权利法案一经提出,就成为"美国主要的出口品"。《世界人权宣言》、《公民和政治权利国际公约》、《经济、社会和文化权利国际公约》、《欧洲社会宪章》和全球现代国家的宪法都承袭了第二权利法案的精神,规定了社会和经济权利。"对第二权利法案的共识十

---

〔12〕 [美]凯斯·R.桑斯坦:《权利革命之后:重塑规制国》,钟瑞华译,中国人民大学出版社 2008 年版,第 24 页。

〔13〕 [美]凯斯·R.桑斯坦:《权利革命之后:重塑规制国》,钟瑞华译,中国人民大学出版社 2008 年版,第 23 页。

〔14〕 [美]凯斯·R.桑斯坦:《罗斯福宪法:第二权利法案的历史和未来》,毕竟悦、高瞰译,中国政法大学出版社 2016 年版,第 92 页。

分广泛,超越宣言、公约和协定的范围。放眼全球,现代宪法在规定社会和经济权利时,都紧随《国际人权宣言》的步伐,有些甚至直接照搬照抄。它们保证公民享有广泛的社会权利。当然,苏联宪法亦是如此,常常坚持社会和经济保障的重要性。"〔15〕桑斯坦教授把第二权利法案在美国的这种"冷遇"称作一个特别的谜题。为此,桑斯坦教授在书中第二部分从时间因素、美国文化、宪法效应,以及第二权利法案本身四个方面进行阐述,对这一谜题给出了四种可能的答案。

对于时间因素的答案,即"美国宪法中缺少第二权利法案,正因在其起草之时尚无经济权利概念,至少不具有入宪的可能性"〔16〕。桑斯坦教授认为,这个"最容易首先想到的答案"有些作用,"但却无法告知任何我们想要知道的东西""无法解释我们的宪法理解中为何缺少了社会和经济权利"〔17〕。原因有如下三点:第一,人们对第一权利法案的认识存在时空错差。桑斯坦教授认为,现代人习惯于将最初的权利法案,只当作保护个人对抗政府的一种方式,完全是以现代消极权利的视角来看待第一权利法案,但正如罗斯福所说,"自由绝不是对半分的事情"。如果从积极权利的视角来看最初的权利法案的话,我们就会发现"公民权不可避免要受到政府的控制。但那种控制要通过参与、安全、独立的机制进行保障,而不是简单地在个人与公共官员之间竖起篱笆。此时我们就可以发现,第二权利法案与最初的宪法工程之间,有一定程度的延续性"〔18〕。第二,美国宪法的制宪者们并非对贫困无动于衷,相反他们撰文提议,应该给予社会和经济权利有力的承诺。桑斯坦教授在书中不仅指出很多传统自由主义思想家,如孟德斯鸠、潘恩和洛克等,完全不反对社会和经济权利,反而明确地支持这些权利,如洛克《政府论》中所论及"正义赋予每个人都有权享用其诚实勤勉的果实,有

〔15〕[美]凯斯·R.桑斯坦:《罗斯福宪法:第二权利法案的历史和未来》,毕竟悦、高瞰译,中国政法大学出版社2016年版,第94页。

〔16〕[美]凯斯·R.桑斯坦:《罗斯福宪法:第二权利法案的历史和未来》,毕竟悦、高瞰译,中国政法大学出版社2016年版,第101—102页。

〔17〕[美]凯斯·R.桑斯坦:《罗斯福宪法:第二权利法案的历史和未来》,毕竟悦、高瞰译,中国政法大学出版社2016年版,第97、117页。

〔18〕[美]凯斯·R.桑斯坦:《罗斯福宪法:第二权利法案的历史和未来》,毕竟悦、高瞰译,中国政法大学出版社2016年版,第107页。

权获得祖先遗留给他的合理所得，慈善赋予每个人都有权在没有其他途径维持生计时，获得如他人般充足的生活来源，以便摆脱极度贫困"[19]；而且也摘录了受这些思想家影响的建国之父中麦迪逊和杰弗逊强调贫困者过上舒适生活重要性的话加以佐证。第三，时间性解释犯了以静止眼光看待问题的偏差，忽视了美国宪法通过修正案、司法解释不断更新、发展的事实。正如桑斯坦教授所指，美国宪法并非一成不变，冰封于某个时间点，其含义可以通过司法解释而改变。桑斯坦教授在书中列举了美国宪法在美国内战、罗斯福新政和由于新的司法解释而发生的关于社会和经济权利的变化。

对于美国文化的解释答案，即"美国例外主义和美国独特的文化，或可解释为何我们的建国文件中缺少了第二权利法案"。桑斯坦教授认为，这个"最具诱惑力的解释"确实有助于解释为何根据当前的宪法理解缺少第二权利法案，"但它却太简单"、"完全令人难以置信"[20]。首先，美国例外主义将美国的个人主义文化与其社会主义敌方断然割开，并将第二权利法案看成向美国私人企业乐土注入"社会主义"。这种观点冤枉或误解了罗斯福新政的第二权利法案。正如上文所述，正是自由，而不是平等，促发了第二权利法案的诞生。罗斯福呼吁的新政自由主义，不是不顾对个人主义的承诺，而是出于个人主义的需要。所以不能用美国例外主义的自由文化，来反对自由文化促发的第二权利法案，主张"第二权利法案与美国文化天生不容"。其次，这种文化解释论，忽视了在决定再分配计划的形式和性质中发挥很大作用的种族问题。最后，桑斯坦教授指出，文化解释最严重的问题之一，就是其将文化当作静态或是均衡的，而它们显然是动态的，并充斥着不同元素。即使是牢固地树立于资本主义体系中的个人主义文化，也能接受，并以个人主义本身的名义接受第二权利法案[21]。

对于美国宪法效应的解释答案，即我们的宪法中遗漏了第二权利法案，

---

〔19〕［美］凯斯·R.桑斯坦：《罗斯福宪法：第二权利法案的历史和未来》，毕竟悦、高瞰译，中国政法大学出版社 2016 年版，第 109 页。

〔20〕［美］凯斯·R.桑斯坦：《罗斯福宪法：第二权利法案的历史和未来》，毕竟悦、高瞰译，中国政法大学出版社 2016 年版，第 98、129 页。

〔21〕［美］凯斯·R.桑斯坦：《罗斯福宪法：第二权利法案的历史和未来》，毕竟悦、高瞰译，中国政法大学出版社 2016 年版，第 128、98 页。

因为美国人将宪法权利视为实用工具。我们宪法中包含的不仅仅是期望。我们希望我们的权利由司法来执行,而司法判决无法执行那些权利。[22] 桑斯坦教授指出,美国宪法效应论解释"揭露了美国宪政主义中的一些真实且重要的特征,但却不足以解释缺少社会和经济权利的原因"[23]。桑斯坦教授分析道,美国宪法效应论的解释存有以下三个问题:第一,即使司法执行的困难可以证成美国宪法缺少社会和经济权利的实践,但并不能解释它;第二,"美国宪法不仅仅是实用的,它也是表达的宪法"[24],如权利法案中的有些部分就只是表达式的;第三,"事实上,司法可以采取措施保护社会和经济权利。在司法执行问题上,最初的权利法案和第二权利法案之间差别不大"[25]。

第四种解释着重于美国宪法法律在20世纪60年代到70年代所发生的世人瞩目的波折。这个解释也是桑斯坦教授比较认可的答案。即美国宪法中缺少第二权利法案,原因不是在于抽象或宏大的历史,而是在于具体且偶然的时间:1968年尼克松当选美国总统。作为一个实施司法审查的普通法国度,美国宪法的含义在很大程度上取决于法官的努力。法官可以通过判例或新的司法解释来改变发展美国宪法含义。桑斯坦教授分析道,在1957年到1969年期间,最高法院悄悄地采纳了第二权利法案,怀有悲悯之心地回应了当时人们的"社会和经济权利"的诉求,使美国宪法朝着第二权利法案的方向行进。桑斯坦教授指明,在格里芬诉伊利诺伊州案(1956)、吉迪恩诉温莱特案、道格拉斯诉加利福尼亚州案(1963)和博迪诉康涅狄格州案(1971)中,最高法院都支持政府保障穷人的诉讼和选举的权利;在夏皮罗诉汤普森案(1969)、纪念医院诉马里科帕县案(1974)和戈德堡诉凯丽案中,最高法院作出了支持人们享有免于绝境的自由。其中在夏皮罗案件中,法

---

〔22〕［美］凯斯·R.桑斯坦:《罗斯福宪法:第二权利法案的历史和未来》,毕竞悦、高瞰译,中国政法大学出版社2016年版,第133、98页。

〔23〕［美］凯斯·R.桑斯坦:《罗斯福宪法:第二权利法案的历史和未来》,毕竞悦、高瞰译,中国政法大学出版社2016年版,第99页。

〔24〕［美］凯斯·R.桑斯坦:《罗斯福宪法:第二权利法案的历史和未来》,毕竞悦、高瞰译,中国政法大学出版社2016年版,第135页。

〔25〕［美］凯斯·R.桑斯坦:《罗斯福宪法:第二权利法案的历史和未来》,毕竞悦、高瞰译,中国政法大学出版社2016年版,第136页。

院判决政府不能为新外来者获得社会福利设置等待期;在戈德堡案件中,法院指出,福利津贴不仅仅是慈善,而且是保障自由福祉之必需。然而,正当最高法院朝着确认社会和经济权利方向高歌猛进之际,却遭到尼克松及其任命的大法官们的当头棒喝,他们坚决主张美国宪法不应当包括社会和经济权利的保障。1968 年,尼克松当选总统。翌年开始,他委任了四位大法官。这些被任命的大法官,他们以惊人的速度作出一系列"令人震惊"的判决,其中尤以罗德里格斯案为甚,这些判决导致社会和经济权利丧失了宪法地位。

在四种解释中,桑斯坦教授强调的第四种解释凸显了偶然事件在历史进程中的影响,难道第二权利法案不能入宪尽是偶然机缘所致?梅因对美国宪法曾评论道,"联邦宪法的实际历史已经向我们展示了这些遏制匆忙改革的安全措施的强大力量,这让犯错误的可能性都微乎其微";"宪法条款之于美国,就如同莱茵河畔的堤坝和沟渠,这些堤坝和沟渠让游人的眼睛为之一亮,它们驯服了这条发端于山涧、洪流威猛无比河流的走向,让这条河成为世界上最四平八稳的河道"。[26] 若将罗斯福新政放置于整个美国历史长河中,我们可以看出,第二权利法案不能入宪有其必然性。第二权利法案不能入宪,既是宪法自身的防御机制所致,更进一步说,也是美国宪法所蕴藏的美国传统自由主义所致。第二权利法案所蕴含的新自由主义精神在某种程度上有违于美国宪法所蕴含的传统自由主义精神。不论时间因素、美国文化、宪法效应,还是第二权利法案本身,这四种解释背后都有传统自由主义精神的影子。时至今日,传统自由主义精神在美国仍牢牢占据主导地位。当西方发达国家进入福利国家之后,作为老牌的资本主义发达国家,美国没有紧随大流,其福利社会制度,是由社会和市场主导,而不是由国家主导。近年来,美国医改所引发的大争论,即明证。

---

〔26〕 [英]梅因:《民众政府》,潘建雷、何雯雯译,上海三联书店 2012 年版,第 130、131 页。

第二权利法案：宪法权利，还是宪法性承诺？

如上所述，由于四个方面的原因，美国现行的宪法秩序没有真正承认第二权利法案中的权利。这导致第二权利法案在美国“籍籍无名”“身份不明”。那我们应该怎么界定第二权利法案的法律地位？为此，桑斯坦教授在书中将第二权利法案界定为宪法性承诺，以此为第二权利法案正名。桑斯坦教授在书中对宪法权利和宪法性承诺进行了区分。他指出，写入建国文件中，并且固定不变的权利是宪法权利，“宪法权利应该被视作更宽泛的宪法性承诺的子集”〔27〕。而第二权利法案应该被视作美国宪法性承诺的一部分，“它可以被视作类似于《独立宣言》的地位，或者在《独立宣言》和宪法之间”〔28〕。实际上，将第二权利法案定性为国家的宪法性承诺，这也正是罗斯福提出第二权利法案的初衷。第二权利法案的这种准宪法性地位和权利意义正是罗斯福所寻求的。罗斯福主张“第二权利法案不应该成为成文宪法的一部分，而是作为国家从根本上承诺的具体原则”〔29〕。

事实上，自罗斯福当选美国总统以来，他就一直谋求以法律或宪法的形式，将第二权利法案权利清单中所列举的权利固定下来。如颁布《国家工业复兴法》，议员们动议增补宪法修正案以包含第二权利法中的权利。但这些计划都囿于美国保守的最高法院和美国宪法第五条的修宪程序条款的阻力，最终流产了。作为一个实用主义者，罗斯福深知宪法变革的困难。当然，罗斯福认为，第二权利法案应该被实施，不过它的执行不是通过法院，而是通过民主程序实施。因为他认为，第二权利法案的司法执行收效甚微或毫无助益。宪法修正案的收益很小，成本很高。阿克顿勋爵说过，“历史不

---

〔27〕［美］凯斯·R.桑斯坦：《罗斯福宪法：第二权利法案的历史和未来》，毕竞悦、高瞰译，中国政法大学出版社2016年版，第60页。

〔28〕［美］凯斯·R.桑斯坦：《罗斯福宪法：第二权利法案的历史和未来》，毕竞悦、高瞰译，中国政法大学出版社2016年版，第169页。

〔29〕［美］凯斯·R.桑斯坦：《罗斯福宪法：第二权利法案的历史和未来》，毕竞悦、高瞰译，中国政法大学出版社2016年版，第194页。

能任意炮制,而是需要积极地整合;妥协是政治的灵魂”[30]。罗斯福深谙此道,他的“在不影响现行宪法权利基础上,重新界定宪法性承诺”的曲线救国策略是正确的。如罗斯福所愿,第二权利法案中的一些权利已经形成共识,广为美国人所认可接受,如受教育的权利、获得社会保障的权利、免于垄断的权利,甚至工作权。是故,桑斯坦教授断言,虽然我们已看不到它的身影,但我们都生活在罗斯福的宪法之下。

这是第二权利法案在美国的现状。而桑斯坦教授则对第二权利法案的未来进行了设想:“如果进行宪法变革不太难,如果第二权利法案可以相对容易获得批准,那么就可以合法地主张……假定在扩大的社会协商之后,美国公民已经运用普通的法律形式批准了某种类似于第二权利法案的东西,并使其成为我们宪法的一部分。”[31]那么接踵而至的还是这些宪法权利如何执行的旧问题,即第二权利法案与司法审查体制的融洽问题。一些新兴民主国家的实践或许对此提供了有益的借鉴。

桑斯坦教授在书中列举了印度宪法和南非宪法的做法。这两个国家的宪法中都规定了广泛的社会和经济权利,但在宪法权利的实施模式上采取了不同的思路,各有千秋。印度宪法中设立专篇规定“国家政策指导原则”,将社会和经济权利保障作为目标,而不是法律上可强制执行的权利。印度宪法第 37 条明确规定了,由立法机关而非法院,负责社会和经济权利的实施。“本篇所含条款不通过任何法院实施,但本篇所述原则,系治理全国家之根本,国家在制定法律时有贯彻此等原则之义务。”印度宪法的模式,优点在于在宪法上承认社会和经济权利,使其免受合宪性攻击,确认了政府的积极义务。但由于未使法院纳入实施过程,“这就大大增加了第二权利法案流于文字而在现实世界毫无意义的可能”[32]。在南非宪法模式中,宪法的大多数社会和经济权利条款中都规定“在可利用资源的范围内,国家必须采取合理的立法和其他措施,逐步实现这一权利”。南非模式一方面一定程度上

〔30〕[英]阿克顿:《自由史论》,胡传胜等译,译林出版社 2012 年版,第 176 页。

〔31〕[美]凯斯·R.桑斯坦:《罗斯福宪法:第二权利法案的历史和未来》,毕竞悦、高瞰译,中国政法大学出版社 2016 年版,第 171 页。

〔32〕[美]凯斯·R.桑斯坦:《罗斯福宪法:第二权利法案的历史和未来》,毕竞悦、高瞰译,中国政法大学出版社 2016 年版,第 95 页。

允许司法执行社会和经济权利,另一方面也尊重了政府资源有限的现实。桑斯坦教授分析道,南非模式有力地反驳了第二权利法案的司法保护在实践中不可能的主张。“南非的经验表明,一些对第二权利法案宪法化的最强烈反对是误解。如果要求法院保护罗斯福界定的权利,它们会有明智的办法。”〔33〕

桑斯坦教授从历史和宪法的角度分析了第二权利法案的缘起、发展和现状,揭示了罗斯福新政及其第二权利法案在美国宪政转型历史上的重大意义,以及对当今美国宪政的深远影响。但本书绝非毫无瑕疵的,以笔者愚见,此书的不足之处有以下几点:

其一,本书是桑斯坦教授 2004 年创作出版的著作,融合了桑斯坦教授众多早期思想和成果。从书中我们可以看到桑斯坦教授的积极自由、权利成本、征税问题和规制国家等思想。这些思想或研究成果,桑斯坦教授都曾出版过专著予以阐释,如关于权利成本和税收问题,他与史蒂芬·霍尔姆斯合著了《权利的成本:为什么自由依赖于税》(2000)一书;关于规制国家,他创作了《权利革命之后:重塑规制国》(1993)。而桑斯坦教授在书中对上述这些思想的论述往往是概念性的,没有进一步阐释,这会给没有接触过桑斯坦教授以前著作的读者造成一定的阅读困难。

其二,如桑斯坦教授在《罗斯福宪法》一书致谢中所记,本书的三个部分分别是由桑斯坦教授在不同时机下所作,最终在第二权利法案的主旨下汇编成本书。这在一定程度上就造成了本书“神聚而形散”的问题,即书中三个部分的内容存在部分重合的缺陷。正如有美国学者所言,“《罗斯福宪法》一书内容存有重复啰嗦之处。或许是写法律评论文章的作者不指望读者能够阅读完整本书的缘故,桑斯坦几乎在书中的每个章节中都特地强调了他认为重要的论点。当他向我们阐述现在是否需要增补宪法修正案以确立罗斯福的第二权利法案问题时,当他详述美国既没有社会主义政党,又没有精致的福利国家时,他的写作方式更像是一个宪法学家和社会科学家,而非历史学家。因此,《罗斯福宪法》书中的这些部分不太可能引起历史学家的兴

〔33〕 [美]凯斯·R.桑斯坦:《罗斯福宪法:第二权利法案的历史和未来》,毕竟悦、高瞰译,中国政法大学出版社 2016 年版,第 212 页。

趣或说服历史学家"[34]。

此外，本书稍微欠缺之处还在于美国宪法中缺少第二权利法案的解释。桑斯坦教授在解释美国宪法中缺少罗斯福宪法的原因上，偏重于外在的原因，而忽视了罗斯福自身内在的原因。正如霍夫施塔特在《美国政治传统及其缔造者》中所评论道："富兰克林·D. 罗斯福在美国现代自由主义政治家中可算是佼佼者，乃至在汉密尔顿以后的所有政治家中都可算佼佼者，他感觉到传统的无力，认识到需要创新和勇气。他在实际措施方面的创新能力令人惊叹，'新政'在许多方面也偏离了美国的传统道路；不过他在思想方面的创新能力远为逊色，他既谈不上系统性，也谈不上连贯性，没有明确与继承的信仰决裂。虽然人们一再说我们需要有一种新的世界概念，用以取代自共和国成立以来哺育了美国人的自助、自由企业、竞争和有益的致富的思想意识，但没有一种具有相应力量的新观念扎下根来，也没有一位具有广泛群众基础的政治家起来提出新观念。由于丧失了一致的似乎可行的信仰体系——'新政'虽然建树不多，却远远破坏了旧的思维方式——美国人便比以往更倾向于接受有力的个人领导，以此作为替代。这就部分地说明了罗斯福声望的奥秘，也说明了罗斯福去世后美国自由主义丧失方向和士气低落的原因。"[35]美国著名宪法学家阿克曼在《我们人民：转型》一书中将费城制宪、美国战争和罗斯福新政，并称为美国宪政史上的三次"宪法时刻"。作为成文宪法的"始祖"国度，美国宪政史上的前两次宪法转型都留下了重要的宪法文本：《联邦宪法》和第十三、十四和十五修正案。但重构美国现代宪法的罗斯福新政却没在美国宪法中留下任何文字，留下的仅仅只是"看不见"的第二权利法案。对于这次修宪"例外"，阿克曼教授则将其解释为美国宪法创造性的持续衰落。"一旦我们综合起上述关于建国、重建和新政的故事，即可发现一种自始至终的信集，这就是宪法创造性的持续衰落。"[36]或许增加这些内在视角的解释和更宽广历史视域的解释会更让读者信服。

---

〔34〕 James T Kloppenberg, *Franklin Delano Roosevelt, Visionary*' 34 *Reviews in American History*, 509,518—519(2006).

〔35〕 [美]霍夫施塔特：《美国政治传统及其缔造者》，崔永禄、王忠和译，商务印书馆，2010 年版，导言第 3、4 页。

〔36〕 [美]阿克曼：《我们人民：转型》，田雷译，中国政法大学出版社，2014 年版，第 9 页。

以上这些小问题,不过是白璧微瑕。《罗斯福宪法》作为一本为第二权利法案声辩的著作,无疑是成功的。桑斯坦教授的这本专著,不仅以学术进路展示了这部看不见的权利法案——第二权利法案的来龙去脉,而且以现实关怀解释了第二权利法案对时下美国的重要性。这本书对于美国宪法沿革的研究,大有裨益;书中所揭示出的第二权利法案背后的美国自由宪政观念的转型,以及自由与安全的关联,更值得人们去深思。

(特约编辑:黄琳)

经由司法实现社会经济权利

——读桑斯坦《罗斯福宪法:第二权利法案的历史与未来》

谭清值*

一、《罗斯福宪法》的基本关切

1944年1月11日,乐观自信的罗斯福总统在向国会演说的国情咨文中确信:"没有经济安全和独立,就没有真正的个人自由。贫穷的人不是自由的人。饥饿和失业的人正在形成专制的土壤。"也正是在这一世纪演讲中,他提出了"第二权利法案"(the Second Bill of Rights),而该法案也成了著作等身的著名法学家桑斯坦《罗斯福宪法:第二权利法案的历史与未来》(以下简称《罗斯福宪法》)一书〔1〕的关注焦点,该书将法案中的权利称作"社会经济权利"〔2〕。该书坚持了桑斯坦一贯以问题为导向的写作风格,围

---

* 谭清值,浙江大学光华法学院2015级宪法学与行政法学博士研究生。就本文初稿,浙江大学胡敏洁教授、叶敏婷博士生及上海交通大学房旭博士生等师友提出了富有价值的意见,在此表达诚挚的感谢。

〔1〕 参见[美]凯斯·R.桑斯坦:《罗斯福宪法:第二权利法案的历史与未来》,毕竞悦、高瞰译,中国政法大学出版社2016年版。其实,该书英文版的题目是THE SECOND BILL OF RIGHTS: FDR's Unfinished Revolution—And Why We Need It More Than Ever. 直译过来应是《第二权利法案:罗斯福未竟的变革和为什么我们比以往更需要它》,但中文版的标题在尊重原意的基础上无疑更为精练且富有吸引力。

〔2〕 社会经济权利(social and economic rights)经常为国际人权公约所采用,而社会权(social rights)的使用则主要集中在法国、德国等欧洲国家,而美国一般将相关权利称作福利权(welfare rights)。不过,桑斯坦将第二权利法案中的权利界定为社会经济权利,而福利权只是其中一部分,即将福利权作为社会经济权利的下位概念。参见注〔1〕,桑斯坦书,第183页。在没有特别说明的情况下,本文在桑斯坦的语境中使用前述概念。

绕着核心问题而开展论说,前后呼应且环环相扣,所有的历史、事件、数据等素材皆成为鲜活的论证资源,助益于理解和回答第二权利法案所预设的问题——该法案的深处承载着何种理念以及如何去实现。

为了概览全书的风貌,我简要地勾勒一下著者的心灵结构与基本关切。桑斯坦在导论开篇即指出,“主要目的是揭示美国传统中一个重要的但经常被忽视的部分:第二权利法案的理念”。第二权利法案试图通过创设充足的食物、体面的住宅、充分的医疗、良好的教育等权利,真正实现罗斯福在“四大自由”演讲中竭力呼吁的“免于匮乏的自由”和“免于恐惧的自由”。[3] 全书通过三部分开展。

第一部分题为“罗斯福”,主要围绕罗斯福的第二权利法案本身进行探讨,四章的内容分别聚焦于法案的基本含义、正反观念、时代背景及其发展历史。细言之,在罗斯福1944年“世纪演讲”中阐明第二权利法案的内涵后,桑斯坦通过现实主义的论说击碎“自由放任的神话”,澄清了财富及机会的分配不是自然创造的事实而是社会选择的产物,由此促成该项宪法变革。正是由于“正确源于错误”,为了理解到底发生了什么,该部分探讨了直接孕育第二权利法案的大萧条及作为应对之道的罗斯福新政。在此基础上,他通过梳理第二权利法案发展的主要阶段,揭示了新法案背后日臻成熟的新权利观——社会经济权利。

第二部分的“美国”,主要致力于回答一个严峻但富有意趣的问题,即为什么美国宪法中事实性地缺失第二权利法案。桑斯坦分别有力地驳斥了时间解释(即美国宪法是“地球上最古老的宪法”,社会经济权利产生于其后,所以该宪法不可避免地缺少了这些权利的保障)、文化解释(即美国文化中独特的自由主义与社会经济权利尤为抵触)和司法执行力解释(即“美国的实用主义宪法”由法院实施,而司法无法执行社会经济权利),而后通过诸多相关判例的系统阐释,揭示了通过司法解释的方式,第二权利法案中的部分内容已熔为美国宪法。

---

[3] 1941年1月6日,罗斯福发表的国情咨文成为著名的“四大自由”演讲,他呼吁建立四种基本的人类自由:言论与表达自由、信仰自由、免于匮乏的自由和免于恐惧的自由。他亦认为,免于匮乏的自由和免于恐惧的自由不可分割地交织在一起。

第三部分“宪法与承诺”着力于回答:美国宪法和文化是否应当以及在何种意义上拥有第二权利法案?桑斯坦首先认可罗斯福将第二权利法案视作宪法性承诺,并从实用主义的方向论证美国拥有第二权利法案的必要性,即第二权利法案与政治权利相互依赖并助益于有效的公民身份,同时该法案亦保护了两项重要的人类利益——基本机会和最低安全。同时,他对“反对第二权利法案”的重要异议进行了卓有成效的反驳。而后,主要通过南非宪法法院两个涉及社会经济权利重要案例的阐释,证立了该类权利能够由法院执行而获得司法保障。

诚然,上述对全书的“描画”已显得有些许冗长,我想在此收笔,因为与原著引人入胜的精到剖析不可相提并论,更为细节的概述者也很可能成为著者原意路上的拙劣“叛徒”;本文也不打算成为一篇以书评为形式的广告,更多的溢美之词可能会代替读者的自主评判。想来,围绕桑斯坦的核心关切并予以追问的工作更富有意义。写作此书的动因是第二权利法案被美国人所忽视,究其缘由,很大程度上可归于20世纪70年代以来保守派居主导地位的最高法院将社会经济权利排斥于宪法之外。可见,“社会经济权利的司法执行”成为关键问题所在;同时这也无疑是一个好问题,对它的回答“牵一发而动全身”——可以带动《罗斯福宪法》全书的理解,因为第二权利法案的历史发展、宪法定位、正当性等书中的重要探讨,在美国法的语境下均以“司法执行”为逻辑的归宿并有益于此问的回答。下面即围绕桑斯坦对司法执行的见解,逐一探究社会经济权利的可司法性[4]、司法执行限度及司法保护方法这三项唇齿相依的内容,并将结合全书要点予以评述,最后在司法执行的脉络上省思第二权利法案未来的法政图景。

二、“有权利必有救济”:社会经济权利可司法性的证成

放眼世界诸国,社会经济权利的保护存在不同思路,有以印度为代表的

〔4〕 所谓社会经济权利的“可司法性”,系指法院可以针对侵犯该类新权利的行为作出司法判断,并基于本国法院的功能定位采取适切的救济措施与方案;除了前述直接保障方式外,也包括在传统权利框架下,间接地保障社会经济权利背后旨在捍卫的利益。

“指导原则”模式,其将社会经济权利的保护视为国家政策指导原则和目标,而非在司法上可以强制执行的权利;而以南非为代表的“逐步实现”模式,则在宪法上明确规定社会经济权利,允许一定程度的司法执行,但同时强调政府资源的有限性而需逐步实现这些权利。[5]美国的思路具有独特性,成文宪法中事实上缺失了社会经济权利的规范,在对第二权利法案肯认下我们姑且称之为“宪法性承诺”模式(constitutive commitment)。桑斯坦认为第二权利法案应被视作宪法性承诺,它在国家认识中被广泛接受,并且在未有根本变化的情况下不可能被排除;其中所承载的权利帮助创设或构成一个社会的基本价值。[6]被视为宪法性承诺的第二权利法案应该具有类似于《独立宣言》、《民权法案》的地位。在这一点上,桑斯坦同罗斯福的主张是一致的;不过,罗斯福认为第二权利法案所列举的权利应当由国会负责实施而非是司法机关的责任,桑斯坦认为美国司法实践的发展并没有遵循这一路径,他也并不赞同这一立场。

在前述社会经济权利保护世界版图的映衬下,将更加理解桑斯坦的叙述思路。大萧条的到来,促使美国人重估了自由市场经济的真实情状;而作为因应之道的新政则证明了一个简单道理:“没有人真正反对政府干预。即使最大声反对政府干预的人,每天也依赖着政府。”[7]桑斯坦在浓墨重彩地讲述了第二权利法案对自由放任观念的冲击之后,用较大篇幅“描画”了大萧条和新政下的宪法秩序,并直称“第二权利法案的直接根源是大萧条,不充分的教育、饥饿和失业的出现不是自由市场社会不可避免的特征,而是对人类权利的侵犯”。[8]而第二权利法案的缘起与发展,展示了社会经济权利在美国法秩序中的命运历程。[9]这些诠释有益于理解并论证第二权利法案在美国法上的正当性,而这恰恰是社会经济权利可司法性的前提。

虽然社会经济权利的正当性为诸多国家所争论,但是这一问题还是相

---

〔5〕 参见注〔1〕,桑斯坦书,第94—96页。

〔6〕 See Cass R. Sunstein & Randy E. Barnett, Constitutive Commitments and Roosevelt's Second Bill of Rights: A Dialogue, 53 Drake Law Review 205, 2004, pp. 217—218.

〔7〕 参见注〔1〕,桑斯坦书,第18—19页。

〔8〕 参见注〔1〕,桑斯坦书,第34—57页。

〔9〕 第四章以历时性的方式讲述了第二权利法案的诞生。参见注〔1〕,桑斯坦书,第58—88页。

当"美国"的。因为美国有着自身独特、深层的自由主义传统,存在一种缺少激烈社会主义运动的"美国例外主义"言说,而且至今美国成文宪法也未正式采纳第二权利法案。早先存在一种依赖于传统宪法框架的论证进路,将农民补贴、社会保障金、教育合同等权益视为一种"权利"而非"奢侈品"或"恩赐",一旦这些权益被解释为传统财产权延长线上的"新财产",那么对它们的剥夺将受到宪法和行政法的保护与救济。[10]但是桑斯坦在第十章"公民身份·机会·安全"中针对这一问题进行了新的论证,他未对第二权利法案的理论基础表明立场,而是站在实用主义的道路上提出:最基本的法律权利应该被视作意在保护重要的人类利益的实用主义手段,而第二权利法案保护两种这样的利益——基本机会和最低安全,同时该法案为确保此类利益而设计的权利又有益于促成有效公民身份的获得,即公民和政治权利是第二权利法案的强大盟友。由此可见,第二权利法案界定了一系列重要的人类利益,是保护该类利益的不可或缺的重要工具。

针对可司法性问题,原书并没有进行专章的论述,不过相关的观点集中在第十一章"异议:反对第二权利法案?"、第十二章"执行问题",并散见于其他诸章。总体而言,上述内容对可司法性否定论者的驳斥是成功的,有必要清晰地展示这一精彩论辩中的核心环节。否定论者的首要意见是,[11]不同于提防政府的公民和政治权利,社会经济权利是一种要求政府干涉或帮助的积极权利,而它是一项伪权利,或至少是一项不纯粹的权利,因而不具有可司法性。桑斯坦认为,消极权利和积极权利的区分是错误的,他以私有财产权、契约自由、言论自由等为例,论证了保护这些所谓的消极权利,同样依赖于政府,也花费不菲。而且老式权利与社会经济权利彼此关联,除了"贫穷的人不是自由的人"外,饿死甚至绝境、穷苦亦均是政府致力于维护的合

〔10〕 See Charles A. Reich, *Individual Rights and Social Welfare: The Emerging Legal Issues*, 74 The Yale Law Journal 1245, 1965, p. 1255. Also see Charles A. Reich, *The New Property*, 73 The Yale Law Journal 733, 1964, pp. 734－737, 785－786.

〔11〕 国内部分学者对怀疑甚至否定社会经济权利可司法性的理由进行了较好的梳理,亦有学者作出了自己的反驳与论证,具体可参见胡敏洁:《论社会权的可裁判性》,《法律科学》2006 年第 5 期,第 25－27 页;龚向和:《论社会、经济权利的可诉性——国际法与宪法视角透析》,《环球法律评论》2008 年第 3 期,第 85－91 页;秦前红、涂云新:《经济、社会、文化权利的可司法性研究——从比较宪法的视角介入》,《法学评论》2012 年第 4 期,第 4－7 页。

法性的“报复”。〔12〕这便意味着社会经济权利和老式权利在本质的法律关系上具有相互依赖性。〔13〕其次,另一种重要的异议是,相较而言,公民和政治权利是精确的,而社会经济权利却是高度模糊的,所以模糊的权利不能为司法执行。〔14〕对此的回应一般从社会经济权利已经法律化、宪法化的事实切入,并认为法院有能力完成该项权利精确化的工作。〔15〕然而,桑斯坦并没有否认社会经济权利条款的模糊性,反而坦然承认诸多的宪法条款皆很模糊,并认为模糊性一直都是一个问题,但是这并没有成为反对法院不能执行公民和政治权利的理由,当然也不能作为理据反对法院能够执行第二权利法案。〔16〕再次,否定论者还认为,社会经济权利的可司法性将远远超出法院的能力,比如法院无力胜任该类权利所要求的资源分配工作。桑斯坦亦认为政府资源有限性、资源分配能力等问题成为司法执行的棘手困境,法院也不适合监督政府进行的资源分配和项目管理。〔17〕无疑,这些原因导致了司法执行上的困难,但所遭遇的困难并不能完全扼杀该类权利的可司法性,这也是桑斯坦所认可的观点。最后但并非不重要的一个反对意见是,司法执行该类权利,意味着法院履行了本应由议会和政府担负的国家资源分配职责,违反了宪法的分权原则。对此,桑斯坦在书中有零星地承认,司法在关键问题上有优先民主协商的风险,但未见更为深入的回应。我们可以看到书外更为充分的反驳:社会经济权利的司法执行具备制衡政治部门的功能,以确保它们能对社会中最少特权公民的宪法权利有所回应,也使政策制定者在不可避免的妥协之政治游戏中不会忽视他们的遭遇。〔18〕

---

〔12〕 参见注〔1〕,桑斯坦书,第185—189页。该书第二章“自由放任的神话”也对消极权利和积极权利的错误区分多有论涉。更为全面的见解,可参见[美]霍尔姆斯、桑斯坦:《权利的成本:为什么自由依赖于税》,毕竟悦译,北京大学出版社2011年版,第19—29页。

〔13〕 克雷格·M.斯科特教授基于《经济、社会和文化权利国际公约》和《公民和政治权利国际公约》的分离而阐释了两类权利之间的互赖性(interdependence)。See Craig M. Scott, *The Interdependence and Permeability of Human Rights Norms: Towards a Partial Fusion of the International Covenants on Human Rights*, 27 Osgoode Hall Law Journal 769, 1989, pp. 778—791.

〔14〕 同上注,Craig M. Scott文,第833页。

〔15〕 参见注〔11〕,龚向和文,第86—87页。

〔16〕 参见注〔1〕,桑斯坦书,第136页。

〔17〕 参见注〔1〕,桑斯坦书,第136—137、196页。

〔18〕 See Jeanne M. Woods, *Justiciable Social Rights as a Critique of the Liberal Paradigm*, 38 Texas International Law Journal 763, 2003, p. 773.

社会经济权利与老式权利之间存在差异，由此通过司法执行该项新权利将不可避免地带来一定的困难，增加额外的负担，[19]对此，我们无法完全否认，但两者之间的差异不应被刻意地放大，以至影响到该类新权利不可能由司法执行的境地。在新环境下，社会经济权利与公民和政治权利的界限已不若传统理论中的泾渭分明，两者并不存在云泥之别。我们不能用过去的公民和政治权利"歧视"作为新权利的社会经济权利，也不宜挪用时过境迁、抑或形而上的理论全然摈弃社会经济权利的可司法性。法院有能力在一定的限度上去实现并发展社会经济权利，没有法院参与保护的社会经济权利或许将被置于毫无意义的境地，抑或将永远维持在贫乏的状态。其实，社会经济权利可司法性的理论争鸣早已被实践远远地抛诸脑后，当前应当更多关注该类权利进入司法之后的系列问题。

三、寻找一个好位置：社会经济权利求诸司法的限度

在法院与政治部门之间的关系上，法院应在何种程度上执行社会经济权利呢？这既是一个坏问题，也是一个好问题。谓其坏问题，是因为它本身也相当模糊，一般而言难以作出精确判断；但该问题的提出，避免了与社会经济权利司法执行方法论问题的杂糅，促使思考更为有条理。桑斯坦对于此问题有相当清醒的意识，他以"优先级设置——以纽约州为例"作为一节，对此作出相对集中的探讨。他主要通过对纽约州三个判例的梳理，叙述了法院在尊重政治部门的裁量权与保护公民最低生活资助、医疗、就业等福利之间的艰难平衡。他的基本主张是：法院可以采取一些措施保护处于绝境者的需要，同时尊重立法机关的合理判断。[20]

至此而言，桑斯坦对这一问题的回答是粗糙且无力的——尽管拿本文的框架去评判桑斯坦的论证有过于苛刻之嫌。然而，他未在此问题上停留

〔19〕 桑斯坦从始至终都没有否认司法执行社会经济权利的困难，并认为困难在于政府资源的有限，以及确保该类权利在实践中受到尊重的极度困难。参见注〔1〕，桑斯坦书，第196页。

〔20〕 参见注〔1〕，桑斯坦书，第198—200页。

太久。事实上,随后在转向南非宪法法院实践的讨论后,他隐约地提供了一个框架性答案:社会经济权利司法执行的一端是最低程度上被消极地保护,免于不恰当地干涉,而另一端则是法院强迫政府为每个公民提供食物、住处或医疗等福利。桑斯坦认为前者是对司法权力的狭隘利用,〔21〕后者会使法院滥用司法能力。〔22〕 不过,南非两个重要判例走出了第三条道路,"法院所要求的是某种旨在确保穷人中的主体将会获得救济的合理方案"。〔23〕 具体到2000年的格鲁特姆案,〔24〕针对几百名穷人没有住所而只能在一个体育场临时搭建棚屋的情况,法院并未要求政府为每个人提供住处,而是优先关注最急需者的困境,要求政府投入合理的资源、创设合理的项目以解决穷人住房紧张问题;而在2002年的治疗行动运动案中,〔25〕针对政府将抗病毒药物奈韦拉平(nevirapine)使用范围仅限于几个研究和实验场所而排除了大部分HIV阳性母亲及新生儿童服用该药的限制性政策,法院亦未要求政府为每个人提供充足医疗服务,而是禁止政府完全忽视大规模违法的问题,审查政府核心选择的合理性。

虽然桑斯坦在整体上做了富有意义的工作,但有一点我们不得不承认,他至少对格鲁特姆案与治疗行动运动案的发掘与阐释并不充分。在社会经济权利司法执行的限度问题上,书中基本上将两个判例等同视之,然而两者实际上存在一定的差异。在格鲁特姆案中,法院认为如果政府全国性住房计划在一段合理短的时间(within a reasonably short time)照顾到绝大部分人,那么该计划中缺少极度贫困人们的住房"立即改善"(the immediate amelioration)内容也是可以接受的。〔26〕 换言之,法院只要求政府综合和协调的住房计划在一段合理短的时间内能够照顾到那些极度贫困的人即可,并不要求政府立刻为他们每个人提供住房。在该种"弱"的执行模式下,该案中法院的命令在其效果上是相当有限的,单个原告不必接受任何救

---

〔21〕 参见注〔1〕,桑斯坦书,第204页。

〔22〕 参见注〔1〕,桑斯坦书,第210—211页。

〔23〕 参见注〔1〕,桑斯坦书,第211页。

〔24〕 Government of the Republic of South Africa v. Grootboom, Case CCT 11/00. 本案以及所有的南非宪法法院的判例可以在法院官方网站上下载。http://www.constitutionalcourt.org.za

〔25〕 Minister of Health v. Treatment Action Campaign, Case CCT 8/02.

〔26〕 参见注〔24〕,Grootboom案,paras. 64—65.

济——即法院并不能保证案件中当事人的权利获得切实的保障。[27]然而,在治疗行动运动案中,法院则采取一种相对"强"的执行模式,其经过比较法上的论证认为,在权力分立原则中法院有权使用强制命令的救济方式,特别是当政府没有勤勉和及时地履行政府义务时。南非法院当然也不例外,法院可以——如果需要的话则是必须——使用它们的权力作出影响政策或是立法的命令。[28]法院在判决最后对政府作出命令:取消对奈韦拉平可获得性的限制;允许和促进奈韦拉平的使用;为培训使用该药物的顾问预先作出安排;采取合理措施在整个公共卫生部门拓展检测和咨询设施,以促进和加快该药物的使用。[29]该案中法院在论说中的强势立场和最后具体的命令,亦让我们看到社会经济权利有效执行的另一种可能。

事实上,社会经济权利司法执行的强弱与"最低核心"(minimum core)理论之间存在密切的关联,国际人权学界首度从政府义务角度阐释该理论。负责《经济、社会和文化权利国际公约》解释和执行的委员会发展了这一概念并认为,社会经济权利包括一项缔约国必须履行的最低核心义务,它要求每个缔约国实现该类权利的某种最低基本水平,否则构成对公约下义务执行的显见违背。[30]该理论的主要目标在于澄清该类权利模糊的内容,从而促进其实现。在前述两个判例中,法院均就"最低核心"理论表达了自身的见解。在格鲁特姆案中,法院作出的裁决没有完全依赖于该理论,法院表示:在不清楚享有适当住房权利之需求和机会的情况下,确定该类权利逐渐实现的最低门槛是不可能的;因为享有该类权利之需求和机会的多样性最终取决于一国的经济、社会历史及环境。同时,在南非宪法的背景下,法院也没有充分的信息用以确定最低核心义务的内容。不过,殊值强调的是,法院并没有否定该理论本身,法院甚至指出,在某些特定案件中考虑最低核心义务的内容用以确定政府所采取的措施是否合理,这是可能且恰当的。[31]

---

〔27〕 See Mark Tushnet, *Welfare Rights and Forms of Judicial Review*, 82 Texas Law Review 1895, 2004, p. 1905.

〔28〕 参见注〔25〕,Treatment Action Campaign 案,paras. 96—113.

〔29〕 参见注〔25〕,Treatment Action Campaign 案,para. 135.

〔30〕 See General Comment 3, para. 10. Quoted from 注〔24〕,Grootboom 案,para. 29.

〔31〕 参见注〔24〕,Grootboom 案,paras. 29—33.

而在治疗行动运动案中，法院亦没有全然摈弃“最低核心”理论，甚至还阐述了自己的独到认识——南非宪法上的社会经济权利不应被解释为赋予每个人要求政府为他们提供最低核心的权利；“最低核心”应当被理解为与政府所采取措施的合理性(reasonableness)相关。法院进一步表示，立即为每个人提供服务甚至是核心服务是不可能的。〔32〕因此，我们可以说，在某种程度上承认“最低核心”理论，并非意味着社会经济权利的司法执行便要采取“强”模式，不过作为一项有益的分析工具，该理论无疑可以在提高社会经济权利司法执行程度的道路上行走得更远。〔33〕

以上针对南非两个案例的细节与重要内容的延伸，有助于更好地理解桑斯坦思考的支点——充满前途的南非“逐步实现”模式给予他对第二权利法案司法执行问题极大的自信。他没有就这些更为沉潜的内容进行拓展，更为真切的原因或许与他实用主义的、前瞻性的思考方式息息相关，不过，他对于南非模式的现有揭示已能胜任他的论证工作。在政府义务这一侧面，南非模式实现了从政府的消极义务向积极义务的转变，这一进路较大幅度地递增了社会经济权利司法执行的程度。至于法院应当在何种限度上执行社会经济权利的问题，着实难以给出一个普遍性的精确答案，此处与桑斯坦所面临的困境是一致的。因为一国法院执行该类权利的强弱之别，与一国法院与政治部门的权力关系密不可分，进而司法执行强弱的变化对国家传统权力结构造成的冲击完全不同；与此同时，法院当时所处理问题本身的严峻程度也影响法院执行模式的选择，即对于那些紧迫又严重的问题，法院更倾向于采取较强的姿态。当然，我们也不必为一国法院在某时期采取了不同强度的执行模式而忧心忡忡，事实上司法执行强弱的区分与一国社会经济权利实现的程度并没有一一对应的关系。譬如德国宪法法院将自身精力集中于公民与政治权利的保护，而在社会经济权利问题上保持相当克制的姿态，但德国却是世界上典型的福利国家；美国最高法院采用间接审查的

〔32〕 参见注〔25〕，Treatment Action Campaign 案，paras. 34－35.

〔33〕 有学者就表达了这样的乐观见解，他在估评了格鲁特姆案中法院的推理之后表示，解释《南非宪法》第26条唯一可行的方法牵涉到对最低核心义务的识别。See David Bilchitz, *Giving Socio－economic Rights Teeth: The Minimum Core and Its Importance*, 119 The South African Law Journal 484, 2002, pp. 494－499.

弱执行模式，也没有严重影响到现实中社会经济权利的享有——虽然与典型福利国家相较，其所提供的福利并不多。不过，针对司法执行的限度，可以作出大胆的预判，从针对传统严重侵犯、克减社会经济权利到对政府积极行为的司法审查，这是一个显著的趋势，南非模式是一条充满前景的道路，而且随着相关案例的有效积累，法院执行强弱的类型化工作亦将获得新的成就。

四、技近乎道：社会经济权利司法保护方法

原书中援引南非和美国的诸多案例使得论证翔实，此部分亦将以这些经典案例为材料，揭橥社会经济权利司法保护的方法，并探求其背后的一般原理。南非宪法法院在社会经济权利司法执行有限性的条件下，通过在具体个案中运用宪法解释方法去实现该类权利，其中最引人注目的是政府措施“合理性”审查标准的提出及其发展。〔34〕我们完全可以料想到，“合理性”审查标准将经历一个从“无奈的粗糙”到“有益的精致”的过程；同时在客观效果上，法院的司法审查亦将为政府自身执行社会经济权利的裁量权划定更为清晰的边界。

在格鲁特姆案中，桑斯坦提纲挈领地总结到，首先在执行住宅权上政府面临两种义务，一是对于“能够承担充足的住宅花费的人”，通过解释使政府负有禁止垄断房地产制度的义务；二是对于最贫穷的人，政府的义务可能会通过“提供充分的社会救助项目”而免除。而后，在该案中最核心的问题便是，政府是否采取了“合理”措施以确保权利的逐步实现。法院的结论是政府所采取的措施并不合理，其背后的原因似乎颇为简单：政府没有为急需的人提供紧急协助。事实上，法院在《南非宪法》第 26 条第 2 款“合理的立法

〔34〕 从南非的实践亦可以认识到，一国法院运用的宪法解释技艺不可避免地依赖于该国社会经济权利的规范形态。法院的解释工作基本从案涉的南非宪法规范开展。《南非宪法》第 26 条第 1 款肯认“人人拥有获得充足的住房的权利”，其第 27 条第 1 款亦赋予“人人有权获得医疗，包括生殖医疗”的权利。为了实施这两项权利，宪法均规定了“在可用资源的范围内，国家必须采取合理的立法和其他措施，逐步实现”。可见，“合理的立法和其他措施”成为法院解释的关键所在。

和其他措施"的解释意见部分,对措施的合理性进行了阐释。[35]在具体方法上,法院首先认为决定一套措施是否合理,有必要在它们的社会、经济和历史情境中考量住房问题,并考量负责执行该项目的制度能力。该项目必须平衡和灵活,并对住房危机和短中长期需求作出合理安排;一个排除了社会重要部分的项目不能被称作合理。如果是一个立基于人性尊严、自由和平等之上的社会,那么它一定会寻求确保所有人享有生活的基本需求。进而,如果这些措施不能回应极贫困者的需求,那么它们也就不可能通过合理性的测试。而在治疗行动运动案中,法院亦将宪法解释重点放在政府所采限制奈韦拉平使用的措施是否具有"合理性"的问题上。法院首先在事实层面,渐次分析了政府使用奈韦拉平的功效、耐药性、安全性以及政府能力等四个问题。在此基础上,法院对政府措施的合理性进行考量。与格鲁特姆案中合理性要求相似,一个缺少了社会重要部分的项目不可能被称作合理。政府的政策必须考虑到那些没有能力支付医疗服务的人。[36]同样在具体方法上,法院从两个方面指正了政府措施的不合理性:首先评估了政府当前的政策,认为该政策是僵化、不灵活的(inflexible),其否认了在公共医院和诊所的母亲及新生儿童使用一剂奈韦拉平的机会。而后,法院认为政府的该项限制性政策严重影响了国家预防 HIV 的计划,进而政府没能拥有一项综合性的计划用以防止 HIV 母婴之间的传播。[37]

桑斯坦对南非的主流进路颇为赞赏,这从他的多处评论可见一斑,譬如他总结格鲁特姆案时赞叹:可以发现一个关于民主宪法中社会经济权利的新的、独特的、令人期待的路径。如此被看好的南非模式,对于美国而言意义何在呢?在这一点上,桑斯坦在书中并没有给出完满的答案。不过,他没有激动到用南非模式毫无反思地去框定美国的实践,而是分外明白南非与美国之间可能存在"鸿沟"。例如,概览了南非治疗行动运动案后,他陈述到,"很难设想美国法院会作出类似的判决。……面临对政府决定的挑战,毫无疑问,美国法院会认为,宪法没有规定获得医疗的权利"[38]。可是,他

〔35〕 参见注〔24〕,Grootboom 案,paras. 43－44.

〔36〕 参见注〔25〕,Treatment Action Campaign 案,paras. 67－73.

〔37〕 参见注〔25〕,Treatment Action Campaign 案,paras. 80－89.

〔38〕 注〔1〕,桑斯坦书,第210页。

对美国司法保护方法问题充满自信，他愿意相信，“如果要求法院保护罗斯福界定的权利，它们会有明智的办法”。[39]

社会经济权利的宪法规范形态对其司法保护的方法存在巨大影响，第二权利法案在美国成文宪法中的缺失无疑牵动到司法保护方法。[40]这样的矛盾或许是美国宪法上社会经济权利争鸣中最具有魅力的谜题，它所具有的吸引力与重要性，我们从桑斯坦竟动用全书第二部分去试图厘清这一问题中可以看到。他首先强调了司法解释在美国宪法流变与发展中的重要作用；然后在实践和惯例的基础上指出，美国宪法法律其实可以轻易地走向对社会经济权利的确认，20 世纪 60 年代美国最高法院几近就要裁决宪法保护第二权利法案中的重要部分；最后，他将解释的答案归到了 1968 年尼克松当选总统这一关键性事实，因为尼克松任命了拒绝承认宪法内容蕴含社会经济权利的四位大法官，形成一种群聚效应，至此该类新权利的理念与美国宪法渐行渐远。[41]桑斯坦的这番解释并非那样石破天惊，他的进路也是相当实用主义的，但从中我们窥探到最高法院在美国社会经济权利司法保护中所扮演的至关重要的角色，而这又与最高法院的司法解释进路息息相关。

针对美国司法解释的问题，桑斯坦的关切集中呈现在该书的第九章，即“最高法院如何（几乎）悄悄采纳了第二权利法案”。他主要结合最高法院“诉讼和选举”和“免于绝境的自由”两个方面的重要判例进行了精到的历史叙事。从原书中的提示，结合我对这些案例的解读，可以清晰发现最高法院保护社会经济权利的两条进路：一是将宪法平等保护条款作为旨在保障相关福利权益之规范基础；二是通过宪法上正当程序条款对福利权益予以保障。

针对第一条进路，涉及穷人诉讼权利保护的 1956 年“格里芬诉伊利诺伊州案”，通过平等保护条款，要求各州为那些就其刑事犯罪提出申诉的穷人无偿提供审判记录。而针对穷人选举权利的 1966 年“哈珀诉弗吉尼亚选

---

〔39〕 注〔1〕，桑斯坦书，第 212 页。

〔40〕 参见胡敏洁：《宪法规范、违宪审查与福利权的保障》，《中外法学》2007 年第 6 期，第 674 页。

〔41〕 参见注〔1〕，桑斯坦书，第 141—144 页。

举委员会案”,最高法院适用平等保护条款,否决了弗吉尼亚州选举中的人头税,即要求各州必须免费为选民提供选票。[42]至于“免于绝境的自由”案件,譬如1974年“纪念医院诉马里科帕县案”,亚利桑那州要求,一个穷人接受由县财政负担的非紧急住院或医疗,需要以在县里居住一年为条件;法院认为这一持续性的居住要求违反了平等保护条款,因为它创设了一个令人厌恶的分类(invidious classification),通过否认新来者的生活基础需求而侵犯了他的州际旅行权。[43]事实上,在平等保护条款的进路上,最高法院基于案件适用对象的不同,从最初的合理审查标准开始,还发展出了趋于有益“复杂”的中度、严格的审查基准。[44]在纪念医院案中,法院认定州政府提出的持续性居住的要求必须由“必要的国家利益”(a compelling state interest)[45]证成其正当性,这已然属于严格审查的层次。司法审查的类型化工作无疑有益于社会经济权利更为精细化的司法保护。

就第二条进路而言,1963年“吉迪恩诉温莱特案”推翻了“贝茨诉布雷迪案”[46]中宪法第六修正案关于被告律师帮助权选择性地适用于各州法院的裁决,布莱克法官代表法院发表的判决意见用了较大篇幅论证“为一个贫穷的刑事被告指派律师,是一项对公正审判而言必不可少的基本性权利(fundamental right)”,进而认定宪法第十四修正案中正当程序条款要求各州免费为贫穷的刑事被告提供律师辩护。[47]而1963年的“道格拉斯诉加利福尼亚州案”,法院认定在对州的刑事裁决上诉中,一个穷人拥有被指派律师的权利;法院的裁判同时依赖于第十四修正案中关于平等保护条款和根

---

〔42〕 参见注〔1〕,桑斯坦书,第146－148页。该两个案件分别是:Griffen v. Illinois, 351 U.S. 12 1956). Harper v. Virginia Bd. Of Elections, 383 U.S. 633 1966).

〔43〕 See Memorial Hospital v. Maricopa County, 415 U.S. 250 1974).

〔44〕 中国福利行政领域的著名学者胡敏洁教授通过对美国法上福利案件的梳理,总结出了福利领域适用平等保护条款的不同基准,包括严格审查标准、中度审查标准及合理审查标准。更为详尽且富有价值的内容,可参见注〔40〕,胡敏洁文,第677－680页。

〔45〕 也有将a compelling state interest翻译为“重大且迫切的国家利益”,在美国法上,它指国家必须保护的、较个人权利更为重要的利益。参见薛波主编:《元照英美法语典》,北京大学出版社,第268页。

〔46〕 Betts v. Brady, 316 U.S. 455 1942).

〔47〕 See Gideon v. Wainwright, 372 U.S. 335 1963), pp. 338－345.

植于正当程序条款中的公正程序之保障，并明显强调了平等保护。[48] 1971年的“博迪诉康涅狄格州案”更是以正当法律程序禁止一州仅仅因为没有能力支付法院的费用，便否认穷人寻求司法解除婚姻的通道。[49] 吉迪恩案、道格拉斯案、博迪案通过正当程序条款要求各州在诉讼权利领域保护穷人，如果说这是朝向第二权利法案发展的一小步，那么 1970 年的“戈德堡诉凯丽案”则是运用正当程序条款保护社会经济权利的里程碑案件。[50]本案中，对于有资格接受福利津贴的人而言，法院将福利津贴界定为“法定权益”(statutory entitlement)。州政府在终止福利津贴前未向特定的受益人提供听证的机会，否认了受益人的程序性正当程序，即违反了第十四修正案的正当程序条款。总之，我们可以看到最高法院主要是通过“程序性正当程序”(procedural due process)[51]，将原《权利法案》明确列举的权利“并入”宪法第十四修正案中意涵宽泛的“自由”、“财产”之中，从而实现对于该类权利在州层面的宪法程序性保护。

无论是平等保护条款还是正当程序条款的进路，桑斯坦在梳理这些案例之前所提出的假设是成立的：宪法第十四修正案提倡的诸多第二权利法案内容的司法解释，与那些被认为理所当然属于美国宪法法律的司法解释相比，并不会将该份宪法文件延伸得更远。也即，法院不是将宪法权利看作一劳永逸确定的严格规则，而是将其作为可以随着时间成长和变化的总体

[48] 以 Harlan 法官为代表的反对意见认为，本案中适用平等保护条款是不适当的，本案仅应基于正当程序条款作出裁判。案件中真正且仅有的问题是，适用于本案中州的规则是否与正当程序条款所确保的公正程序之要求相一致。See Douglas v. California，372 U. S. 353 1963)，pp. 360－367.

[49] See Boddie v. Connecticut，401 U. S. 371 1971)，pp. 372－383.

[50] Goldberg v. Kelly，397 U. S. 254 1997).

[51] 与程序性正当程序相对应的是“实体性正当程序”(substantive due process)理念，其认为正当程序对权利的保护并不限于程序，而应兼具实体权利保障的观念，第十四修正案中正当程序条款可以作为论证宪法未列举权利的规范依据。此处有必要强调，最高法院颇费周折地建立起“权利并入理论”，是因为美国宪法上的正当程序条款包括了第五修正案和第十四修正案，然而两者的调整对象不同(即第五修正案适用于联邦，而第十四修正案的调整对象限于各州)，这就导致了联邦和各州在程序性权利保障标准上的差异，而该理论恰恰能实现各州的程序性权利保护标准向联邦看齐的目标。与此相关的理论梳理与阐述，可参见余军：《正当程序：作为概括性人权保障条款——基于美国联邦最高法院司法史的考察》，《浙江学刊》2014 年第 6 期。

原则。[52]其实,这一成立的假设本身——“变化的美国宪法”——就是桑斯坦对美国社会经济权利司法保护方法之特征的精辟总结。似乎正是因为美国成文宪法没有明确规定该类权利,它在司法保护的宪法解释方法上呈现得更为美轮美奂,而南非“合理性”审查标准似乎缺少了美国法上的匠心独运。或许,多少会存在这样的观感,但是不同进路的司法保护方法背后起支撑作用的是一国宪法学说的结构、政治哲学的底色,甚至是整个国家的宪法秩序,而这应是我们更加关注的所在。桑斯坦对南非模式只是称道而非简单照搬挪用,这背后也不无这样的学术视野和关照。

五、第二权利法案又所去何处?

1926年罗斯福创作了一本致力于思考“可能的未来”的小册子《所去何处?》,其中他不无嘲笑地表示:“我们中的一些人将会止步不前,叫停所有变革,然后以某种深思熟虑的方式带回一个墨守成规的生活方式……‘美好的旧时光’复辟了。”[53]积极乐观的罗斯福带来的是第二权利法案的新时光,在保障机会和安全的同时,为公民和政治权利的实现奠定了坚实的底座。不过,与保守派在新政及第二权利法案实施的斗争中,进步派的他并未获得完整的胜利,时至今日第二权利法案充分实施的任务仍未结束且道途艰难。桑斯坦亦对第二权利法案实施问题有充分自觉,他对罗斯福就第二权利法案执行属于国会而非司法责任的指摘,对世界各国执行图景的描画(尤其是对南非司法执行模式的推崇),更以司法执行问题作为全书结构安排的逻辑终点,皆证实了这一点。也恰恰因为他是一位深具美国问题意识的公法学家,他首先需要面对的是第二权利法案理念在美国人观念中淡漠的趋势,甚至是异议之声,而所要做的正是“在国家的源头中,重新唤回第二权利法案”。在这个意义上,桑斯坦深刻明白自己和第二权利法案从哪里出发,又走向何处。

---

〔52〕 参见注〔1〕,桑斯坦书,第142页。

〔53〕 参见注〔1〕,桑斯坦书,第213—214页。

在罗斯福未竟的事业上，桑斯坦以他著书立言的方式接续了这一任务，并且在此趟卓越的思考旅程中作出了突出贡献，表现在两个方面：其一，在历史溯源与学理重塑中澄清并彰显了第二权利法案的理念，客观上亦为罗斯福新政的宪法正当性作了有效辩护。众所周知，罗斯福在新政中开创了一个新宪法秩序——强联邦主义、充分的政府规制和宽泛的权利观念，第二权利法案正是罗斯福新政过程中一系列理念的具体化。反对第二权利法案，便相当于反对罗斯福新政。全书对于第二权利法案的学术关照，在保守派回潮之时，有力地反驳了罗斯福"篡改"宪法的原旨主义论调；纵观而言，桑斯坦从一个新权利观的视角，进一步守护了新政这一阿克曼所标榜的"宪法时刻"的正当性。[54]其二，与前一点相关联，在作为成功宪法变革的新政基础上，桑斯坦揭示了以第二权利法案为代表的新政自由主义(几乎)悄悄然地参与到了当代美国政治图景的刻画之中，并且将继续贡献它的力量。从第二权利法案的现实演进中，我们可以认识到，罗斯福新政的意义并未随大萧条的消隐而退却，罗斯福与追随他的改革者所竭力构筑的新宪法秩序一路沉潜至今，虽然中途遭遇了保守派的几经反扑，但是放任自由终成为事实论上的神话，以社会正义为旨趣的新政自由主义必定拥有更为伟大的前程。

在美国之外，第二权利法案的影响是国际化的，它成为"美国主要的出口品"。[55]在"所去何处"的追问下，第二权利法案的理念对于当前面临艰巨国家转型的中国而言亦意义颇大，因为桑斯坦为我们审视中国社会经济权利的命运、国家任务的变革等时代重大问题，提供了一个兼具理论和历史的视界。中国脱胎于计划经济体制而带来了经济的迅速发展，但当前正处于一个贫富差距不断加剧的时代，而且消灭贫穷和保障基本生存的任务仍然艰巨。我们应坦然承认，对于当前中国而言，第二权利法案司法执行的方案所具有的理论启迪意义远远大于切实的借鉴，因为中国违宪审查制度并未真正开启，以此为制度背景的司法保护时代没有到来。可是在理论层次，第

〔54〕 参见阿克曼：《我们人民：转型》，田雷译，中国政法大学出版社，2014 年，第 341－383 页。

〔55〕 参见注[1]，桑斯坦书，第 2—3 页。

二权利法案及其背后以自由主义为底色的社会正义理念,有助于中国反思国家保险型倾向的马克思主义式福利观,在否弃自由放任的同时打破国家万能论的神话,跳出福利思潮中左右互搏的怪圈,形成关于社会经济权利的中国法哲学。而在历史视角,第二权利法案的公法发达史也有益于思考中国相关政治议题的开启模式,并在民主协商过程中形成关于健全社会保障制度的持久政治关切。因为一直以来,中国存在运动式的制度建设病,即一项良好制度的建立或是恶制度的废除,总是需要付出血的代价,且往往是热闹一场又消停一阵。〔56〕而这恰恰又是我们需要竭力克服的。

(特约编辑:黄琳)

〔56〕 在中国社会保障制度中也存在这样的问题。例如,2015年贵州省毕节市四名儿童在家中服农药自杀,年仅13岁的大哥在简短的遗书中称,"死亡是我多年的梦想"。该事件引发全社会的关注和对儿童福利制度的反思,并促使政府进行相应的盲点排查和制度建设。参见中社舆情中心:《贵州省4名留守儿童服农药自杀引发社会关注》,《中国社会报》2015年6月17日第005版。

新政:罗斯福对美国宪法的重塑

毕竞悦*

新政自由主义并非一个体系化的理论原创,而是对实践经验的总结,指的是富兰克林·德拉诺·罗斯福(Franklin D. Roosevelt,1882—1945)〔2〕在总统任期之内实行的一系列改革措施。这些改革措施很大程度上重塑了美国宪法。

一、非常政治与新政

美国宪法学家阿克曼提出了"非常政治"的观念。他认为美国历史上有三个非常政治时刻,分别是革命建国、内战和新政。这些非常政治时刻刻画了美国这个自由国家的演进史。在阿克曼看来,每一个时刻都刺激了对于国家承诺的大规模反思,根本上改变了宪法的基本设计和目的。在这三个时期中,革命建国和内战都经过了战争的洗礼,唯有新政是一场温和的改良,而且新政是唯一没有宪法文本变化的时期。但是阿克曼认为,到1937年,宪法的含义已经与1932年大大不同。他主张,这种变化来自于大量的民众运动,与宪法的成文变化一样。由于新政是由公众批准的,像内战一样,所以阿克曼认为,新政完全合法。

---

* 毕竞悦:神华研究院战略研究人员、高级经济师,上海交通大学法学院宪法与国家治理研究中心客座研究员。

〔2〕 本文如无特殊说明,在谈到罗斯福时,专指富兰克林·德拉诺·罗斯福。

新政的出现与所有历史事件一样，都并非突如其来，其理念受益于西奥多·罗斯福与伍德罗·威尔逊。美国的社会矛盾在20世纪初期已有所体现。为了解决两极分化、劳资矛盾等问题，西奥多·罗斯福提出了新国家主义，主张联邦政府干预自由市场，保护劳工权利、保护自然资源等。同时，他还致力于反垄断。但是当时的美国最高法院被称为"洛克纳时代"，坚持契约自由的理念，西奥多·罗斯福的主张受到了各方的抵制。

洛克纳案发生在1905年。洛克纳是一家烤面包房的经营者，他因要求自己的工人每天工作超过10个小时而被控违反了纽约州的《面包坊法案》。法院要求他要么立刻缴纳50美元的罚款，要么就在监狱里待上最多50天，直到全数缴纳罚款为止。洛克纳不服两级法院的轻罪判决，一直将自己的案子上诉到联邦最高法院，终于得以胜诉，并成功推翻了纽约州的《面包坊法案》。最高法院的多数派大法官认定，契约自由受宪法第14修正案的保护，州立法机构的法案对契约自由的限制理由不够充分。在当时的美国，自由放任的理念根深蒂固，大多数人坚信"管得最少的政府就是最好的政府"。

1912年，伍德罗·威尔逊当选美国总统。1914年，威尔逊发表了题为《新自由》的演讲，他的主张因而也被称为新自由主义，其理念与哈耶克等人所主张的新自由主义不同。威尔逊试图恢复把自由与人道作为政治活动的主导原则。他说："我所关心的是人权，而不是财产权。财产是实现人道的手段；人道不是实现财产的手段。"在威尔逊任期之内，美国通过了宪法第16修正案，赋予联邦国会征收所得税的权力。这一条款本质上是通过扩大政府权力而实行再分配，从而使美国走上了福利国家的道路。

与西奥多·罗斯福和威尔逊旗帜鲜明的"主义"不同，富兰克林·德拉诺·罗斯福是一个实用主义者。罗斯福的经济政策倾向于意识形态无涉，如果说邓小平树立了"社会主义也可以有市场"的理念，那么罗斯福就是树立了"资本主义也可以有计划"的理念。这种"解放思想"对美国后来的政策影响甚大，之后的美国总统往往根据经济周期实行不同的宏观政策，或左或右，适时的经济政策使得美国自1929—1933年的大萧条之后就没有再发生类似的大规模危机。其实也有学者意识到了经济方式与政治制度的分离。比如托尼·朱特在《沉疴遍地》中认为，资本主义不是一个政治制度，而是一种经济生活方式，在实践上可以和各种各样的政体相结合。小施莱辛格在

《罗斯福时代》中认为,罗斯福依然是自由主义的。罗斯福的新政实践在罗尔斯那里得到了理论升华,罗尔斯建立了自由主义的民主国家分配干预理论。

二、经济宪法秩序

新政所面临的危机实际上是资本主义整体性的危机,而不仅仅是美国的问题。这种整体性危机主要体现为两次世界大战、社会主义的兴起和纳粹的当政。资本主义的民主政治不再像启蒙时代的思想家们所宣称的那样是保障自由的有效形式。垄断企业、权贵资本对民主制和经济增长构成严重威胁,侵犯了自由和公平竞争。

以往的宪法理论主要关注于如何限制政治权力,却忽视了经济权力的增长对于公民自由的危害。经济权力和政治权力一样,一旦膨胀,都会造成对自由的威胁。这里就出现了一个悖论,自由市场经济有利于经济发展、保障民权,造就一个自由社会,但是对经济领域绝对的放任,势必导致经济权力的膨胀,大型私人公司成为经济上的"暴君",从而对弱势群体的权益构成威胁。马克思主义正是意识到了这一点。那么如何在西方政治制度的框架内回应这个问题呢?罗斯福的理念与实践为此提供了答案。那就是建立一个经济宪法秩序,像对政治权力进行制衡一样,对经济权力进行制衡。经济宪法秩序强调的是国家对经济的干预。在私人自治的条件下,若想实现公正的利益平衡,必须保证在社会中各种力量达到平衡状态。一旦缺少这个前提,平等的自由事实上就变为强者的权利。

经济宪法秩序的核心是经济民主。这里主要是指宏观制度层面的经济民主,而非企业管理中的民主做法。正如西奥多·罗斯福的新国家主义所主张的,要使政府摆脱特殊利益集团的影响与控制,摧毁由大财富集团控制的"无形政府",使财富成为国家的仆人而不是主人,将全体国民,而不是一部分人的利益置于政府的考虑之中。经济宪法秩序是要使人民而非利益群体获益。

经济民主从宏观制度方面来讲包括三个层面。一是经济决策的民主,即国家重要的经济决策应通过民主协商的程序制定,如财政、税收、金融、产业政策等应经由民主讨论、理性协商的程序制定。这一点实际上与政治民主是相结合的,在西方的制度框架内已然实现,许多西方学者在论述国家干预的正当性时都是把这一点视作前提条件或理所当然。

二是经济过程的民主,强调对于自由企业制度的保护。认为罗斯福的经济政策就是政府干预经济,这是对罗斯福的误解。罗斯福实际上更强调自由企业制度,通过反垄断措施,限制经济上的"暴君",维护企业的自由竞争。在市场竞争中,总会出现一些大企业,甚至垄断企业,这些企业会在一定程度上抑制竞争。此时的政府干预就是要限制这些大企业的权力,保护自由竞争。但是在自由竞争体制下,企业不应听命于政府,而应听命于消费者,根据市场情况自己做出决策。新政政府虽然全面介入了各行各业,但并不直接干预生产过程,主要是起到协调的作用。

三是经济结果的民主,即重视平等,强调对弱势群体的社会保障,保障他们的受教育权、工作的权利、接受医疗的权利、居住的权利以及获得社会救济的权利。这是罗斯福新政的核心内容,革新了西方国家对于国家、自由和权利的理解。

经济民主同时也意味着政治民主。在建国之时,麦迪逊就强调了贫困者"过上舒适生活"对于抵抗"派系之恶"或政府中那些利己主义者能起到的重要作用。在麦迪逊看来,完善的政治进程,既会受到"极端富有"的威胁,也会受到"极度贫困"的威胁。在两极分化的状态下,贫困者是无力对抗既得利益者的,因而也就没有真正的民主自由。罗尔斯也指出,假设的理想政体就是一种财产占有的民主。因为,财产占有的民主制度具有宪法调节的基本结构,能够保证平等的政治自由的公平价值和公平的机会平等。罗尔斯认为,与通过再分配进行事后补偿不同,财产占有的民主制度将资本所有权的平等作为背景正义的一部分,提供事前的机会平等。目标在于将"社会作为自由平等公民之间的公平合作体系"。

在这里,我们可以看到,罗斯福的新政自由主义并不等同于凯恩斯主义,认为罗斯福就是一个凯恩斯主义者,是一个误会。罗斯福同样实行了政府对于经济的干预,只是与凯恩斯英雄所见略同罢了。凯恩斯主义作为一种经济学理论,说到底只是一种宏观政策工具,在不同的国家背景下使用,其效果完全不同。而罗斯福的新政自由主义则是一种政治理念,正如罗斯福所言,新政的“政(deal)”意味着政府要采取纠偏行动。

经济宪法秩序旨在建立法治市场经济。一方面,致力于自由市场、自由企业和私人财产所有权。另一方面,以自由市场为基础,通过私人行动和公共行动的共同努力来保护人们的社会经济权利。

三、个人自由、社会经济权利与政治权利

重视个人自由是各种形式的自由主义的基本特征。新政自由主义重视四大自由:即信息自由、信仰自由、免于匮乏的自由和免于恐惧的自由。这是罗斯福 1941 年在美国国会做国情咨文演讲时提出的。其中,信息自由的范围比言论自由更宽泛,不仅针对个人自由表达的需求,而且对政府公共信息的公开提出了要求。信仰自由是基本的个人自由。免于匮乏的自由针对经济安全而言,要保障个人基本的生计。免于恐惧的自由在当时的背景下针对国防安全而言,要保障国家安全,使人民免于恐惧不安。[3]

四大自由中的前两项属于传统的自由范畴,而后两项则存在争议,因为它们往往需要国家介入。但是根据阿玛蒂亚·森和玛莎·纳斯鲍姆的理解,这四种自由都保障了公民的基本能力。

四大自由中的后两项与社会经济权利有关,而保障社会经济权利是新政自由主义的核心。1944 年 1 月 11 日,罗斯福向国会演说了他的国情咨文。在演讲中,罗斯福提出了后来被称为“第二权利法案”的权利清单,具体内容包括:工作的权利(而非简单地提供救济金)、受教育的权利(实现权利的机会)、医疗的权利、居住的权利(与土地的权利不同)、获得社会救济的权利和自由公平竞争的权利等。这些可以归结为体面的生存权。这是一个经济权利宣言。

在新政自由主义的语境中,政治权利依然是公民政府的根本,也是经济

〔3〕 国内目前在谈“免于恐惧的自由”之时,主要是指人身自由,与罗斯福所谈的有很大不同。

社会权利的保障,防止政治权力的膨胀,防止私人群体利用政治权力服务于狭隘的利益。

个人自由、社会经济权利与政治权利三者的关系主要体现为自由与安全的关系。在霍布斯的契约建构中,安全乃是根本目标,为了求得安全,个人才毫无条件地服从主权者。安全是确保公民身份的物质前提。而在罗斯福这里,他不仅关注身体上的安全,还关注经济安全、社会安全和道德安全。经济安全即防止经济衰退、确保人民生活无忧,社会安全即防止社会动荡,道德安全即防止道德失范。而国内安全又是国际安全的基础。安全的三个目标就是要实现国内安全、生活安全和社会保障安全。要做到安全,必须直面于公平问题的解决,因为不公平是不安全的根源。公平将导向于正义和人类真正的自由。正如阿玛蒂亚·森所说,贫困的人不是自由的人。缺少充足食物或住处的人不可能很好地参与政治过程,因而也不可能保护他们自己的利益。没有经济安全和独立,就没有真正的个人自由。贫困的人恰恰是导致不和平的一个因素,常言道"穷凶极恶","穷"是许多问题的根源。提供安全有助于防止走向极权主义,在这个意义上,安全与自由同样重要。

绝对自由论,或者说自由意志主义者认为,自由本身就是正义的,拒绝任何福利权和社会再分配。而以罗尔斯为代表的平等的自由主义者则强调自由选择的重要性,如果公民缺乏基本的物质保障,也就缺乏了选择自由的权利。新政自由主义对于消极自由与积极自由的观念进行了革新,遵循法律现实主义的路径提出,所有权利都是积极权利,都需要政府积极提供保护。

这里的一个问题是:社会经济权利是实现自由的手段,还是自由本身?罗尔斯认为,实现自由的手段是基本善,基本善包括:基本自由和平等机会,收入与财富,恰当分享各种利益(教育和医疗保险)的权益。社会经济权利就属于这种基本善。

那么问题又出现了,社会经济权利是权利,还是利益?桑斯坦根据实用主义的进路,认为权利应该被理解为保护重要的人类利益的工具。从这个意义上讲,权利与利益没有差别。

笔者认为,美国的权利观念是不断演进的。在最初立宪之时,并没有权利法案,后来宪法中增加了十条修正案,直至今天有了二十七条修正案,其中大部分是关于权利的规定。虽然主要体现为罗斯福的第二权利法案的经济社会权利并没有进入美国宪法，但并不能因此就否认这些是权利，应该以一种发展的眼光看待权利。

新政与美国1960年代的权利革命一脉相承，其核心都在于对平等权的保护，也可以说，新政为美国1960年代的权利革命奠定了基础。罗尔斯则在理论上深化了新政自由主义的权利观。罗尔斯认为，劳动阶级在争取民主并实现多数决原则方面所取得的胜利，这是自由主义的一个重要来源。这种观念革新了自由主义。

罗尔斯把传统自由主义价值即个人基本自由、政治自由、宪政民主与程序正义列为"第一正义原则"，而主张把在机会均等原则下尽量照顾"最少受益者"的分配正义列为"第二正义原则"。他调和了自由与平等。从这两个正义原则的序列看，罗尔斯是明确地肯定个人自由优先于分配正义的。简而言之，罗尔斯的公正观是：自由优先，兼顾平等，即在过程公正的基础上限制结果不平等。这与经济宪法秩序是一致的，都是首先强调一个自由的制度，然后再关注公平。如果没有自由制度作为前提，公平分配就很难实现。值得注意的是，罗斯福也好，罗尔斯也好，都是要"限制"结果的不平等，而不是彻底取消结果不平等，更不是要制造平均主义。

四、行政国家的兴起

经济宪法秩序与第二权利法案反映了罗斯福的基本理念，那么罗斯福用什么手段来实现自己的理念呢？他主要通过行政国家的力量来推行。

桑斯坦与霍尔姆斯合作的《权利的成本：为什么自由依赖于税》一书亦是新政自由主义的体现，在书中作者强调了政府征税对于保障权利的重要性。这本书在某些方面会被误解，被视作为政府权力张目。实际上，我们需要理解这本书的成书背景。这本书是在自由主义占主流地位的美国写成的，作者要强调的是不应忽视国家在保障个人权利中的重要性以及政府对于人民福利的责任。新政自由主义在令政府更积极的同时，也扩大了国家的责任。应该注意的是，新政自由主义注重有限的权力和权力制衡。有限的权力强调的是政府权力来自民主机构的授权,而权力制衡则强调一套分权制衡机制。

新政自由主义对美国政治的主要影响是导致行政国家的兴起,这也改变了政治学的研究范畴,导致公共政策研究的发展。新政自由主义认为,强大的中央政府,而非小领主的统治,是个人自由的避风港。公共权力保障基本的安全,是个人安全的同盟。现代国家应该限制政府权力,保护人民权利。看上去,政府与人民是对立的。但是在行政国之下,政府不再是人民天然的敌人,而是人民权利的保护者。

新政也可以说是一场改革与革命的赛跑。随着资本主义的发展,一方面产生了两极分化等社会问题,另一方面制造了原子化的个人,而这些则成为孕育极权主义的温床。世界历史证明了这一点。20世纪三四十年代是法西斯主义猖獗的年代,到1933年10月,法西斯运动遍及了世界上23个国家,半年后增至30个国家。1920年,全世界原本约有35个国家拥有民选的现代立宪政体,到了1938年,只剩下17个国家了,到1944年,又减少到12个。这些是焦虑与不安全感的产物,孤独的个人需要国家之手的扶持。美国没有滑向法西斯很大程度上得益于新政的成功。新政通过关注弱势群体利益、主动让权给劳工,使美国避免了大规模工人运动,保证了国家稳定。与福利国家相对,以员工持股为代表的福利资本主义的大量出现也可以说是新政的后果之一,在今天,许多“资本主义”国家的民众都可以通过持股而分享社会经济进步的收益,这一点也使得其国家制度更加稳定。

实际上,福利权本身也是一种权利资源。“一个普遍性的福利国家所追求的社会权、收入保障、平等化和消除贫困等目标,是动员集体力量所需要的实力与团结的必要先决条件。”〔4〕这种力量也就是纳斯鲍姆所谓的“正义的能力”、“寻求有尊严的生活的能力”,〔5〕它有助于社会公平和民主化,从而抵抗经济上和政治上的强权者。

---

〔4〕 埃斯平·安德森:《福利资本主义的三个世界》,苗正民、滕玉英译,商务印书馆2010年版。

〔5〕 参见纳斯鲍姆:《寻求有尊严的生活:正义的能力理论》,田雷译,中国人民大学出版社2016年版。

五、宪法性承诺的地位

新政从实质上改变了美国的宪法,但是新政的内容却并没有进入美国宪法。对于新政改革的核心——第二权利法案,罗斯福认为,第二权利法案超出了政策范畴,他希望把第二权利法案理解为国家承诺设立的基本原则。哈佛大学法学教授桑斯坦把第二权利法案概括为宪法性承诺,“实际上它可以被视作类似于《独立宣言》的地位,或者在《独立宣言》和宪法之间”。

为何第二权利法案没有进入宪法呢?这或许依旧与罗斯福的实用主义有关。一是由于修宪是一个复杂的过程,任何改革宪法文件的努力都需要数年持续的工作,并且没有最终成功的希望。相反,《社会保障法案》和《国家劳动关系法案》(二者现在都是宪法性承诺)的通过颁布,都无须宪法本身的变革。显然,罗斯福认为,第二权利法案应该被批准和实施,而无须正式的宪法修正案,因为正式的宪法修正案将是浪费时间。

二是由于罗斯福认为,第二权利法案应该通过民主程序实施,而不是通过法院。美国是一个实行司法审查的国家,宪法的条文可以适用于司法,法院可以审查法案的合宪性。然而在罗斯福的年代,最高法院主要是变革中的保守力量,罗斯福改组最高法院的努力也一度受挫,甚至成为罗斯福政治生涯的一个污点。如果第二权利法案进入宪法,反而不利于落实,在实践中会受到来自法院的挑战。同时因为法院不具有分配资源和管理项目的知识与能力,执行第二权利法案是把法院置于其并不擅长的管理地位,这会损伤司法地位。

把第二权利法案作为一种宪法性承诺是一个较好的选择。从本质上而言,第二权利法案的内容属于权利,公民权利是不断发展与构建起来的,是一个历史的发生学过程,不能以美国宪法制定时的眼光来束缚权利观念的发展。

六、启 示

可以说,今天的美国依然生活在罗斯福新政自由主义的影响之下。新政自由主义的要旨在于为传统的资本主义国家的政治民主加上了经济民主之翼。新政自由主义可以说是一个“厚”版本的自由主义,更有利于凝聚社会共识。

其实,经济宪法也好、行政国家也好,都是现代经济社会发展的结果。现代经济社会发展首先就是现代国家制度的产物,对于由此产生的社会两极分化、社会公平等问题,政府不应坐视不管。

但从原则上讲,政府对经济生活的干预应以前文提到的经济民主三方面为准则,即经济决策的民主、经济过程的民主和经济结果的民主。政府的干预应实现帕累托最优,不能使弱势群体的地位恶化。

(特约编辑:黄琳)

行政法判例研读会

“行政法判例研读”是由浙江大学光华法学院教授、博士生导师章剑生老师主持举办、由浙江大学光华法学院公法领域博士生为主的研究生广泛参与的学术交流平台。“行政法判例研读”旨在引导关注中国本土司法实践，鼓励进行司法“判例”、案例研究，“在‘个案-规范’的互动中发现行政法的思想，在‘个案-规范’的分析框架中解释行政行为的合法性”。“行政法判例研读”每学年举办4期，自2011年9月以来已举办30期，由博士生报告论文60篇，其中近40篇已在学术期刊上发表，且有多篇被《中国人民大学复印报刊资料·宪法学、行政法学》全文转载。

2018年第1期(总第029期)于2018年6月27日下午14:00—17:30在浙江大学光华法学院(之江校区)5号楼206室开读。本期由浙江大学光华法学院法学硕士余雅蓉报告:《行政诉讼原告资格判定标准研究》，以及由浙江大学光华法学院博士研究生王宏宇报告:《创新还是回归:“体验式”执法的古典权力运作机制》。

2018年第2期(总第030期)于2018年9月30日下午14:00—17:30在浙江大学光华法学院(之江校区)5号楼206室开读。本期由浙江大学光华法学院博士研究生叶敏婷报告:《公序良俗在姓氏选取中的适用》，以及由浙江大学光华法学院博士研究生李晨溪报告:《行政解释在行政协议解释中的效力问题研究》。